图书馆互联网电视文化服务与实践

敦文杰◎著

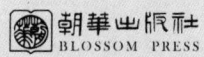

图书在版编目（CIP）数据

图书馆互联网电视文化服务与实践 / 敦文杰著. -- 北京：朝华出版社，2022.6
ISBN 978-7-5054-4895-7

Ⅰ.①图… Ⅱ.①敦… Ⅲ.①图书馆服务—研究 Ⅳ.①G252

中国版本图书馆CIP数据核字（2022）第105151号

图书馆互联网电视文化服务与实践

作　　者	敦文杰
责任编辑	刘小磊
特约编辑	廖钟敏
责任印制	陆竞赢　崔　航
出版发行	朝华出版社
社　　址	北京市西城区百万庄大街24号　　邮政编码　100037
订购电话	（010）68996061　68995512
传　　真	（010）88415258（发行部）
联系版权	zhbq@cipg.org.cn
网　　址	http://www.zhcb.cipg.org.cn
印　　刷	天津融正印刷有限公司
经　　销	全国新华书店
开　　本	787mm×1092mm　1/16　　字　数　245千字
印　　张	13
版　　次	2022年6月第1版　2022年6月第1次印刷
装　　别	平
书　　号	ISBN 978-7-5054-4895-7
定　　价	78.00元

版权所有　翻印必究·印装有误　负责调换

前 言

互联网浪潮和新媒体技术的交融催生了互联网电视产业的发展，这一新兴媒体迎合了网络环境下用户个性化的收视行为和多样化的内容需求，具有强大的技术优势和庞大的用户基础，将逐渐成为未来民众家庭文化娱乐的主要设备。开展以互联网电视为平台的公共文化服务对于图书馆创新服务模式，提升服务体验具有重要意义。通过互联网电视能够更好地发挥网络开放优势，扩展服务范围，也有利于各地公共图书馆内容和应用的整合，形成规模化效应。鉴于此，本书从公共图书馆的视角出发，对以互联网电视为平台的文化服务进行了深入研究和论述，从产业政策、标准规范、用户需求、内容建设、服务模式等多个角度对相关的理论与应用问题做出探讨和分析，明确了图书馆的职责定位和工作方向，并为图书馆开展此项业务提供了规范化的工作路线。

首先，研究互联网电视行业的政策环境，对国内外特别是国家广播电视总局（后文简称国家广电总局）颁布的针对互联网电视内容提供和运营的限制做了详细的分析和解读，同时研究了国家和社会层面对互联网电视内容服务的支持和推动情况，为图书馆依法开展互联网电视文化服务提供参考。

其次，调研国内外互联网电视行业的发展现状，包括互联网电视产业链构成与角色分工、内容服务现状、技术与终端产品现状、标准规范的现状等。在对上述信息进行全面梳理的基础上，对不同内容提供商的服务模式进行了比较和总结，同时对终端产品的技术和功能及其标准规范进行了对比和分析，为图书馆开展互联网电视内容建设和技术研发提供有益借鉴。

再次，研究图书馆互联网电视内容建设。在对用户需求进行分析的基础上，根据图书馆馆藏数字文化资源，规划了用于电视发布的内容分类和栏目设置。为了提高资源建设效率，改善用户体验，分别针对互联网电视图文混排内容和视频内容，制定了内容格式规范，提出了资源质量要求和资源发布流程的建议。同时，对互联网电视业务管理进行了说明。

最后，在国内互联网电视政策环境下，对图书馆互联网电视文化服务模式进行了探讨。鼓励图书馆对现有数字电视服务进行创新和变革，积极开展社会化协作，利用运营方的平台和技术优势开展文化内容的推送。加强新技术的应用，实现多屏互动和基于大数据分析的个性化服务。要推动业界文化资源的共享与整合，促进服务的示范和推广。同时，对图书馆互联网电视文化服务未来的发展趋势和走向进行了展望。

以互联网和移动多媒体为主要形式的新媒体业务快速发展，对广播、电视等传统媒体的主导地位形成巨大挑战。如何应对新媒体的竞争已经成为传统媒体不可避免的艰巨任务。而与新媒体的有效融合则成为传统媒体发展的必然趋势。图书馆需要在这场媒体变革中重视并捕捉技术发展热点，利用新技术手段加强业务创新，通过多渠道发挥新媒体优势，才能顺应时代潮流，更好地为广大人民服务。

需要指出的是，互联网电视技术日新月异，网络内容产业不断变革，数字图书馆也在不断向着智慧化、互联化、移动化的方向谋求转型与发展。未来，图书馆在内容建设、技术平台、服务模式方面还会面临更大的机遇和挑战，所涉及内容之深之广也非本书一时可以囊括的。再者，由于本人水平所限，书中难免存有遗漏、错误或不当之处，敬请各位专家和读者批评指正。

本书在撰写和出版过程中得到了各界人士的大力帮助，特别是国广东方网络（北京）有限公司智媒体项目部总监杨戈先生在互联网电视平台的播控运营和服务推广方面给予了大力支持，朝华出版社编辑同志在内容的排版和校对方面付出了很大心血，在此向所有帮助和支持本书出版的人士表示诚挚敬意和衷心感谢！

敦文杰
2021年4月

目 录

第一章 概述 ... 001
第一节 互联网电视的概念和特点 ... 002
第二节 基于互联网电视的文化服务 ... 011

第二章 互联网电视内容服务现状 ... 021
第一节 国外现状 ... 021
第二节 国内现状 ... 046

第三章 互联网电视标准规范 ... 058
第一节 国外标准规范 ... 058
第二节 国内标准规范 ... 074

第四章 图书馆互联网电视业务规划 ... 081
第一节 我国图书馆电视服务现状 ... 081
第二节 服务的改进与规划 ... 087

第五章 图书馆互联网电视内容建设 ... 095
第一节 建设原则 ... 095
第二节 主题与内容 ... 096
第三节 质量指标要求 ... 099
第四节 互联网电视资源格式规范 ... 110
第五节 互联网电视内容建设与发布 ... 123

	第六节	业务管理 ………………………………………………… 133
第六章	基于互联网电视平台的播控开发 …………………………… 141
	第一节	CIBN业务平台整体架构 ………………………………… 141
	第二节	播控平台主要子系统 …………………………………… 143
	第三节	核心播控系统 …………………………………………… 145
	第四节	EPG与桌面管理系统 …………………………………… 150
	第五节	业务运营管理系统 ……………………………………… 153
	第六节	终端管理系统 …………………………………………… 168
第七章	服务模式与应用实践 ………………………………………… 171
	第一节	服务模式 ………………………………………………… 171
	第二节	服务现状 ………………………………………………… 179
	第三节	工作展望 ………………………………………………… 195

第一章 概述

20世纪90年代初,就职于欧洲核子研究组织(European Organization for Nuclear Research, CERN)的蒂姆·伯纳斯·李(Tim Berners-Lee)创建并发布了世界上第一个网站,标志着互联网时代的开启。随着以互联网和信息技术为代表的科技发展日新月异,我国已拥有了全球规模最大的宽带网络基础设施,技术创新能力不断增强,并开始引领新一代互联网技术标准和应用的发展。高速发展的互联网产业深刻地改变了民众生产生活的方式和质量,在推动信息共享共治和产业升级方面发挥着重要的作用。在互联网信息技术的驱动引领下,媒体内容的载体形态、内容组织、呈现形式、传播方式、管理应用等方面都表现出新的特点,内容接收终端向着移动化、智能化、融合化方向发展,新媒体内容产业已成为经济发展的重要引擎。作为社会信息资源组织与交流机制的重要组成部分,图书馆在推动人类文明的传承与发展,促进知识传播与创新上发挥着不可替代的关键作用。新的技术环境下,图书馆需要改进业务机制和服务模式,提升文化资源建设能力,借助新媒体手段打造特色文化品牌,只有变革思路,加强创新,才能使传统优秀文化焕发生机,保持和加强用户黏性,推动公共文化事业持续深入发展。

作为互联网时代新媒体的重要组成部分,互联网电视已进入我国大众家庭,并以"互联互通""增值服务""个性定制""智能应用"等特点赢得了广大消费者的青睐,成为构建数字家庭和打造智能家居的关键核心设备。互联网电视文化服务可以作为图书馆在互联网时代开展新媒体服务的重要抓手,以互联网电视为平台,对馆藏文化资源进行包装和改造,建设优质的文化内容并推送到千家万户,使民众足不出户即可享受传统文化视听盛宴。图书馆可以将借还业务、参考咨询、在线阅读等集成到互联网电视应用中,拓展图书馆业务空间,减轻到馆压力。还可以通过互联网电视实现与其他媒体平台的联合,共同打造融媒体空间,进一步提升文化服务的质量和水平。

本书围绕互联网电视的公共文化服务模式,以图书馆为视角,探讨文化内容的建设与服务机制,对国内外互联网电视内容产业、现有政策、行业标准、关键技术等进行了调研和梳理,并以中国国家图书馆(后文简称国家图书馆)互联网电视服务为例,对内容平台架构和业务实践进行了介绍，旨在为图书馆开拓新媒体服务途径，提升文化服务效能提供参考和借鉴。

第一节　互联网电视的概念和特点

一、互联网电视概念

互联网技术的诞生和发展促使社会的信息传播方式发生了巨大的变化。互联网应用日新月异，传统媒体和新兴媒体相互激荡。在开放、互动的互联网生态环境下，融合了网络媒体和电视媒体传播优势的互联网电视开始逐步兴起和繁荣，在世界范围内展现出蓬勃的生命力。互联网电视作为一种全新的传播媒介，不仅在形态、传播方式和社会影响方面极大地超越了传统媒体，而且成长为社会渗透度、融合度极高的"社会化"媒体。在家庭文化娱乐领域，互联网电视正以裂变的速度渗透到家庭中，成为我国民众获得资讯和休闲娱乐的重要渠道，也是我国文化传播的重要手段之一。可以预见，互联网电视将成为民众家庭中娱乐和信息获取的主要终端设备，是构建数字家庭文化网络的核心平台，也必然成为互联网环境下文化服务和资讯传播的重要载体。开展以图书馆为主体，互联网电视为媒介的数字家庭文化服务，对于创新图书馆服务手段、普及家庭文化、进而促进社区文化建设有着积极的意义。

互联网电视是传统电视在互联网发展环境下的产物，在行业发展的不同阶段，出现了许多互联网电视的相关称谓，如网络电视、互动网络电视、智能电视等。英文有OTT TV（互联网电视）[①]、Internet TV（基于互联网的电视）、Smart TV（智能电视）、Network TV（网络电视）、Connected TV（网络连接电视）等。结合目前产业发展和终端特点，互联网电视一般指的是具有以下特征或功能的终端设备。

1. 通过宽带，将文字、图片、声音、动画及图像融为一体的数字化、全方位、互动性的立体传播方式的设备。[②]

[①] "OTT"是"Over The Top"的缩写，该词原指篮球运动的"过顶传球"，目前广泛指通过互联网向用户提供的各种应用服务，这些第三方服务仅利用宽带运营商的网络而业务形式不受宽带运营商的管控。

[②] 绍培仁，章东轶.流媒体时代的挑战与电视生存[J].新闻记者，2004（4）：17-20.

2. 通过基于IP（Internet Protocol，互联网协议）的网络把电视信号和视频服务提供给接收者，电视机终端集互联网、多媒体、通信等多种技术于一体，向家庭用户提供多种交互式数字媒体服务。[1]

3. 依托因特网组成的电视信息互动体系，由数字化的影像采集和电脑网络组合而成的一套完整的电视信息双向交流媒介，即以因特网为传播介质向用户提供音频和视频信号服务。[2]

4. 互联网电视强调服务基于互联网，以多种传输介质为传输链路，以电视机终端为表现形式，其核心是完成互联网商业模式的渗透。[3]

综上所述，互联网电视是基于互联网络，以网络多媒体资源和应用为主体，将电视机作为显示终端的一种新媒体技术，从接入网络的方式来看，有"互联网电视一体机"和"互联网电视机顶盒+传统电视机"两种形式。根据国内的相关政策规定，互联网电视服务则是指以公共互联网为传输介质，以国产电视一体机或机顶盒为输出终端，并由经国家广播电视行政部门批准的集成播控平台向全国范围内的用户提供音视频等多媒体内容及其他互联网相关增值业务的服务。

二、互联网电视特点

电视是将电信号转化为图像和音视频信息的电子设备，从电视信号的分类来看，电视主要经历了模拟电视和数字电视的发展阶段。数字电视从演播室的信号产生到发射、传输、接收的所有环节都是通过0和1数字串所构成的数字流传播的，由于全过程采用数字技术处理，信号损失小，没有模拟电视的雪花、杂音、重影等不稳定现象。从传输方式上来看，数字电视又进一步分为地面无线传输数字电视（地面数字电视）、卫星传输数字电视（卫星数字电视）、有线传输数字电视（有线数字电视）、交互式网络电视（Interactive Personality TV, IPTV）、互联网电视等。

目前，我国已完全淘汰模拟信号电视，由于各地网络接入和受众习惯的不同，家庭使用的数字电视主要以有线数字电视、IPTV和互联网电视为主。有线数字电视取决于有线电视线路基础设施的建设和普及，主要以收看视频内容为主，缺少互动应用。随着内容传播技术的发展，IPTV和互联网电视以其丰富的点播内容和网络应用、交互的操作模

---

[1] 黄升民，周艳，王薇. 突破博弈决胜——2003-2005中国数字电视发展与展望[J]. 中国广播电视学刊，2004（12）：22-25.

[2] 陈吉利. 网络时代电视的发展趋势[J]. 咸宁师专学报，2002（05）：138-139.

[3] 孙广波，胡辰，张广军，等. IPTV与互联网电视建设方案分析[J]. 中国科技信息，2015（2）：98-101.

式和人性化的界面展示等诸多优势逐渐取代有线数字电视而成为市场主流。IPTV和互联网电视均是通过网络传播视频内容的，但是两者之间在许多方面仍然有着本质的区别。在我国，虽然互联网电视受到国家较为严格的管控，但由于其开放性的技术环境，在内容创作、传播、服务方面相较IPTV更加自由，终端适配能力更强大，更有利于内容的普及和传送。表1-1是互联网电视与有线数字电视、IPTV的比较。

表1-1 互联网电视和有线数字电视、IPTV的比较

比较点	有线数字电视	IPTV	互联网电视
内容提供方	电视内容由电信运营商提供	电视内容和应用服务由电信运营商的IPTV集成播控平台提供	互联网电视业务由互联网电视集成业务牌照商提供。此外，通过多屏互动和安装应用，内容来源更为多元化
播控中心	运营商提供统一的内容播控中心，节目固定	运营商提供统一的内容播控中心，节目固定	无播控中心，内容和应用可自由组合
内容传输网络	基于电信运营商铺设的线缆传输	基于电信运营商搭建的专用网络，前期投资较大，但对于用户来说网络带宽和视频质量都有保证	只需普通的公共宽带互联网作为基础且需要一定的带宽保证视频服务质量，随着光纤入户和互联网带宽的大幅提升，内容传输得到可靠保障
终端设备	有线数字电视	运营商提供的专用IPTV机顶盒+普通数字电视。由于机顶盒需配合IPTV专网，开放性和可操作性受到限制，多为非智能机顶盒	OTT机顶盒+显示屏（电视、电脑、PAD[平板电脑]、手机等），机顶盒功能甚至可以内置于电视机内（即互联网电视一体机），主流机顶盒都是硬件厂商与互联网电视集成业务牌照商合作，推出服务与硬件绑定的智能机顶盒
视频编码技术	H.264视频编码技术。无带宽自适应功能，且只支持电视终端一种类型	H.264视频编码技术。无带宽自适应功能，且只支持电视终端一种类型	根据机顶盒等终端配置，支持多种视频编解码技术，特别是基于https的流媒体协议，强调的是接入的无关性，可以根据网络情况动态调整带宽，达到节省带宽目的，并能在更低带宽下获得更好的图像质量。同时支持各类平板、电视、手机电视等终端

续表

比较点	有线数字电视	IPTV	互联网电视
功能拓展	只能收看电视直播或点播，无交互应用和功能拓展	由于是非智能机顶盒，所有功能和应用由运营商确定，不能自主扩展	广泛采用智能操作系统，用户可以根据需求下载并安装应用，功能可自由扩展
产业整合能力	硬件整合，从屏幕、芯片到主机的整合能力	对固定运营商内容、应用与服务的整合能力	多源互联网络内容、应用与服务整合能力；软硬件整合能力；多屏及家庭网整合能力；互联网络营销整合能力
盈利点	终端硬件设备销售利润	固定运营商提供的内容、应用、服务利润	平台、内容、应用、硬件、软件、服务利润
产业推动因素	以硬件为核心的制造业驱动	以专网内容和应用为核心的驱动	以互联网内容和应用服务为核心的驱动
内容传播技术	点对面的广播	点对点的传播	点对点的传播
内容播放	直播	直播+点播+回看；增值业务	直播+点播+回看；增值业务
是否支持互联互通	不支持	互联性较差	支持多终端互联互通
使用体验	开放性不好，内容不够丰富	所有内容和功能由运营商提供，开放性不好，内容较为丰富	智能化、交互性、个性化内容组织、丰富的内容和应用、美观易用的用户界面

以下分别从技术层面、内容层面和服务层面具体论述互联网电视特征，并指出其对于更好地创新图书馆服务，进而普及优秀文化，提升民众文化素养的优势所在。

（一）技术特征

互联网使得信息获取环境"E"化，消除了用户与用户、用户与资源之间物理距离的影响。[①]在这种"E"化的环境下，用户获取信息的行为发生了根本性转变：信息载体电子化、内容服务集成化、获取方式个性化、参与过程互动化。[②]互联网电视是新型互联

---

① 《国家图书馆数字战略研究》课题组. 国家图书馆数字战略研究[M]. 北京：国家图书馆出版社，2011：27-40.

② GRZESCHIK K, KRUPPA Y, MARTI D, et al. Reading in 2110-Reading Behavior and Reading Devices：A Case Study[J]. The Electronic Library, 2011, 29(3)：288-302.

网技术与传统电视技术相结合的产物，它将两者的优势集于一身，有以下特征。

1. 服务与物理网络无关

互联网电视基于开放互联网，跨越运营商的基础网络（如有线电视和IPTV专网）开展服务，强调服务与物理网络的无关性。这种特性使得互联网电视能够打破广电机构对于影视内容的传播垄断，提供丰富的互联网内容和服务。我国政策要求，互联网电视运营必须与取得互联网络牌照资质的企业进行合作。在互联网发展和普及的现实情况下，互联网电视产业的上下游企业仍然在符合政策规定的范围内开展了大量的实践和合作，提供了丰富多样的影视内容和互联网应用，并逐渐成为视听媒体发展的主流。

2. P2P（Point to Point，点对点）技术和自适应流媒体技术

P2P技术使得传统网络结构从以服务器为中心转变为以网络为中心，计算资源、存储资源和其他服务能力都分散在网络节点之上。资源共享和服务提供都直接在各节点之间进行，而不需要中间环节或者服务器的参与，从而有效避免了可能出现的性能瓶颈。

目前，在网络上传输音视频等多媒体信息主要有下载和自适应流媒体技术两种方案。采用自适应流媒体技术时，声音、图像或动画等时基媒体由音视频服务器向用户计算机连续实时传送，用户只需很少的启动时延而不必等到整个文件全部下载完毕才可观看，大大改善了使用体验。同时，互联网电视服务器会同时输出几个不同码率梯度的码流，用户点播时终端会自动探测带宽情况选择下载最适合的码率，这样可以提高带宽的利用率并且保持画面的流畅。

互联网电视广泛采用基于P2P的流媒体方式进行内容传输，使用户在观看视频流媒体时，具有观看人数越多速度越快的特点，极大提高了用户通过互联网络观看视频的流畅性，比传统的从服务器下载资源的方式效率提高很多。

3. 传播方式继承了互联网的开放性特征

有线电视的投资主体是中央、省、地市的各级政府，它们分别拥有全国骨干网、城域网和局域网的所有权。与电信、移动、联通、网通等全国性网络相比，有线电视网络各自为政，一城一网，没有实现真正意义上的全国联网。

互联网电视的出现，为各地区电视节目突破地域限制，实现内容的广泛传播提供了契机。由于互联网络的开放性，互联网电视用户可以接收来自不同国家和地区的内容和服务，运营商也可以在更广范围，与更多的内容提供者合作，突破有线电视网的地域藩篱，扩展节目的传播范围，实现规模经济。传统广电部门也可以通过互联网打造自己的网络电视平台，实现有线电视网和互联网的双通道播出，提高内容和服务的丰富性，扩大品牌影响力。

（二）内容特征

1. 内容和应用来源更加丰富

相比报纸杂志、广播电视等传统媒体，互联网电视第一次把图片、文字、语音、动画、视频等原本属于各个媒体的表现元素综合在一起向受众进行立体化的信息传播。随着互联网应用向着社区化、互动化和个性化发展，互联网电视不仅是大众化的新闻传播媒体，更是一个集海量的内容资源、丰富的互联网应用和互动功能于一体的综合立体化信息传播平台。通过互联网电视可以满足用户娱乐、教育、学习、聊天、购物等多样化需求。此外，互联网电视广泛采用国际UPnP（Universal Plug and Play，通用即插即用）标准，可以与家庭电子产品实现互联互通，实现用户各种自有设备内容的操作和播放，是构建数字家庭的重要终端设备。互联网电视丰富的内容和应用来源是传统媒体所无法拥有的，有着巨大的发展潜力。

2. 内容个性化定制，满足用户多样性需求

传统电视节目由电视台统一制作和编排，采取点对面的广播式播出方式，用户必须在规定的时间段内接收电视节目内容，不能控制节目播出的进度。互联网电视则是以受众为中心，按受众需求进行内容自主选择的传播方式，运营商根据不同群体分别实施特定的传播内容和服务方式，用户在传受过程中也有了更多的自主选择权，可以进行个性化的内容定制，在观看时间上不再受到电视台播出时间表的限制，在播放过程中可以自主控制播放进度，这些变化真正体现了电视播出过程中受众的主体地位。

3. 有利于电视内容和服务的整合

随着电视产业的发展，用户现在可供选择的内容和服务越来越多。当前国内互联网电视的播出内容很大一部分来自传统影视业，运营商对内容和服务进行全新的整合编排后通过统一的播控平台对用户服务，整合过程主要有以下特点。一是对某领域品牌影响力和节目收视率大的频道进行汇聚。如UUsee"悠视网"把国内体育转播方面有较大影响力的五星体育、北京体育等频道资源汇集到一个栏目下，方便喜欢体育类节目的观众。[1]二是按照内容的主题对节目分类编排。用户可以通过不同的视频类型（如电视、电影、纪录片、动画等）、主题（如美食、旅游、历史、战争、购物、演唱会等）、风格（如

---

[1] 石晓峰. 中国网络电视发展现状研究[D/OL]. 成都：四川省社会科学院，2009：12[2021-12-14].https：//baike.baidu.com/item/%E5%8F%82%E8%80%83%E6%96%87%E7%8C%AE/5145126?fr=aladdin.

喜剧、悬疑、传记、科幻等）浏览想看的内容。三是在用户界面上集成图文、音视频内容和丰富的互联网应用。如互联网电视除了提供大量的影视内容外，在其"应用商店"模块中还集成了视听、游戏、教育、生活等互联网应用，每个分类中都有数款或者数十款应用可以免费下载安装，内容十分丰富。四是提供导航按键和搜索引擎服务，用户不仅可以自由浏览而且可以主动寻找自己想要的内容和服务。目前市场上提供的互联网电视产品几乎都有内容和应用搜索功能，为用户查找自己喜爱的资源提供了便利。五是可以根据用户浏览的历史数据推荐内容，实现精准化服务，更加满足用户的个性化需求。因此，互联网电视不仅仅是一台在互联网上收看影视节目的接收器，更重要的是成为一个庞大的具有特色的内容和服务资源库。

（三）服务特征

1. 多屏合一，内容展示更加灵活

互联网电视广泛采用国际通用的UPnP规范，可实现与家庭消费电子设备的互联互通。不同设备上的内容可通过统一的标准化接口进行发现和共享，并可以在不同终端屏幕上播放。互联网电视已成为构建数字家庭重要的关键设备，通过多屏合一技术，用户可以实现自有内容的统一管理与播放，不仅极大地满足了用户的使用需求，而且使得不同设备的内容具有良好的通用性，提高了内容的使用效率。

2. 用户界面使用体验更加良好

互联网电视界面广泛使用基于Web（网络）的远程用户界面设计技术，相较于传统媒体，有着更好的观感和使用体验。界面基于XHTML（eXtensible HyperText Markup Language，可扩展超文本标记语言），增加了丰富的交互功能的元素，设计更加美观，内容分类更加合理，通过分级界面的设计，实现内容和服务的整合，使用也更加简捷。此外，互联网电视还注重用户的个性化内容组织需求，用户只需注册和简单的操作，就可以打造个人专属的内容界面和服务预定，真正实现按需服务。

3. 内容播放具有非线性特征

传统电视播放节目的形式是"顺时序播放"，人们想要看自己喜欢的电视节目时，必须紧跟电视台的播出时间，一旦错过就没法看到想看的内容。而互联网电视的内容播放具有非线性特征，打破了"顺时序"无法回看和选择的劣势，用户可以随时享受点播和服务的乐趣，而不必等待传统电视台的节目时间表。在观看视频的过程中还可以根据需要进行快进、倒退、选取某时间点进行播放等，使用上更加灵活。

4. 服务具有互动性

互联网电视体现了互联网按需索取的交互特性，受众不仅仅是内容的接收者，而且成为内容的制作者和传播者，在获取服务的过程中还可以进行交流。互联网电视的交互性既包括用户与集成播控平台（即远程服务器）之间的请求与响应，也包括用户与馆员、用户之间的互动。这种按受众需求进行信息自主选择的传播方式彻底改变了传统电视点对面式的单向线性传播特征，将最大限度地满足受众并发挥受众的主动性。此外，互联网电视还集电脑和电视的用户体验于一身，在运营商提供的安全合法的服务内容中，用户不仅可以根据自身的需求和爱好点播喜欢的视听资源，还可以通过互联网电视进行特定资讯的查询，进行在线社区互动、资源分享等。

三、互联网电视产业

国际上，互联网电视产业的发展离不开内容、运营和终端产业的发展。宽带的普及和网络传输速率的提高为大量数据的快速传播提供了技术和渠道支撑，并催生了繁荣的互联网文化娱乐产业，丰富多样的互联网内容通过服务商的集成，由网络运营商完成内容的分发和传播。智能化终端设备可以实现硬件互联接收网络内容，可以安装各种智能化应用实现个性化文化消费，提升用户体验。（见图1-1）

互联网产业主要由互联网内容集成和服务商、电信网络运营商、终端设备商构成。从广义上讲，互联网内容包括各类公开的咨询信息、免费或收费的音视频及网民和机构的自媒体内容。互联网电视内容一般特指通过互联网提供的音视频内容。随着传统媒体和新媒体的融合，大量优质内容进入互联网，诞生了许多著名的互联网视频企业，如Disney+（迪士尼）、YouTube、Netflix（奈飞）、NBC（美国全国广播公司）等。有些互联网内容提供商是由传统广电机构在互联网下转型而来，如央视网、芒果TV；有些是新兴的视频分享网站，如优酷、抖音、快手；还有的是大型门户网站开设的在线内容聚合频道，如腾讯视频、搜狐视频等。互联网内容集成和服务商是互联网电视产业链的核心，在链接和协调上下游的发展方面发挥重要作用。一方面，通过播控平台，实现对上游内容和应用的集成与发布。另一方面，通过与终端制造企业合作，完善终端设备的各项功能，实现定制化服务。互联网内容集成和服务商通过电信运营商提供的宽带互联网进行内容的分发和传播，其中，电信运营商只提供渠道，不负责对传播进行监管和限制，这种方式有助于互联网内容产业的自由竞争与发展，并且用户可以按照需要灵活选择内容和服务方式，更易满足个性化需求。互联网时代，内容为王，上下游和渠道商都希望占据"内容"这个产业链中的核心位置，因此，电信运营商、广电机构、终端制造商都积极加码内容端积累，或打造特色内容品牌，以获得竞争优势。

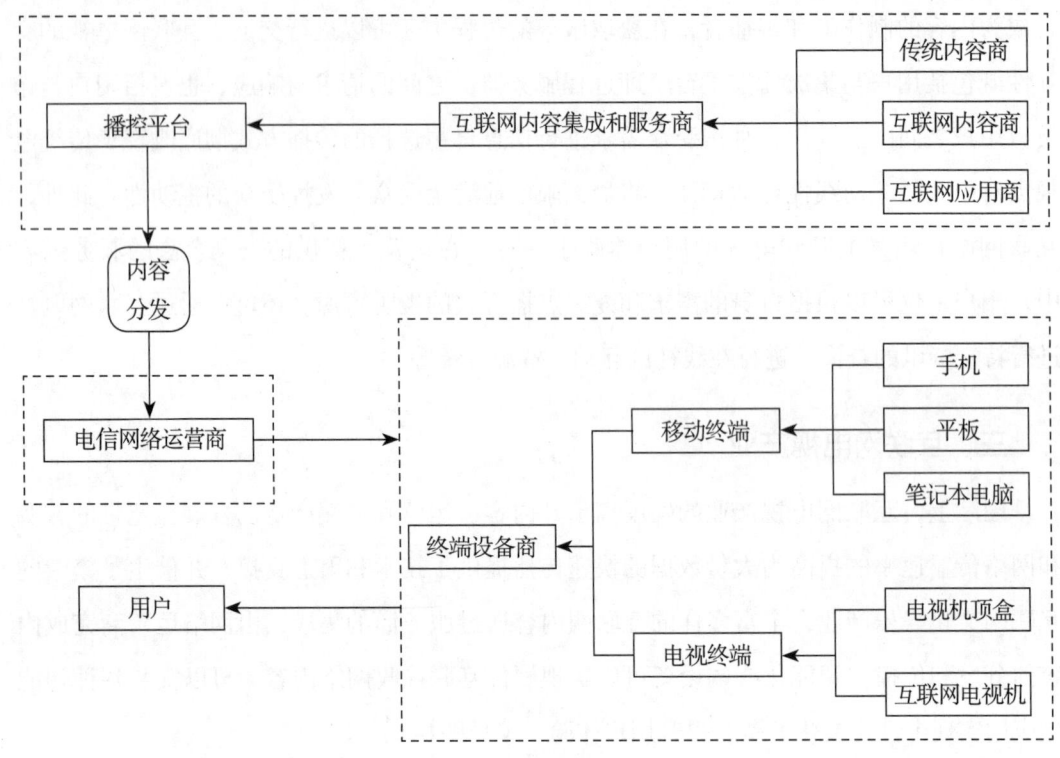

图1-1 互联网电视产业的组成

终端技术的发展也使得OTT高清晰度视频内容服务成为可能。OTT设备的普及和宽带网速的提升打破了OTT业务持续发展的物理限制。互联网电视的显示技术在快速发展，超大4K或8K屏幕正在占据民众家庭，平板、手机、投影等设备可以互联，功能应用进一步丰富。有些传统的硬件设备厂家如苹果公司等也开始布局互联网内容，产业生态进一步多元化。互联网电视产业的繁荣也导致了竞争加剧并暴露出日益严重的问题，如内容盗版屡见不鲜，内容主题和意识形态缺乏监管，无序竞争导致行业规范和技术标准不一致，各种山寨设备不断出现。这些问题的出现需要国家出台更为完善和全面的行业约束政策，引导行业健康有序发展。

第二节　基于互联网电视的文化服务

一、社会意义

互联网电视作为一种全新的媒介形态，从一开始就不同于传统电视，它改变了传统电视的传受方式，变单向的线性传播为双向的互动传播，使受众完成从"看电视"到"用电视"的角色转变，成为电视的主人。互联网电视针对不同用户群体的不同需求设置节目内容，最大限度满足用户个性化的需求。互联网电视正以其在内容传播上的优势特征对传统电视传播方式造成巨大冲击，有着传统电视所无法比拟的传播优势：海量化的内容资源、传受双方的互动优化、受众收视的个性化满足以及信息传播与服务相结合等。这些传播形态上的改变除了依托于互联网技术的独特魅力，更得益于电视与网络不同媒介间的互补与融合，同时这些改变也正逐渐走进我们的日常生活，改变和影响着我们的收视习惯和生活方式。[①]随着互联网电视的产生和兴起，借助互联网电视发展公共文化服务符合国家文化发展纲要精神，有利于图书馆影响力和服务水平的提高，对于满足人民群众对文化服务的需求、提升家庭生活品质有着积极的意义。

（一）符合国家发展现代文化服务业的战略要求

我国将互联网环境下的文化媒体发展作为国家重要战略，国家和相关部委在媒体融合、网络视听、互联网电视产业发展方面制定政策并积极推进。2014年8月18日，中央全面深化改革领导小组第四次会议审议通过了《关于推动传统媒体和新兴媒体融合发展的指导意见》[②]。中央全面深化改革领导小组组长习近平强调，推动传统媒体和新兴媒体融合发展，要遵循新闻传播规律和新兴媒体发展规律，强化互联网思维，坚持传统媒体和新兴媒体优势互补、一体发展，坚持先进技术为支撑、内容建设为根本，推动传统媒体和新兴媒体在内容、渠道、平台、经营、管理等方面的深度融合，着力打造一批形态多样、手段先进、具有竞争力的新型主流媒体，建成几家拥有强大实力和传播力、公信力、影响力的新型媒体集团，形成立体多样、融合发展的现代传播体系。2015年1月

---

① 韩韬. 网络电视的传播优势与发展路径——以CNTV和杭州模式为例[D]. 湘潭：湘潭大学，2010：40.

② 人民网. 推动传统媒体和新兴媒体融合发展[EB/OL]. [2015-04-30]. http://media.people.com.cn/GB/22114/387950/.

14日，中共中央办公厅、国务院办公厅印发的《关于加快构建现代公共文化服务体系的意见》指出，要加快推进公共文化机构数字化建设；统筹实施全国文化信息资源共享、数字图书馆建设；灵活运用宽带互联网、移动互联网、广播电视网、卫星网络等手段，拓宽公共文化资源传输渠道；大力推进"三网融合"，促进高清电视、互动电视、交互式网络电视（IPTV）、手机电视等新业务发展，推广数字智能终端、移动终端等新型载体。[①] 2017年1月，中共中央办公厅、国务院办公厅印发《关于促进移动互联网健康有序发展的意见》，指出要大力推动传统媒体与移动新媒体深度融合发展，加快布局移动互联网阵地建设，建成一批具有强大实力和传播力、公信力、影响力的新型媒体集团。[②] 2020年9月，中共中央办公厅、国务院办公厅印发《关于加快推进媒体深度融合发展的意见》，提出要推动传统媒体和新兴媒体在体制机制、政策措施、流程管理、人才技术等方面加快融合步伐，尽快建成一批具有强大影响力和竞争力的新型主流媒体，逐步构建网上网下一体、内宣外宣联动的主流舆论格局，建立以内容建设为根本、先进技术为支撑、创新管理为保障的全媒体传播体系。[③] 在国家的规划和支持下，国家广电总局也制定相应配套政策对推动互联网电视等产业发展做出具体部署。2016年7月2日，原国家新闻出版广电总局印发《关于进一步加快广播电视媒体与新兴媒体融合发展的意见》，指出要统筹广播电视网、电信网、互联网等多种信息网络，构建泛在、互动、智能并具有信息安全保障的节目传播覆盖体系。充分利用有线、卫星、无线等广播电视网络资源，建设广播电视网络协同传播平台。积极利用电信网、互联网、移动互联网等网络资源，大力发展网络视听节目服务和综合信息服务；在广播电视媒体主导集成播控平台的前提下，稳妥、规范开展IPTV、互联网电视等广播电视类新业务。[④] 2018年11月16日，国家广电总局印发《关于促进智慧广电发展的指导意见》，指出要不断提高对互联网规律的把握能力，把加快广播电视与互联网深度融合作为推动智慧广电发展的重要

---

① 中共中央办公厅，国务院办公厅.关于加快构建现代公共文化服务体系的意见[EB/OL]. [2015-04-30]. http：//www.gov.cn/xinwen/2015-01/14/content_2804250.htm.

② 中共中央办公厅，国务院办公厅.关于促进移动互联网健康有序发展的意见[EB/OL]. [2021-03-18]. http：//www.gov.cn/zhengce/2017-01/15/content_5160060.htm.

③ 中共中央办公厅，国务院办公厅.关于加快推进媒体深度融合发展的意见[EB/OL]. [2021-03-18]. http：//www.gov.cn/zhengce/2020-09/26/content_5547310.htm.

④ 国家新闻出版广电总局.关于进一步加快广播电视媒体与新兴媒体融合发展的意见[EB/OL]. [2021-3-18]. http：//www.nrta.gov.cn/art/2016/7/2/art_3592_42309.html.

手段；聚焦广播系统与互联网系统的融合贯通、协同演进；以推动广播电视制播平台云化、互联网协议（IP）化为重点。[①]可以看出，国家已把互联网电视视为信息时代媒体融合发展的关键组成部分，重视并支持其在引导社会正能量、创新内容表现形式、推动产业发展、促进文化发展繁荣方面发挥的重要作用。

（二）顺应我国互联网视听产业的发展需求

电视是我国家庭中使用率最高、最易接受的媒体终端。据国家统计局统计，2019年我国彩色电视机产量为18999.1万台，其中液晶电视机产量为18689.7万台，占比98.37%。我国有线电视用户2.12亿户，其中有线数字电视用户1.98亿户，电视节目综合人口覆盖率达99.4%。[②]可以看出，在我国，电视是家庭生活中最为重要的文化来源，基本已达全民普及，其用户年龄覆盖范围广，有着其他媒体无法比拟的传统优势和影响力。

我国互联网已经普及，拥有全球首屈一指的网络使用人口。据中国互联网络信息中心（China Internet Network Information Center, CNNIC）发布的第47次《中国互联网络发展状况统计报告》，截至2020年12月，我国网民规模为9.89亿，互联网普及率达70.4%。[③]我国网民总体规模已占全世界网民的20%左右，构成了全球最大的数字社会。家庭的互联网接入率已达到很高的水平，光纤接入用户规模达4.54亿户，占固定互联网宽带接入用户总数的93.9%。家庭Wi-Fi（无线[局域]网）的使用对成员上网具有较强的带动作用，互联网电视已成为重要的互联网接入设备，用户上网比例为24%，仅次于手机和电脑（包括台式机和笔记本电脑）。100Mbps及以上接入速率的固定互联网宽带接入用户数占固定宽带用户总数的89.9%，高速宽带的普及为用户观看高清视频和使用互联网应用提供了良好的保障。

我国互联网文化产业高速发展，网络应用种类极为丰富，拥有广泛的受众群体。网络视听领域，根据CNNIC报告，截至2020年年底，我国网络视频（含短视频）用户达9.2677亿人，网络音乐用户6.5825亿人，网络直播用户6.1685亿人。与此同时，非音视频类文化消费发展势头迅猛，网络游戏用户达到5.1793亿人，网络文学用户4.6013亿人，在

---

① 国家广播电视总局. 关于促进智慧广电发展的指导意见[EB/OL]. [2021-3-18]. http：//www.nrta.gov.cn/art/2018/11/16/art_3592_42308.html.

② 国家统计局. 中华人民共和国2019年国民经济和社会发展统计公报[EB/OL]. [2021-12-14]. http：//www.stats.gov.cn/tjsj/zxfb/202002/t20200228_1728913.html.

③ 中国互联网络信息中心. 第47次《中国互联网络发展状况统计报告》[EB/OL]. [2021-12-14]. www.cnnic.net.cn/hlwfzyj/hlwxzbg/hlwtjbg/202102/P020210203334633480104.pdf.

线教育用户3.4171亿人。随着互联网文化产业的蓬勃发展，互联网电视正在逐渐成为电视机生产和消费的主流设备，以互联网内容和应用集成为主要功能的互联网电视机产业得到迅速发展。家庭是社会最小的组成单位，电视在家庭文化娱乐方面拥有巨大的影响力和不可替代性。电视产业，特别是互联网电视的发展为数字家庭文化产业带来了宝贵的黄金期。庞大而稳定的用户数量为以互联网电视为媒介的文化服务奠定了用户基础。互联网（宽带）的普及和互联网电视技术的发展则提供了必要的技术保证。以互联网电视为媒介的图书馆公共文化服务顺应了时代发展的趋势，对构建文化社区和推广公共文化有着重要的意义。

（三）能满足信息环境下用户的文化服务需求

互联网电视可满足新时代下用户的文化需求。首先，互联网电视广泛兼容Web协议，不仅继承了传统模拟电视直观和方便的特点，而且界面显示和操作体验更为灵活友好。信息传输上，采用了P2P点对点式的流媒体传输技术，在对带宽要求不高的条件下，能够输出比传统电视更加优质的音视频效果。[①]其次，可以构建多服务平台承载增值服务，业务扩展性强。互联网电视服务平台可以提供传统电视无法提供的多元化增值服务内容：远程教育、在线游戏、远程医疗、网络社交和网络购物等。再次，互联网电视对硬件的良好兼容性，使得其能够与家庭电子终端设备实现互联互通，有助于构建以互联网电视为中心的家庭文化娱乐体系。通过互联网电视进行文化传播能够更有效、更深入地渗透至民众家庭中，获得良好的社会效益。可以说，互联网电视是通过独具特色的集成播控平台满足并实现人们多元化、个性化需求的一种创新型新媒体内容服务。

同时，互联网电视便于分析用户需求。可通过服务器的日志文件获取节目收视率统计，也可以设置互动环节收集用户的满意度和评论，对用户数据的统计分析可以了解用户需求，便于改进服务内容和方式。

（四）对公益性文化服务的开展具有示范作用

互联网时代，在社会网络化与网络社会化大势的驱动下，基于新的网络技术衍生的媒体形态层出不穷，革新于传统媒体的新媒体顺势而兴。作为公共文化服务体系的重要组成部分，图书馆唯有审时度势，不断变革方能履行好文化传播的使命。在服务方式创新上，图书馆界做了大量卓有成效的工作，国家图书馆开展的多项基于新媒体设备的特

---

① 王明轩. 即将消亡的电视：网络化与互动视频时代的到来[M]. 北京：中国传媒大学出版社，2009：31-36.

色服务，如手持阅读器、移动图书馆[①]等在实践中取得了良好的效果，并借助国家数字图书馆推广工程面向全国推送了大量优质精品文化资源。在广泛调研互联网电视产业现状和用户需求的基础上，通过互联网电视进行文化服务可对我国图书馆界扩大文化服务范围和创新服务方式起到积极的借鉴和示范作用。

（五）我国大众文化的发展为互联网电视文化服务提供契机

当前，随着我国综合国力的快速发展和人民受教育水平的不断提高，以及国家鼓励新型文化发展一系列政策的出台，我国正迎来大众文化的黄金发展期，新型媒体与传统媒体融合发展，技术手段不断革新。人民群众对文化的需求正处于爆发增长阶段，文化产业竞争加剧，各文化单位、机构、团体和从业人员纷纷利用最新的技术和理念不断推出更具特色和新颖的文化内容服务，图书馆作为传统公益性文化机构不应当在这场文化创新浪潮中被边缘化，而是应当迎合民众需求，充分抓住机遇，革新文化服务模式，提升服务水平。互联网技术的发展和网络基础设施的完善为图书馆提供了契机，利用互联网电视开展低成本的优质文化服务成为可能。目前，互联网电视产业处于快速发展阶段，产业模式和运营分工渐趋成熟，国家广电总局出台的政策在促进内容产业规范化，特别是实现融媒体发展过程中起到了重要的推动作用。随着产业的重新布局和市场的重新调整，管理机制也将进一步得到完善，互联网电视必将成为网络时代内容传播和文化娱乐的主要手段之一。互联网电视服务也将成为未来文化创新的重要内容。

二、实施目标

图书馆开展互联网电视文化服务的目标是以公共图书馆为主体，以公益性文化为导向，充分利用图书馆馆藏素材，创新文化内容建设和服务模式，通过构建以互联网电视为渠道的公共文化传播平台来实现图书馆新媒体业务的创新和发展。在业务开展过程中，需要严格遵照国家广电总局颁布的各项政策规章，严把内容意识形态安全关，倡导社会公序良俗，大力推广传统优秀文化。针对数字图书馆服务中存在的各种瓶颈和问题进行研究并加以解决，开展社会化合作，加强关键技术突破，制定数字资源全生命流程标准规范，为构建全国共建共享的互联网内容服务体系和促进新媒体融合发展奠定基础。

围绕上述目标，图书馆需要重点开展以下工作。

---

① 易祖民. 国内手机图书馆现状及发展对策——以国家图书馆"掌上国图"为例[J]. 图书馆学刊，2012（3）：109-111.

（一）开展政策法规和用户需求调研

互联网环境是开放的，但不意味着其内容发布和从事业务的无条件随意和自由。互联网颠覆了传统信息的产生、传播和接收模式，模糊了物理世界和虚拟世界的边界，打破了空间和时间的藩篱，内容来源极为广泛，信息不再是点对点或点对多的单向性传播，而是呈现无中心、立体式、网络化传输特征。信息的快速增长更加剧了网络资源的无序状态，信息的来源、变动、流向更加难以监控，内容的组织缺乏系统性。过度自由化导致的信息传播无序性问题已成为网络管控和建立法规的重大障碍，扰乱了行业的健康、稳定、持续发展。鉴于此，为规范互联网电视产业的健康发展，国家广电总局出台了一系列行业规章，对互联网电视内容提供和服务运营实施牌照授权管理。图书馆开展互联网文化内容建设前，需要对相关法律法规进行广泛调研，包括相关的法律法规、国家和社会层面对产业和研发的推动与支持情况等，确保文化内容传播和服务符合国家规定，杜绝潜在的法律风险，保障工作的顺利开展。为保证文化服务的有效性，满足民众精神文化生活，需要对用户的需求进行调研。可以通过发放调查问卷的方式或运用大数据分析技术，对调研数据进行分析和挖掘，了解并掌握不同用户群体在互联网电视内容和服务等方面的具体需求，为开展下一步的资源建设和服务提供指导和依据。

（二）制定文化资源采选策略

与传统的文献资源不同，互联网文化资源有着自身的特点，资源的展示需要符合远距离大屏观看需求，过多的文字和紧密的布局不适合电视观看，需要选择以图片、音视频等多媒体为主的资源形态，并重新组织加工使其符合家庭用户需求。

内容的选择方面，互联网电视服务要立足公益性文化传播，促进社会效益的最大化。这就要求图书馆需要明确服务的定位，合理设置和编排电视栏目。互联网内容的选择和制作需要严格把控质量，以传承和发扬中华传统优秀文化为导向，对内容素材进行全面、深入的评估，使沉睡在图书馆的文献典籍重新焕发生机，充分发掘内容资源的文化价值。内容主题要坚持正确政治方向、舆论导向、价值取向，坚持守正创新，高度重视意识形态问题，弘扬主旋律，传播正能量，始终把人民利益和社会效益放在首位，打造良好的网络文化空间。

内容的组织方面，要加强优质资源的整理和聚合，围绕文化热点和重要事件，选择不同种类的馆藏文化资源建设专题库，通过技术手段实现内容的可视化展示，加强数据分析和资源关联，提高资源的知识化建设水平。

（三）构建标准化的资源建设与服务流程

互联网电视资源有完整的生命周期，制作、加工、保存、发布和传播方式与其他数字资源有着明显差别。互联网电视资源的最大特征是具有异构性和交互性，主要体现在电视资源不是单一格式的文件，而是通过超链接和新媒体技术将多种媒体形式的资源组织在一起的复合型资源。比如图文资源包括不同格式的图片、文字信息，也有可能内嵌动画等形式的文件，资源的组成具有较大的异构性，建设过程较为复杂。为了提升用户体验，电视资源通常需要设计有交互功能，即可以通过遥控器实现资源的翻页、跳转、视频的暂停和快进等控制。因此，需要针对上述特点研究并制定可行的资源建设流程。由于不同平台的技术标准不一致，不同图书馆建设的资源可能存在难以整合发布的问题，因此需要在工作开展过程中对国内外产业和技术现状做详细深入调研，特别是总结互联网电视相关技术标准规范，通过自主创新，摸索出适合图书馆自身需要的服务模式和技术体系，规范业务流程，统一技术参数，推动资源建设与发布的行业标准体系建设。同时要结合国内外标准实践，制定符合实际需要的工作规范和技术标准，促进产业分工和资源共享，推动图书馆互联网电视文化服务行业的标准化和产业化，为实现各机构平台的互联互通提供支持。

（四）加强技术研发和突破

根据图书馆业务发展规划，在用户和行业调研的基础上，选择合适的技术方案和技术标准开展互联网电视资源加工技术研发、平台构架和相关实验。条件逐步成熟后，重点对关键技术进行突破，提升资源建设与发布效率，加快资源更新，满足用户实时文化需求。

在资源的制作和加工方面，研发统一的互联网电视多媒体内容格式，实现对象数据和元数据的有序组织与封装，并制定规范化的资源加工与制作流程。通过加工工具的研发实现多媒体素材向电视内容成品的批量自动化转换和发布，提高资源建设效率并改善用户体验。

在硬软件环境的搭建方面，搭建符合互联网电视服务需要的硬件环境，实现互联网电视内容的全流程管理。配置流媒体服务器和内容发布服务器，流媒体服务器进行视频流资源的存储与服务，内容发布服务器用于图文混排资源的存储与服务。同时部署内容管理平台，实现内容和栏目的维护和管理。

在系统和平台的对接方面，与项目共建单位的互联网电视播控平台进行互联，实现资源、系统和用户的对接，系统能够满足互联网环境下大规模用户的并发使用需求。用户的互联网电视（或机顶盒）通过互联网连接内容发布服务器，登录后点击资源图标向内容发布服务器发送资源请求，内容发布服务器判断并解析该资源的元数据信息，如果是图文资源则直接调用已上载的图文资源并在屏幕上展示，如果是影视资源，则通过资源唯一标识符在流媒体服务器上进行资源定位，根据播放文件播放影视资源。

（五）推动媒体融合和智能化发展

互联网电视服务是一项社会性的系统工程，图书馆不能闭门造车、单打独斗，必须广泛联合业界机构共建共享，积极推进社会化合作，促进互联网电视文化服务协同发展。

首先，加强业界资源整合能力。坚持"内容为王"这一重要原则，在构建国内图书馆统一的标准体系基础上，推进业务开展。鼓励和引导各地图书馆开展互联网视听内容建设，构建标准一致和各具特色的文化资源体系，通过专题化建设对各地资源进行整合与关联。推动业界技术、人才、平台、业务等要素的共享融通，提升规模化服务能力。

其次，实现多终端互联互通。打造特色精品化文化品牌，加强文化资源的集成和适配能力，用户可以通过手机、电脑、电视、平板等播放在线内容或共享展示内容，构建以互联网电视为核心，面向多渠道、多终端的内容传播体系。

再次，推动多网融合和智能化服务。以用户为中心，充分发挥广播电视内容优势，加快大数据、云计算和人工智能等新技术在文化内容生产中的创新应用，进一步增强图书馆公共文化内容核心竞争力，形成智慧文化内容新优势，培育发展新动能。广泛联合社会力量开展合作，充分利用现有互联网企业的技术和平台优势，推广图书馆的优质文化内容，将图书馆业务融入社会文化事业中，推动业务的智慧化转型发展。

三、困难挑战

互联网电视服务是图书馆在新媒体融合发展趋势下实现业务创新和服务转型的重要方式和抓手。我国已有一些公共图书馆开展了基于有线数字电视的文化服务，积累了较为丰富的经验，但是对于大多数图书馆来说，互联网电视还是一个较为陌生的领域。根据国家广电总局的相关规定，互联网电视服务必须与取得牌照资格的广播电视机构进行合作，依托合法的播控平台开展内容发布服务。这就要求资源的建设、发布、应用的开发等与互联网电视播控平台必须一致，对技术研发提出了较高的要求。互联网内容传播速度快、更新频繁，需要投入较大的人力物力进行运维，如何平衡运营与成本也是需要重点考虑的问题。此外，互联网内容的发布受到国家相关部门的严格管控，需要严格依照《中华人民共和国著作权法》和国务院发布的《信息网络传播权保护条例》等法律法规开展业务，这就要求在图书馆文化服务过程中重视和规避存在的法律风险，依法保障各方权益。

（一）政策与法律问题

2011年10月28日，国家广电总局办公厅印发了《持有互联网电视牌照机构运营管理要求》的通知（文号为广办发网字〔2011〕181号，后文简称"181号文"）。根据181号文规定，互联网电视服务有集成牌照和内容牌照两种，提供互联网电视集成和内容服务均须要经过国家广电总局批准并持照运营。互联网电视集成平台只能选择连接经国家广电总局批准，由互联网电视内容服务机构设立的合法内容服务平台，不得将公共互联网内容直接提供给用户。与之对应，互联网电视内容服务平台也只能接入到国家广电总局批准设立的互联网电视集成平台上，不能接入其他互联网网站或非法集成平台。该规定要求图书馆不能独自开展互联网电视服务，只能选择拥有内容和运营资质的广播电视机构来推送文化资源，并借助其播控平台向用户提供服务。这完全颠覆了数字图书馆通过互联网直接面向用户的服务模式，而且内容的选择和版权状况也需要播控机构的严格审核。181号文还规定了当前互联网电视服务以向用户提供视频点播和图文信息服务为主，暂不开展广播电视节目直播类服务。181号文的颁布明确了非广电机构不得涉足互联网电视业务，图书馆在开展服务过程中，不得通过构建自主系统平台发布资源，必须挂靠到有牌照的播控方才能开展服务，自由度和灵活性有所降低。而且必须严格按照播控平台的要求制作和推送资源，需要严把意识形态和内容质量关，防范版权风险。与此同时，图书馆自有版权内容向播控平台的推送过程中，如果出现技术或人为问题，可能会发生资源流出，或被其他第三方非法使用，导致图书馆的权益受到损害，图书馆也需要重视和警惕相关法律风险，并采取措施防范此类事件的发生。

（二）业务与技术挑战

开展互联网电视服务对于图书馆来说是一项全新的业务，由于图书馆必须向广电播控平台推送内容，其必须按照平台的技术要求来建设文化资源。根据181号文，互联网电视服务暂不涉及直播业务，主要以图文和视频为主。相对来说视频的加工技术难度较低，主要涉及编码标准、格式转换、帧率调整等，此外根据实际需要可能还需要对视频内容进行剪辑和包装，或者进行字幕翻译等。图文资源的制作则复杂得多，首先需要从海量馆藏中遴选合适的素材，选择时需要考虑到内容的版权状态、可持续性、系列性、清晰度等，其次对文字和图像进行加工，制作成符合展示要求的高清文件，并通过超链接将若干对象文件合理进行组合，制作成精美的图文资源。为方便用户翻页等操作，需要通过代码加入交互功能，同时，还需要考虑阅读需求，增加动画、音乐、解说等各类媒体资源。以上过程对资源制作提出了相当高的要求，如何快速批量对图文对象进行组织包装是需要突破的技术关键。在线文化娱乐和图书馆的沉浸式阅读模式截然不同，用户已形成了片段式、碎片化、快节奏的消费习惯，互联网内容更新和改变的速度很快，否则难以吸引和保持用户的关注。这就要求图书馆紧跟大众需要，不断持续发掘馆藏优质内容素材，加强技术创新应用，提升资源的建设与推送效率，满足民众日益增长的精神文化需求。

（三）运作与成本问题

公共图书馆属于公益性文化机构，经费来源主要是政府的财政拨款，在每年固定的财务预算中，人员经费、资源和设备购置经费、工程建设经费、运行和维护的经费占据大部分比例。除以上支出外，资源建设项目的经费状况则较为窘迫。我国不同地区公益文化事业发展的不平衡和不充分的情况客观存在，也对各地方图书馆数字资源建设事业的开展造成较大影响。因此，需要在有限的经费支持下，对投入与效益的关系进行全面衡量和评估，优先解决发展中的关键问题和业务难点，在保证对重要馆藏文化资源进行加工制作和实现其他预期目标的基础上研究应用于服务模式并积极推动实践，尽可能取得较大的社会效益。

互联网电视文化服务涉及资源的采选、加工、存储、应用等诸多方面，是一项长期的系统化工作，对技术和能力要求较高，需要在资源建设、人员培养、技术开发等方面进行持续的大力投入。图书馆在加强投入开展工作时，要充分利用各种因素，改进和完善业务运作模式，实现数字文化资源"物有所用""用有所值"，推动社会效益产出的最大化。也可以考虑与社会机构开展合作，引进先进技术和工作机制，利用现有平台建设图书馆文化专区，通过技术手段向国内外用户宣传和推广馆藏优质文化资源，推动我国优秀传统文化向更多地区和民众进行传播。

第二章　互联网电视内容服务现状

普适计算之父马克·韦泽说："最高深的技术是那些令人无法察觉的技术，这些技术不停地把它们自己编织进日常生活，直到你无从发现为止。"而互联网技术正是这样的技术。在互联网浪潮下，"互联网+"理念迅速扩围，以惊人的速度改变和影响着人们的社会形态和生产生活。在视听媒体领域，"互联网"与"电视机"的结合正在引发传媒产业的新的变革。从国外来看，在相对宽松的政策环境下，已基本建立内容导向型的互联网电视发展模式。而我国由于监管政策，牌照商暂处于相对核心的地位，但长远来看，产业链上游的内容提供方和下游的设备制造方也将随着产业的整合和业务的交融得到显著的发展。本章主要对国内外互联网电视的产业环境、技术产品、内容服务做总体梳理和总结，为图书馆基于互联网电视开展服务提供借鉴和依据。

第一节　国外现状

国际上，互联网电视的概念最早出现在1996年。来自柏林工业大学的迪特·鲁夫勒和史蒂芬·弗鲁豪夫等学者提出了在因特网上利用P2P技术进行视频服务的可能性和架构。[1]"互联网电视"这一新名词的出现立即引起了企业家的兴趣。1998年3月微软正式启动"维纳斯"计划。[2]其方式为在机顶盒或VCD机中内置嵌入式Windows CE操作系统简化版本（即"维纳斯"），通过其与互联网和电视机的连接使电视拥有互联网功能。由于当时全球互联网建设发展速度不足以满足微软构想的互联网电视业务，在技术上不够完善，经过一段时间尝试，该计划以失败告终。进入21世纪后，随着互联网传输带宽不断增加，P2P及CDN（Content Delivery Network，内容分发网络）技术相继出现，音视频编

---

[1] RÜFFLER D, FRÜHAUF S, WITTICH S, et al. InfoRadio on Demand, WebTV and DigiTaz—Telecommerce Case Studies[J]. Community Networking, 1996（5）：71-76.

[2] LAU T Y, FENG G C. Digital Television in China: Opportunities and Challenges, 2004[J]. Proceedings on 6th World Media Ecnomics Conference, 2004, Montreal, Canada: 1-12.

解码技术取得重大突破，在技术上通过公共互联网传输高质量电视节目成为现实。

目前，发达国家在视听媒体领域发展迅速。以Netflix、YouTube、Hulu等为代表的视频网站提供了大量的自有版权音视频内容资源，电子制造企业纷纷进军互联网电视产业，与内容商合作不断推出功能完备、各具特色的互联网电视产品。以下从政策环境、内容与服务、技术和产品三方面对国外的互联网电视产业现状做一介绍。

一、政策环境

发达国家互联网产业发展迅速，各种互联网新技术、新业务、新服务层出不穷。互联网电视产业是重要的互联网产业，也是视听新媒体的重要业态。国外对互联网电视普遍采取宽松的监管方式，促进了产业的快速发展，为民众带来极为多样、便利、人性化的视听服务。

由于互联网电视业务可以避开传统电信、移动等运营商的控制，因此对传统电子信息运营产业造成了较大的冲击。同时，由于音视频对网络带宽要求较高，内容传播不易监控，也对其他互联网络业务和信息传播造成了较大的压力。对于互联网电视这一新兴媒体，国外普遍采取网络中立的态度，鼓励不同媒体形态的内容产业公平竞争，这为互联网电视的发展提供了较为宽松的政策环境。此外，国外网络运营商还采用了多种方式来应对OTT业务对自身利益的冲击，如对OTT业务流量进行额外收费、推出自身的OTT业务等。

（一）通过"网络中立"原则建设开放、公平的产业发展环境

"网络中立"（Net neutrality）概念由美国弗吉尼亚大学法学院副教授Tim Wu（吴修铭）首次提出[①]，指的是在法律允许范围内，所有互联网用户都可以按自己的选择访问网络内容、运行应用程序、接入设备、选择网络服务提供商。这一原则要求平等对待所有互联网内容和访问，防止运营商从商业利益出发控制传输数据的优先级，确保网络数据传输的"中立性"，表现在除了对一些危害公共安全的业务外，对OTT业务一般不设环境特殊的准入门槛。"网络中立"的提出目标主要是为了创建公平竞争的互联网生态环境，在此概念的提出地美国，由于政治因素，"网络中立"的推进一波三折。2007年10月，时任参议员的奥巴马发表演讲，承诺如果当选总统就对网络中立以及创建

---

① WU T. Network Neutrality, Broadband Discrimination[J]. Journal of Telecommunications and High Technology Law, 2003（2）：141–179.

自由开放的互联网予以支持。与此同时，美国联邦通信委员会（Federal Communications Commission, FCC）积极推动网络中立的立法。成立于1943年的FCC是独立的政府机构，直接对美国国会负责。FCC通过控制无线电广播、电视、电信、卫星和电缆来协调国内和国际的通信。2010年12月21日，FCC通过了"网络中立"规则。[①]依据该规则，FCC将具备监管互联网服务提供商的权力，目的是监管互联网服务提供商ISP（Internet Service Provider）的权力，避免ISP对网络内容、服务和应用采取"不合理的歧视"。也就是说，ISP（通常为电信和宽带公司，负责电缆、光缆等的铺设，为机构和个人提供互联网接入服务）需要对所有内容提供商一视同仁，ISP必须保持统一的开放性，平等对待所有流量数据和应用接入，不能说因为某家互联网内容提供商支付了更高的费用，就可以获得更快的速度。该规定的推出得到了美国政府和包括Google（谷歌）在内的内容提供商的支持。11家与图书馆和高等教育有关的机构和组织也对该规定表示支持，赞成提供开放的互联网环境，认为"网络中立"原则将为网络服务供应商提供最基本的规则，并保证网络运营商和终端用户能够在其认为合适的范围内自由访问互联网。[②]但是，"网络中立"规则的颁布使得宽带网络运营商无法针对流量大的机构用户单独收费，极大地影响到运营商的利益。在FCC通过"网络中立"规则的几周后，Verizon（威瑞森）通信公司提出了一项联邦诉讼，该诉讼最终推翻了"网络中立"规则，联邦上诉法院于2014年1月14日取消了FCC的2010年规定。该判决引发了广大网络用户和内容服务商的不满，取消规定的第二天，105572位民众在白宫的"我们人民"平台上创建请愿书，请奥巴马政府"通过指示FCC将互联网提供商归类为'普通运营商'来恢复网络中立性"。2014年2月18日，白宫对请愿书做出回应，表示原则上继续支持免费开放的互联网，5月16日，FCC发布了有关互联网监管规则制定的通知，并公开向民众征求意见，同时，奥巴马总统呼吁FCC采取最强有力的规则来保护网络中立性，表示互联网服务提供商应该平等对待所有接入互联网流量的机构用户。[③]2015年2月26日，FCC重新通过了《开放互联网规则》

[①] FCC. Net Neutrality FCC Policy Statements[EB/OL]. [2015-05-02]. http：//www.cybertelecom.org/ci/neutralfcc.htm.

[②] 刘剑英. 美国图书馆学会等机构呼吁美国联邦通信委员会（FCC）采用网络中立原则[J]. 晋图学刊，2010（5）：80.

[③] President Barack Obama. Net Neutrality: President Obama's Plan for a Free and Open Internet[EB/OL]. [2016-06-14]. https：//obamawhitehouse.archives.gov/net-neutrality.

（Open Internet 2015 Rules）。①2016年6月14日，联邦上诉法院完全承认新制定的网络中立规则，并意识到开放式互联网对于创新和经济增长至关重要。此后几年，美国政府也积极促进与FCC、国会和私营公司的沟通，确保互联网的开放和各互联网公司能够公平地竞争。经过与运营商的长期博弈，美国产业界目前已基本认可网络的中立性，在保证运营商利益的基础上，互联网电视内容产业发展不受影响。

特朗普总统在他执政期间，对"网络中立"进行了抨击，2014年11月12日他在其推特上说："奥巴马的网络提案一样是由上而下的政治权力操作。网络中立就是现代版的'公平原则'（这是美国1987年用来规范媒体的法令），主要是为了对付保守派媒体。"2018年6月11日，共和党占多数的FCC通过了《恢复互联网自由秩序和透明度规则修正案》，废除了仅执行了三年多的互联网中立规则。②但是，戏剧性的是，FCC刚废除网络中立后，各州立法者即通过在州一级引入网络中立性立法做出回应。③

在2018年的立法会议上，34个州和哥伦比亚特区提出了120项关于"网络中立"的法案和决议。5个州（加利福尼亚州、新泽西州、俄勒冈州、佛蒙特州和华盛顿州）制定了相关法律或通过了相关决议。④加利福尼亚州颁布了2018年《加利福尼亚州互联网消费者保护和网络中立法案》。此外，新泽西州通过了一项决议，敦促美国总统和国会恢复联邦法律中的"网络中立"。俄勒冈州禁止公共机构与宽带互联网接入服务提供商签订合同，原因是这些服务提供商从事基于付费优先权、内容屏蔽或其他歧视的某些网络管理活动。佛蒙特州需要互联网服务提供商证明其符合消费者保护和网络中立标准，以便有资格收到政府互联网服务合同。该法案还要求总检察长审查佛蒙特州ISP的网络管理惯例，并确定其是否符合2015年FCC的网络中立性规定，并在可公开访问的网站上披露这些调查结果。华盛顿州要求在该州提供宽带互联网访问服务的人员公开披露有关

---

① Cybertelecom. Open Internet 2015 Rules[EB/OL]. [2021-03-19]. http：//www.cybertelecom.org/ci/neutralwhe.htm.

② MORTON H. Net Neutrality 2020 Legislation[EB/OL]. [2021-03-19]. https：//www.ncsl.org/research/telecommunications-and-information-technology/net-neutrality-2020-legislation.aspx.

③ 好奇心日报. 网络中立法案被废除一年后，美国多州政府依然在努力反对[EB/OL]. [2021-03-19]. https：//baijiahao.baidu.com/s?id=1613747164226979422&wfr=spider&for=pc.

④ MORTON H. Net Neutrality Legislation in States[EB/OL]. [2021-03-19]. https：//www.ncsl.org/research/telecommunications-and-information-technology/net-neutrality-legislation-in-states.aspx.

其网络管理实践、性能特征及其服务的商业条款的准确信息，以使消费者和企业家能够就服务和使用做出明智的选择。此外，法律禁止在该州从事提供宽带互联网访问服务的人员从事以下活动：阻止合法内容、应用程序、服务或无害设备；基于互联网内容、应用程序、服务或使用无害设备而损害或降低合法互联网流量；实行按照付费来进行优先级排序。另外，立法者采取了一些措施，这些措施将限制ISP使用客户信息，并要求ISP对客户信息采取隐私保护措施。例如，内华达州和明尼苏达州禁止披露个人身份信息，并且明尼苏达州还要求ISP在披露有关客户上网习惯和所访问互联网站点的信息之前获得客户的许可。值得注意的是，2021年3月5日，"网络中立"的提出者Tim Wu加入拜登政府，在美国国家经济委员会研究技术和竞争政策，这表明拜登政府正在寻求遏制互联网的垄断。[1]

关于"网络中立"的提案由于党派和利益之争在美国争议频起，但是在国际范围内，"网络中立"理念则已深入人心。欧盟委员会在2011年4月19日公布了一份开放互联网和网络中立性法案草案[2]，规定网络中立性意味着流量需要被平等对待，没有歧视、限制和干扰，独立于发送者、接收者、类型、内容、设备、服务或应用。对于可能造成网络流量黑洞的服务，不允许网络服务提供商区别对待加以限制。2015年11月25日，欧盟正式颁布了有关开放互联网访问的《欧洲议会和理事会第2015/2120号条例》（Regulation [EU] 2015/2120 of the European Parliament and of the Council），旨在建立共同的规则，以保障在提供互联网访问服务和相关最终用户权利时对流量的平等和非歧视性对待，目标在于保护最终用户，同时确保互联网生态系统作为创新引擎的持续运行。条例中规定的措施尊重中立性原则，互联网访问服务的提供者，除根据联盟法由终端设备的制造商或分销商强加的限制外，不应对连接到网络的终端设备的使用强加任何限制。[3]2015/2120号条例构成了欧盟有效的网络中立性保护的法律基础，欧洲电子通信监管机构（the Body of European Regulators for Electronic Communications, BEREC）根据条例的第5条第3款制定了

---

[1] GARTENBERG C. Tim Wu, the 'father of net neutrality,' is joining the Biden administration[EB/OL]. [2021-03-19]. https：//www.theverge.com/2021/3/5/22315224/tim-wu-net-neutrality-antitrust-big-tech-biden-administration-national-economic-council.

[2] European Commission. The Open Internet and Net Neutrality[EB/OL]. [2021-03-19]. http：//europa.eu/legislation_summaries/information_society/internet/si0022_en.htm.

[3] 欧盟. 欧洲议会和理事会第2015/2120号条例[EB/OL]. [2021-03-19]. https：//eur-lex.europa.eu/legal-content/EN/TXT/?uri=CELEX%3A32015R2120.

针对国家监管机构的实施指南（BEREC Guidelines on the Implementation of the Open Internet Regulation），指南旨在为维护"网络中立"提供指导，包括有义务密切监测和确保遵守2015/2120号条例规定的互联网接入服务和相关终端用户权利方面的平等和非歧视待遇的规则。① 除欧盟立法外，很多国家也将网络中立引入法律并出台配套政策保障自由平等地使用公共互联网：智利于2010年修正电信法，成为全球第一个就电信立法的国家；巴西、韩国、荷兰、印度、英国等也通过立法或出台政策强制或鼓励维护网络的中立性。②

"网络中立"也同样引起了图书馆界的重视，国际图书馆协会联合会（后文简称国际图联）在发布的《国际图联关于网络中立和零评价的声明》中认为，寻求、传递、获取信息及公平获取信息的权利是公民的普遍权利，也是国际图联的重要使命。③ 国际图联《图书馆员及其他信息工作者道德规范》（IFLA Code of Ethics for Librarians and Other Information Workers）内容之一，即是图书馆应方便读者获取信息，并保证这一情况不受客观条件阻碍。网络环境下，图书馆的作为与信息运营者息息相关。图书馆无法像商业化信息运营者一样，以优惠价格或免费为使用者提供多层次的服务。在这样的情况下，图书馆网站毫无竞争优势。如果出现这种情况，就需要使用者对所获取的信息进行缴税并对商业化内容进行补贴。从长远角度看，违背网络中立原则会影响图书馆使用者获取更多信息的权利。因此，国际图联支持保护"网络中立"，并指出，在互联网时代，"网络中立"是公众获取信息的先决条件。同时，国际图联还对网络应用中的"零评价"进行了抨击，指出它依据的是那些没有计入使用者数据流量的特定应用或服务的数据消耗量。一些主要的服务供应商已经和不同国家的移动网络运营商签订合约，提供"零评价"版本的服务。在某些情况下，这就意味着使用某些网站或服务将不计入订购者每月的数据限制。在其他一些合约中，即使使用者没有订购数据计划也能够享受服务。"零评价"违背了"网络中立"原则，因为"零评价"的服务是受歧视的，从而使

---

① BEREC. BEREC Guidelines on the Implementation of the Open Internet Regulation [EB/OL]. [2021-03-19]. https：//berec.europa.eu/eng/document_register/subject_matter/berec/regulatory_best_practices/guidelines/9277-berec-guidelines-on-the-implementation-of-the-open-internet-regulation.

② MBA智库百科. 网络中立性[EB/OL]. [2021-03-19]. https：//wiki.mbalib.com/wiki/%E7%BD%91%E7%BB%9C%E4%B8%AD%E7%AB%8B%E6%80%A7.

③ 国际图联. 国际图联关于网络中立和零评价的声明[EB/OL]. [2021-03-19]. https：//www.ifla.org/files/assets/hq/news/documents/ifla-statement-on-net-neutrality-and-zero-rating-zh.pdf.

互联网服务供应商能够引导使用者的选择。此外，除了存在基础设施可能无法承受流量的增长这样公认的风险，"零评价"服务因其低成本甚至是零成本的特点导致无节制水平的流量。这扭曲了内容消费，还会导致"花园围墙效果"——使用者对互联网的体验被局限在了"零评价"服务本身。当在发展中国家出现价格差别和使用模式的差别时，"零评价"这种实践会导致数字鸿沟的问题进一步加剧。

（二）各国的互联网电视政策

OTT服务需求在全球呈指数级增长，各国政府比以往任何时候都更加重视研究并制定监管政策来影响和规范运营主体的行为。在互联网电视领域，经历行业的起步和几年的磨合期后，从2015年前后开始，世界各国政府开始着手应对互联网电视技术和商业发展带来的挑战，为行业的发展制定政策和规则。有些发达国家和地区的政府逐步取消传统地面广播时代初期遗留的严格监管政策，而转向创造更加趋向公平的竞争环境，如澳大利亚、新加坡、新西兰。有些国家政府则继续施行与传统广电时代相类似的规则，这种做法一定程度上降低了产业发展的多样性和灵活性，但对于维护健康和受控的舆论状态、引导社会意识形态也起着积极的作用。在开放互联网环境下，流媒体内容的盗版和滥用也是各国政府亟须解决的难题，各国政府对盗版问题的意识在不断提高，并对基于非法流媒体设备和应用程序的盗版行为发起了前所未有的执法行动。表2-1列举了10个国家的互联网电视管控机构的相关政策。

表2-1　各国互联网电视管控机构和政策

国家	管控机构	互联网电视政策
美国	联邦通信委员会（FCC）	1.FCC废除网络中立规则可能会导致OTT服务面临来自网络运营商的压力，但是目前还没有资料表明监管力度更趋强硬，OTT电视服务在国家和州两级基本不受监管，许可证容易授予。2.对儿童节目广告时间进行限制。3.产业适用反托拉斯法（反垄断法）。4.代表外国政府提供内容的服务商需要根据《外国代理商注册法》（Foreign Agents Registration Act, FARA）在司法部注册，并为节目贴上标签。5.司法部严厉打击网络内容盗版，流媒体时代的著作权法需要做相应调整以应对不同服务商的需求

续表

国家	管控机构	互联网电视政策
英国	英国信息通信管理局（Office of Communication, OFCOM）	1.OFCOM负责独立监管英国所有的付费电视和OTT电视服务，所有英国线性在线内容传播（包括OTT电视）都需要获得许可并支付年费，非线性在线服务则不需要许可证，但是必须在其服务开始、结束或发生重大变化之前通知OFCOM。（线性内容传播指的是以传播者为起点，经过媒介后以受众为终点的单方向、直线性传播方式。非线性传播是双向、互动、网络化传播。传统的广播电视机构和OTT内容服务提供商都有从事线性和非线性传播的业务。）2.国内版权法对网络内容提供强有力保护，法院可通过封锁令要求互联网服务提供商禁止非法流媒体和下载网站的访问
日本	内政和通信部（The Ministry of Internal Affairs and Communications, MIC）；日本商业广播协会（Japan Commercial Broadcasters Association, JCBA）	1.MIC依照《广播法》（the Broadcast Law）和《无线电波法》（the Radio Wave Law）进行行业管理，JCBA扮演行业自律角色。2.《广播法》要求广播公司运营时获取许可证，但是该法没有对OTT服务进行规定，大多数OTT服务实际上并没有受到监管。3.付费电视和OTT电视受到版权法的强有力保护。4.日本对外国频道没有具体的要求，只要电视平台获取许可证即可。5.JCBA的行业标准要求采取措施保护未成年人观众健康，比如对广告内容、儿童节目等进行限制等
韩国	韩国通信委员会（The Korea Communications Commission, KCC）；科学和信息通信技术部（The Ministry of Science and ICT, MSICT）；韩国通信标准委员会（The Korea Communications Standards Commission, KCSC）	1.KCC负责节目和内容标准以及对OTT电视进行监管。MSICT负责制定广播政策，并在KCC的授权下可以管理新媒体产业。KCSC负责OTT内容标准的制定。2.OTT电视的内容受《通信网络法》（Communications Network Act）管制。3.版权法保护在线内容并对盗版内容进行重大处罚。4.KCC对广播电视行业有逐渐加强管制的趋势，将外国直接投资和跨媒体的所有权限制在不超过49%，保持广电产业以国家主导的发展方向
新加坡	信息通信媒体发展局（Info-Communications Media Development Authority, IMDA）	1.IMDA是一个监管信息通信和媒体行业融合的法定机构。本地和离岸OTT电视提供商需要获取许可证，并遵守《领域许可条件》（Class License Conditions）、《互联网业务守则》（Internet Code of Practice）和《OTT内容规则》（OTT Content Code）。2.知识产权法律适用于OTT电视

续表

国家	管控机构	互联网电视政策
马来西亚	马来西亚通信和多媒体委员会（Malaysian Communications and Multimedia Commission, MCMC）	1.目前OTT电视不受许可制度、当地配额和国有化控股等的约束，但是付费电视内容必须遵守法律规定和提交审查，禁止非法和有害内容。2.马来西亚《版权法》（1987）保护广播中受版权保护的作品，包括在线通信和广播。马来西亚网站上的侵权在线内容适用通知和删除程序，MCMC已指示ISP阻止访问各种盗版网站
泰国	国家广播电信委员会（the National Broadcasting and Telecommunication Commission, NBTC）	1.电视行业由NBTC监管，OTT服务目前不受监管，没有许可证要求，也没有法律授权对通过互联网广播的频道（无论是国内还是国外）征收许可证或费用。对互联网内容几乎没有监管，也没有公布指导方针。2.修订后的版权法适用于互联网广播，允许网站屏蔽盗版内容
越南	信息和通信部（the Ministry of Information and Communications, MIC）；广播和电子信息管理局（the Authority of Broadcasting and Electronic Information, ABEI）	1.如果OTT电视是付费的，则需要按照付费电视的规定，外国频道运营商需要经过批准并获得许可证。电影、卡通和纪录片内容必须翻译成越南语。2.版权法符合基本的国际标准，但执行较为有限
澳大利亚	澳大利亚通信和媒体管理局（the Australian Communications and Media Authority, ACMA）	1.OTT服务有非常宽松的政策环境，ACMA对内容事项进行监管，广告内容受行业规范的约束，OTT的开展不需要经过批准或获得许可证。2.澳大利亚法律允许权利所有人向联邦法院申请禁令，要求ISP阻止访问侵权网站
印度	信息和广播部（the Ministry of Information and Broadcasting, MIB）；印度电信监管局（the Telecom Regulatory of India, TRAI）	1.MIB和TRAI负责监管电视行业，目前尚无针对OTT的监管体系，主要依靠自律。但是互联网内容通常受到2000年《信息技术法》（Information Technology Act of 2000）的约束。2.版权法适用于OTT电视内容

（三）行业合作和市场规则

在具体的实践层面，国外政府、电信运营商、OTT服务商往往采取更为灵活的政策和手段，通过行业自律和业界协作不断塑造和规范互联网电视发展的环境，推动利益共享和产业持续发展。

首先，政府出于必要原因批准对某些OTT服务进行适当收费。韩国通信委员会批准了韩国移动运营商的相关请求，韩国移动运营商们将可以向OTT业务提供商收取费用，为了解决或避免移动网络过度负荷带来的问题，在必要的情况下可以采取一定的流量管理[1]。法国电信与谷歌公司达成合作关系，谷歌因发布OTT发送的数据流量向法国电信付费。荷兰KPN公司提高了移动数据业务的价格，并采取分级定价，将数据业务纳入到标准资费套餐中。它还针对不同用户使用习惯设置套餐。该定价策略目的在于保留用户的价值，不管用户是否使用OTT业务，运营商的收入都得到保障。美国电信巨头AT&T和Verizon无线也推出了新的价格计划，阻止OTT对传统媒体业务的影响[2][3]。

其次，电信运营商加强与OTT提供商的合作，实现利益共享。日本第二大运营商KDDI与开发商合作，推出了AU Smart Pass的套餐计划。这个套餐预装在KDDI推出的安卓手机上。KDDI为开发商吸纳各种应用，KDDI则根据应用的月活跃使用量，跟开发商分享套餐订阅收入，此服务为KDDI创造的年收入约为2.5亿美元[4]。英国移动运营商Three为Skype公司的VoIP（Voice over Internet Protocol，基于IP的语音传输）业务提供落地，保证了与其他移动网络用户之间的通话。对于Three公司来说，Skype可以给它带来更多的用户，而且能吸引高端用户。

再次，电信运营商直接参与OTT业务，推出自身产品和服务。为了应对传统业务的萎缩，西班牙电信于2011年设立了Telefonica Digital（西电数据）部门，负责创新业务领域的发展，整合了西班牙流行的社交网络Tuenti、门户网站Terra等新兴媒体平台，推出OTT软件TUME、TUGO，向用户提供短信、通话、图片传送等多种功能，面向全球用户提供服务[5]，并受到大量用户的青睐。包括西班牙Telefonica、英国沃达丰、法国Orange、意大利电信及德国电信在内的欧洲电信巨头，联合推出自有即时手机短信系统Joyn，允

---

[1] 赵妍. 韩国批准运营商封堵OTT：可收费和不开放网络[EB/OL]. [2021-03-19]. http://www.techweb.com.cn/ucweb/news?id=1280823.

[2] 华强电子网. AT&T推出新资费政策 取消不限流量数据套餐[EB/OL]. [2021-03-19]. https://tech.hqew.com/news_205159.

[3] 凤尚网. Verizon将于1月24日推出价格55美元的新5GB数据套餐[EB/OL]. [2021-03-19]. https://www.gjfs.com.cn/keji/202007/071443805.html.

[4] IDC新闻. 运营商遭遇业务危机 创新才是关键[EB/OL]. [2021-03-19]. http://news.idcquan.com/tx/45910.shtml.

[5] 通信产业网. 运营商与OTT的全球战争[EB/OL]. [2021-03-19]. http://www.ccidcom.com/yunying/20130521/HH2cE28bh7oTnZou.html.

许手机用户在不同的网络运营商的设备间使用即时通信、直播视频分享和文件共享。法国电信Orange公司2012年11月推出了一款名为"Libon"的免费即时通信应用,该应用内置了大量移动业务,包括高清VoIP通话、文字短信及可视语音邮件。针对大多数OTT即时通信业务不能互通的短板,德国电信、沃达丰和美国的MetroPCS公司于2012年分别开通了"富通信套件"(rich communication suite)服务。[①]美国的T-mobile公司从2011年开始提供名为"Bobsled"的OTT服务,允许用户通过Web方式与其Facebook(脸书)账号关联,扩展了自身的信息服务业务。2003年10月,德国电信开发了数字音乐平台Music load,该平台不仅针对德国电信的用户,同时也向其他运营商的用户开放。目前已取得了巨大的成功,为其他运营商应对OTT业务提供了途径。

总之,国外互联网电视的产业环境主要分为宽松政策和严格监管两种类型,前者很大程度上依赖于市场的自我调节、资源配置和良性的商业竞争,政府的核心责任之一就是维护好市场的公平与开放竞争环境。由于企业的市场变通性和自主能力更大,竞争激烈,因此,互联网电视能够以更为自主、灵活的形式向前发展,较少受到外部环境的制约和限制,互联网络内容产业和终端设备制造业得以快速发展,丰富的应用与服务极大满足了用户的需求。严格监管的政策环境往往采取审批和许可的制度,政府对内容、平台、运营、外资准入、所有权分配等都有着严格的规定。政府的监管能够保证内容舆论的合法性,确保意识形态安全,并有助于维持国家主导的市场发展方向。但是同时,这种严格监管的政策体系一定程度上与开放互联网的中立性原则产生抵触,不利于OTT内容播出和应用服务的自由竞争,对实现产业的开放发展会带来一定的阻碍。除了产业监管外,网络内容的著作权保护也是执法面临的重要问题。各国原则上是维护在线知识产权的,只是在立法方面进展不同,而且由于法律体系建设的完善程度不一致,执法成效也有显著差别。普遍而言,市场发展和媒体内容产业较为成熟的发达国家和地区,在线内容的著作权保障机制愈加完善,而经济文化发展较为落后的发展中国家在互联网版权保护的立法和执法方面存在较大差距。

二、内容产业

国外最初的互联网电视的表现形态是视听网站模式的互联网电视服务,用户通过电

[①] 杨然. OTT发展与管理趋势[C]. OTT业务发展对通信业带来的机遇与挑战——中国通信学会通信管理委员会第31次学术研讨会论文集. 中国通信学会通信管理委员会,2013:7-10.

脑和手机打开浏览器或下载播放器进行观看。经过较长时间发展，国外的视听媒体产业已经诞生了若干传媒巨头，网站内容非常丰富，目前已经成为国外互联网电视产业重要的内容提供方，牢牢占据着产业链的上游位置，向各终端设备制造商和集成运营商提供海量的正版内容来源。表2-2列举了各国较有影响力的互联网电视服务平台[①]。

表2-2 各国主要的互联网视听平台

频道	公司	国家
ABC	The Walt Disney Company	美国
AT&T TV	AT&T / AT&T Communications	美国
CNN	AT&T / WarnerMedia	美国
Discovery+	Discovery, Inc.	美国
Disney+	The Walt Disney Company	美国
ESPN+	The Walt Disney Company	美国
Fox Nation	Fox Corporation / Fox News Media	美国
HBO Max	AT&T / WarnerMedia	美国
Hulu	The Walt Disney Company, NBCUniversal	美国
Netflix	Netflix	美国
Prime Video	Amazon	美国
Showtime	ViacomCBS	美国
Vudu	Comcast / NBCUniversal	美国
YouTube TV	Google	美国
All 4	Channel Four Television Corporation	英国
BBC iPlayer	BBC	英国
S4C Clic	S4C	英国
ITV Hub	ITV plc	英国
My5	ViacomCBS International Media Networks Europe	英国
Sky Go	Sky UK	英国

---

① Wikepedia. List of Internet Television Providers[EB/OL]. [2021-03-22]. https：//en.wikipedia.org/wiki/List_of_Internet_television_providers；Wikepedia. Television in the United Kingdom[2021-03-22]. https：//en.wikipedia.org/wiki/Television_in_the_United_Kingdom#Internet_video_services.

续表

频道	公司	国家
STV Player	STV Group	英国
UKTV Play	UKTV Media	英国
BFM TV	NextRadioTV	法国
Canal+	Groupe Canal+	法国
France 2-5	France Télévisions	法国
3sat	ZDF und weitere	德国
ARD-alpha	ARD	德国
Eurosport	Discovery Communications	德国
Disney+Hotstar	Star India, The Walt Disney Company	印度
Eros Now	Eros Entertainment	印度
Dragon Gate Network	Dragon Gate	日本
New Japan Pro-Wrestling World	New Japan Pro-Wrestling, TV Asahi	日本
ABC iview	Australian Broadcasting Corporation	澳大利亚
SBS on Demand	Special Broadcasting Service	澳大利亚
Stan Australia	Nine Entertainment Co.	澳大利亚
Spark Sport	Spark New Zealand	新西兰
TVNZ OnDemand	Television New Zealand	新西兰
ThreeNow	MediaWorks New Zealand	新西兰

　　Netflix成立于1997年，总部位于美国加利福尼亚州洛思盖图。作为国际上有影响力的网络视频提供商，Netflix在美国、加拿大提供互联网随选流媒体播放、定额制DVD（数字通用光盘）、蓝光光碟在线出租业务（在加拿大仅提供流媒体播放业务）。它成功地把传统影像租赁业务和现代化的市场营销手段、先进的互联网技术结合起来，从而开创了在线影像租赁的新局面。[1]YouTube是目前世界上营销规模最大的网络视频提供商，2006年11月被谷歌收购，作为行业内最成功、实力最强大、影响力颇广的在线视频

---

[1] KUMAR A V, YANG G, FANG H, et al. Unreeling Netflix: Understanding and Improving Multi-CDN Movie Delivery[J]. Proceedings on IEEE-INFOCOM2012, 2012: 1620-1628.

服务提供商，为全球用户提供高水平的视频上传、分发、展示、浏览服务。网站借由FlashVideo播放各式各样由上传者制成的影片内容，包括电影剪辑、电视短片、音乐录像等，以及其他上传者自制的业余影片，如VLOG、原创影片等。除了个人自行上传，也有媒体公司如哥伦比亚广播公司（Columbia Broadcasting System, CBS）、英国广播公司、VEVO以及其他团体与之合作，上传自家公司制作的影片。2007年成立于美国洛杉矶和纽约的Hulu，名字源于中国普通话"葫芦"和"互录"，是一个免费观看正版影视节目的互联网网站。它和全美许多著名电视台以及电影公司达成协议，通过授权点播模式向用户提供视频资源。由于各国版权法的限制，其视频节目目前只能对美国本土用户开放。目前公司开发了基于Adobe AIR的视频播放器，可以让用户脱离浏览器观看电视节目。[1]Vudu[2]主要为消费者提供好莱坞电影租赁或下载购买服务，2010年被沃尔玛收购，是美国第三大流媒体服务商。美国加利福尼亚州的Showtime[3]付费有线电视网，隶属于CBS集团，主要提供电影和原版电视剧，还有一些拳击、格斗技术、喜剧和被制作成电视的电影。

网络视听企业作为内容提供方，掌握有大量的正版视频内容，同时也是大众自建内容的传播平台，在"内容为王"的新媒体时代，视频提供方以其丰富的内容资源与运营服务商、终端设备制造商等开展各种合作，促进了产业的发展。同时，具有实力的运营商和科技公司依靠自身强大的网络设施、资金实力、技术基础和庞大的用户群体，也在积极打造全方位的内容运营生态链，业务涉及互联网电视产业链上下游各个环节。产业的发展离不开政策的推动，在自由竞争的产业环境下，产业各方经过激烈的拼杀和重组，基本上形成了较为稳定的网络内容供应体系，满足了各方对内容的需求。国外互联网电视内容运营模式有以下特点。

（一）正版内容付费观看模式

作为美国互联网电视的龙头，Netflix是以传统的在线订阅的方式进行DVD租赁业务

---

[1] JUNG E, GUPTA D, MASTRONARDE N H, et al. Network-Congestion-Aware Video Streaming: A Rest-and-Download Approach[J]. Proceedings on IEEE-SECON2012, 2012：668-676.

[2] SPIRA J B. Internet TV: Almost Ready for Prime Time [Tools & Toys] [J]. IEEE Spectrum, 2011, 48（7）：24-26.

[3] SCHINKE J R, BONHOMME J, MCGANNON K R, et al. The Internal Adaptation Processes of Professional Boxers During the Showtime Super Six Boxing Classic: A Qualitative Thematic Analysis [J]. Psychology of Sport and Exercise, 2012（13）：830-839.

起家的，其打破了原先的单片出租模式，改成创新的月租式服务，用户线上选完想看的影片，几天后公司便会通过其配送网络，在一天内将影片寄出。随着互联网技术的日益发达，视频点播技术（Video on Demand, VOD）日益受到媒体集团和互联网创业者的关注。面对新形势的压力，Netflix一方面继续加大自动化配送工厂的投资，扩大DVD租赁业务规模；另一方面，开始了网络视频功能的开发。2008年，Netflix推出"立即看"（Watch Instantly）服务，用户在电脑上可以直接观赏电影。此后，其与多家机构建立伙伴关系，将其服务嵌入电视机、Xbox游戏机、蓝光DVD播放机以及机顶盒等设备中，Netflix逐步向流媒体业务转型，在线视频订阅服务突飞猛进。随后，Netflix推出付费视频点播服务，采取包月制或者按次收费，即"正版电影网络付费观看"，该模式的成功奠定了该公司在互联网络内容提供领域的霸主地位，占到美国互联网下行流量的38%，超过Amazon Video和iTunes等互联网服务。目前国内外众多互联网络视频网站也开始向此模式转型。该模式最大特点是将服务定位于内容平台，不涉及终端，积极与多家互联网电视机顶盒生产厂商合作，几乎所有的互联网电视产品都内置Netflix App，主要采取"订阅付费"的盈利模式。

（二）基于大数据分析的个性化内容推送

该模式是内容提供商利用数据分析，根据消费者过去的影片评价和观看记录，预测使用者接下来会想看什么样的影片，向特定用户推送符合用户收看行为特点的视频节目内容。该模式的集大成者为Netflix，其拥有全球最好的个性化推荐系统和大量用户的收视习惯数据。为了提高产品价值、改进用户体验，Netflix借鉴Amazon的经验，采用了算法保密的Cinematch推荐引擎，基于用户每天留下的大量搜索、评分等行为数据，预测用户的喜好，建立个性化的影片列表。据统计，75%的订阅者都会收到Netflix的观影推荐。Netflix还利用数据挖掘技术，从小众电影中发现市场，从而造就了《纸牌屋》等电视剧的巨大成功。Netflix采集的数据主要来自超过2500万用户的数据、每天约3000万次的视频播放且跟踪电影播放过程中的每次快退/快进/暂停、超过20亿小时的视频流、每天400万次的评价、每天300万次搜索、地理位置数据、设备信息、每周和每天时段信息（Netflix已归纳验证，用户平时观看更多的电视娱乐综艺节目，而周末则更青睐电影）、来自第三方的源数据（如Facebook和Twitter[推特]的社交媒体数据）等。通过大数据分析，Netflix可得到特定受众的喜好和恰当的推荐节目。或者通过观众正在观看的节目构建预测模型找到相通的主题或元素，进而推荐类似题材的电视内容。

数据量的增加和数据分析技术的运用，可以为内容提供商的运作提供精准的决策支持,从而更好掌握主动权,并使服务更加高效。

(三)内容采购和自制内容的集成与服务

该模式将采购或者制作的正版内容上传到网站平台上,而其他用户不能上传内容,用户只能点播或者直播观看或下载。该模式保证了其内容来源的合法有效,并使其掌握一项重要的竞争力,即站在网络正版内容的制高点。较为典型的是Hulu,Hulu是美国国家广播环球公司(NBC Universal)和福克斯广播公司(Fox)在2007年3月共同投资建立的。在创立之初,它就不仅是一家视频网站,而是其他视频网站的内容提供渠道。2019年3月,Fox被迪士尼收购,30%的Hulu股份收归迪士尼所有。同年5月14日,迪士尼与美国最大的有线电视公司康卡斯特(也是仅次于AT&T的第二大互联网服务供应商)签署协议,迪士尼获得Hulu的全面控制权[①]。NBC、Fox和迪士尼的正版内容,经过Hulu的授权,可提供给像TV.com和Boxee这样的流行视频网络渠道,使得Hulu上的内容能够获得更大的受众面。除了NBC、Fox和迪士尼的内容,Hulu还与索尼、米高梅、华纳兄弟、狮门影业及NBA等80多家内容制造商合作,而美国在线、雅虎、MSN和MySpace等规模不等的网站都是它在渠道上的合作伙伴。Hulu的目标是帮助用户在任意时刻、地点及用多种方式查找并欣赏专业的媒体内容,包括电视剧、电影和剪辑等,公司已被业界公认为最具有"在线体验电视的新途径"。虽然Hulu提供的视频内容大多是电视节目回放,但用户可以通过手机、平板电脑等多种移动设备观看节目,观看方式更加灵活多样。

Hulu的最大优势在于内容的高质量、正版和部分内容免费,盈利则主要依靠巨额的广告收入。该模式也证实了正版高质量的内容是互联网电视媒体产业的最重要特性之一,对以零碎和用户自建视频为主的YouTube等网站造成了有力挑战,甚至很可能给整个视频行业带来颠覆性影响。

(四)用户生成内容的网络视频分享平台

用户生成内容UGC(User Generated Content)是一种用户使用互联网的新方式,即由原来的以下载为主变成下载和上传并重,每个人都可以将自己制作的内容通过互联网平台进行展示或者提供给其他用户。UGC的出现极大地重塑了网络视频市场,像YouTube、

[①] 新浪财经.迪士尼10年长跑 终于拿下Hulu全面控制权[2021-03-22]. http://finance.sina.com.cn/roll/2019-05-16/doc-ihvhiews2242671.shtml.

MySpace等，创造了新的内容服务形式，实现了网络社群的互动，也带来了新的商机。[①]

YouTube成立于2005年2月，是目前世界最大的视频分享网站，同时也是互联网历史上发展速度最快的网站，于2006年被谷歌收购。其每天有超过1亿次视频浏览和大约65000个新上传视频。YouTube的视频播放技术是基于Macromedia（宏媒体）公司的Flash Player和Sorenson Spark H.263影像编码技术，这一技术允许 YouTube与其他播放技术兼容。此外，YouTube接受不同的上传格式，在上传之后统一将其转换成.FLV 格式，而这统一的易播放格式也成为了YouTube成功的关键。总体来说，YouTube网站的视频来源主要分为以下三类。

第一类是专业制作内容：如用户上传CNN（美国有线电视新闻网）等媒体的新闻节目，或者是大型公司如苹果、索尼等为了宣传自己的新产品制作的广告片，以及新影片预告片等。这部分也包括专业工作室制作的视频内容。

第二类是用户编辑内容：主要指用户剪辑已有的专业制作或者用户原创视频的部分内容，并加入一些自己的元素合成的视频。

第三类是用户原创内容：这类视频完全由用户自己原创，从拍摄设备、拍摄场景到视频内容等。这类视频的制作门槛相对较低，没有华丽的背景。

虽然YouTube拥有数以亿计的视频内容，然而由于某些视频内容具有群体性和圈子性，以及网站中视频数量过于庞大，更新频繁导致难以组织和搜索，使得真正被用户经常浏览的只有排名靠前的一小部分，甚至很多视频的浏览数为0，即服务存在"长尾效应"。

视频分享网站在给大众带来快乐的同时，也活跃了各种草根文化。但也带来一些需要解决的新问题。版权问题一直是各大视频网站存在的一大问题，YouTube也因为版权问题备受争议。对于UGC系统来说，特别是用户编辑内容这一部分是最容易涉及侵权的，因为用户所剪辑的部分视频可能涉及版权问题。为了保护版权，YouTube曾采取一些措施，比如采取与用户广告分成的模式解决版权问题，取得了一定的效果。此外，视频的大量重复以及视频内容对社会的影响也是UGC视频系统需要面对的另一大问题。视频的大量重复不但造成系统的冗余而且不利于用户的检索，对整个评分体制以及视频的排名都有影响。因为人人都可以将自己制作的视频与人分享，这不免会导致有一些人利用这个平台来散播一些不良的、不利于社会发展和败坏风气的视频。如何进行审核和管理，

[①] 陈欣，朱庆华，赵宇翔. 基于YouTube的视频网站用户生成内容的特性分析[J]. 图书馆杂志，2009，28（9）：51-56.

以及制定相关的标准都成为UGC视频服务提供商需要去解决的问题。

（五）产业链垂直整合打造互联网内容生态系统

正是因为OTT产业描绘出的巨大市场前景，才吸引了大量的参与方，一些传统的科技企业、互联网公司等也进入这个产业链。实力雄厚的公司会依靠其强大的研发能力和整合运作能力，打造全方位的互联网电视生态系统，业务涉及产业链的不同环节，有效整合内容、运营、服务与终端，借助各个环节的协同发展，为用户提供一体式、更具体验的内容服务。

Google TV的互联网电视生态模式的战略意图是以安卓系统为核心占领各个屏幕，将系统、应用和内容等各方面要素集合为一体，其中包括自有产品和服务，也包括整合的外部资源。与谷歌推行的手机安卓系统开放平台相似，通过打造基于安卓系统的Google TV平台，谷歌继续保持对所有互联网电视生产企业的开放，如今基于安卓系统的智能电视越来越普遍，谷歌对互联网电视生态系统的话语权越来越大。同时，谷歌也推动ARM架构的元件芯片产业的发展，形成了"平台+芯片"的大平台，目前谷歌已与全球多个电视生产企业合作，推出了若干互联网电视产品。在内容方面，谷歌通过对视频网站如YouTube的收购，意欲掌握产业链上游的内容，通过整合内容、平台、终端设备打造更为紧密的产业生态，获取更大利益。

苹果的系统是封闭的，其互联网电视战略与谷歌不同，它的生态模式特点是：自主研发智能系统+自主研发产品芯片+建立产品应用商店。定制专用面板，交由代工厂生产，并通过自有渠道销售产品，与其智能手机的营销模式非常相似。作为高科技公司，苹果具备系统开发和硬件技术创新能力，技术优势明显。但不同于智能手机，互联网电视需要丰富的内容资源来满足用户需求，由于苹果在内容建设方面缺乏基础，因此其积极与网络内容提供商如Netflix、YouTube、Flickr进行合作，用户可以从苹果提供的电视平台上获取内容，目前与苹果合作的内容提供商已达到十多家。苹果还聘请Hulu公司的高级副总裁加盟以增强与有线电视公司的合作谈判能力。2019年3月，苹果在加利福尼亚召开的春季发布会上例外地没有发布硬件产品，而是发布了4款互联网服务产品，包括：Apple News+，其向用户智能化分发300多种杂志精选内容；Apple Card信用卡业务；Apple Arcade游戏订阅服务；Apple TV和Apple TV+，其将几个主要有线电视频道的内容进行打包让用户订阅，用户不需要单独跳转到HBO Go、Showtime等频道去搜索节目了，直接在服务内就可看到。而Apple TV+则是苹果自己投资制作的视频频道。①

作为老牌的电视和PC（个人计算机）生产厂商，三星在硬件开发和生产上具备明显优势，如面板生产、整机制造、原有销售渠道等。而通过生产技术的转移，可以为三星智能电视提供硬件生产技术保障。近几年，三星在智能手机领域的成功，为其进入智能电视领域提供了更多的技术支持。三星通过有效的整合，将产业链上的各个环节实现合理连接，推动了三星智能电视生态的融合与升级。在系统开发方面，三星智能电视前期采用了谷歌的安卓智能系统。但为了提升自主能力，三星与英特尔一起主导开发一款新的基于Linux的操作系统，并且已经拥有了较为成熟的Bada系统。在智能芯片方面，三星分别与英特尔、高通以及ARM公司合作研发智能电视芯片，在技术上也与雅虎合作，增强自我主导能力。在内容方面，三星一方面与国际大型媒体内容提供商（如时代华纳、百视通）进行合作。另一方面已经加强对智能电视周边专利进行收购。三星通过对新技术研发的投入，将形成独具特色的互联网电视生态环境，重塑三星在互联网环境下的内容和产品话语权。

三、终端产品

随着互联网传输带宽不断增加，P2P及CDN技术相继出现，音视频编解码技术取得重大突破，在技术上通过公共互联网传输高质量电视节目成为现实。IT（信息技术）巨头纷纷将注意力集中在电视机的互联网化上，加大技术研发力度，推出了各具特色的互联网电视机产品。

作为全世界最有影响力的电子科技产品制造商，苹果公司一直致力于推出更具潮流和时代特征的电子消费终端产品。2006年，乔布斯宣布将开发具有视听功能的新的电子设备，并于2007年正式推出Apple TV。Apple TV是一款由苹果公司所设计、营销和销售的数字多媒体播放机。它用来播放从Macintosh或Windows计算机中iTunes里的多媒体文件，并将其由高分辨率宽屏幕电视机播出。2015年，苹果为很多国家的Apple TV用户增加了新内容，包括英国、爱尔兰、澳大利亚、日本等。②2016年9月，苹果发布全新的Apple TV，电视应用程序中有100个视频频道，一些有线电视公司开始寻求与苹果的合作。2019年，Apple TV进行了升级，提供视频订阅服务Apple TV+，新增Apple TV Channels服务，还

---

① 何玺. 全面转向互联网服务的苹果，会失去"硬件灵魂"吗？[2021-03-22]. https：//news.qudong.com/article/557541.shtml.

② VAN HOUT T, PANDER MAAT H, DE PRETER W. Writing form news sources: The Case of Apple TV [J]. Journal of Pragmatics, 2011, 43（7）：1876-1889.

将支持游戏应用，用户可以在应用内直接观看各大平台的视频内容，无须进行跳转。

雅虎是大型互联网门户网站，2009年雅虎推出了互联网电视服务平台——Yahoo Connected TV，无缝集成了基于HTML5的应用程序，提供免费新闻、娱乐、财经、体育等流媒体的观看，并已嵌入苹果、海尔、海信、LG、三星、TCL、东芝等公司的产品中。[①] 雅虎与Vizio公司于2013年合作开发了Co-Star LT Stream Player，这款流媒体播放器，搭载了Yahoo Connected TV平台，可以升级任何HDTV到智能电视。每台Vizio智能电视都是由Yahoo Connected TV平台驱动的，所以用户通过Co-Star LT连接到HDTV，可以获得与其他Vizio智能电视一样的冲浪体验。机顶盒内置Wi-Fi，支持与智能手机或平板相连将电视作为第二显示器，它支持1080P的全屏显示以及3D（三维）内容。机顶盒支持HTML5 App，并有一个USB接口以便播放移动设备上的内容。[②] 2014年，Yahoo Connected TV升级为Yahoo Smart TV，无缝集成了基于HTML5的应用程序，适用于多种终端，可以观看免费的新闻、娱乐、金融、体育比赛等。

Roku公司是美国的数字媒体播放器厂商，与Netflix合作开发的第一代Roku电视机顶盒于2008年5月推出，提供各种流媒体内容，并输出到电视上。到2020年9月，Roku共推出了九代产品。Roku是一种开放平台的设备，内容由Roku合作伙伴提供，带有免费提供的软件开发套件，使任何人都可以创建新频道。[③]

Orange是全球最大的移动运营商之一，在全球30个国家/地区拥有2.44亿订户，为了应对估计OTT业务的激烈竞争，其研发了一款由Espial HTML5客户端软件提供支持的Orange TV Stick（电视棒），电视棒类似于U盘的形状，可以实现安全的Wi-Fi连接，并且可以插入各种屏幕，包括电视和笔记本电脑，以便订户无论身在何处都可以在自己喜欢的设备上进行连接，经济实惠。对于Orange的聚合策略而言，全HTML5的解决方案具有里程碑意义，可在宽带和移动服务之间创造无缝体验。[④]

互联网零售巨头亚马逊2014年推出了Fire TV Stick，电视棒体型小巧，可以通过HDMI端口插入电视背面，兼容Apple TV应用程序和Apple TV+服务，是Netflix、Hulu和

---

① Yahoo. Smart TV[EB/OL]. [2021-12-14]. https：//smarttv.yahoo.com.
② LIN H F, CHEN C H. An Intelligent Embedded Marketing Service System based on TV Apps: Design and Implementation through Product Placement in Idol Dramas [J]. Expert Systems with Applications, 2013（40）：4127-4136.
③ Wikipedia. Roku[EB/OL]. [2021-03-19]. https：//en.wikipedia.org/wiki/Roku.
④ Espial. Orange[EB/OL]. [2021-03-19]. https：//www.espial.com/?case-studies=orange.

Disney+等流媒体服务的低成本入口。其目前推出的最新产品支持4K超高清视频，拥有超过4000万个活跃账户[①]。

传统的电视制造商也不断推出互联网电视产品，索尼、LG、三星、松下、东芝、JVC、夏普等的互联网电视机搭载有各种版本的智能操作系统，集成了多元化的应用平台，并与内容商进行合作提供丰富多彩的视频节目。

在操作平台方面，谷歌是智能电视操作系统的主要研发企业，搭载其系统的终端设备在世界范围内最为广泛。Google TV是谷歌运营的在线视频点播服务，该服务最初于2011年5月以谷歌电影的形式推出，后来在2012年集成到Google Play中后更名为Google Play影视。2020年9月，用于Google Play影视的安卓应用在美国更名为Google TV，在所有流服务中添加了内容聚合。用户可以通过Google Play网站、安卓和IOS设备上的Google TV应用程序使用该服务。[②]2010年10月，谷歌开发了基于安卓的智能电视操作系统，系统集成了安卓操作系统和Google Chrome浏览器，可在现有的在线视频网站上创建交互式电视叠加层，以添加10英尺的用户界面，从而带来智能电视体验。第一代谷歌电视操作系统基于x86架构处理器，并由索尼和罗技共同开发并商业化。第二代设备全部基于ARM体系结构处理器，并与LG、三星、Vizio和海信等合作，可支持3D视频播放。[③]2014年，谷歌电视操作系统被Android TV取代，用于电视机、数字媒体播放器、机顶盒和条形音箱。它具有围绕内容发现和语音搜索，各种媒体应用程序和服务的内容聚合以及与其他最新Google技术（例如Assistant、Cast和Knowledge Graph）集成而设计的用户界面，具有更为丰富的应用生态，已有超过6500个应用程序的兼容，超过30种流媒体服务商与操作系统进行集成。索尼、夏普和飞利浦在2015年分别发布了使用Android TV操作系统的智能电视，包括Arcelik、Bang & Olufsen、海信、RCA、TCL公司和Vestel在内的电视硬件厂商也开始与谷歌合作推出装有Android TV操作系统的硬件产品。该操作系统还广泛应用在LG、爱立信、法国Free公司、AT&T等的IPTV和机顶盒等产品和服务中。[④]表2-3列举了国际上主要的互联网操作平台以及使用的电视制造品牌。

---

① 广电网.亚马逊推出升级版Fire TV Stick，价格更低[EB/OL]. [2021-03-19]. http://www.dvbcn.com/p/115511.html.
② Wikipedia. Google TV[EB/OL]. [2021-03-19]. https://en.wikipedia.org/wiki/Google_TV.
③ Wikipedia. Google TV（Operating System）[EB/OL]. [2021-03-19]. https://en.wikipedia.org/wiki/Google_TV_(operating_system).
④ Wikipedia. Android TV [EB/OL]. [2021-03-19]. https://en.wikipedia.org/wiki/Android_TV.

表2-3 国际主要的互联网电视平台及设备制造商

系统平台	开发机构	电视机品牌
Android TV	Google	Asus、AT&T（DirecTV）、Free/Iliad（Freebox Mini 4K）、Hisense、Grundig、LG、Nokia（Streaming Box）、NVIDIA（Shield TV Console）、Philips、RCA、Sharp、Skyworth、Sony、TCL/Thomson、Technicolor、Toshiba、Westinghouse、Xiaomi（Mi Box）
Boxee	Boxee, Inc	D-Link
Fire TV	Amazon	Westinghouse、Element、Grundig、Insignia、JVC、Toshiba
Vewd（前身为Opera TV）	Vewd	Hisense、Mediatek、Humax、Samsung、Sony、Swisscom、Vestel
Roku TV	Roku	TCL、Sharp、Hisense、Philips、Sanyo、Element、JVC、RCA、Hitachi、Magnavox、Westinghouse
SDK	Smart TV Alliance	LG、Panasonic、Philips、Toshiba
Yahoo Smart TV	Yahoo	Mediatek、Samsung、Sony、Trident、Toshiba、Vizio
TvOS	Apple	Apple TV
webOS	LG	LG

国外终端制造商依托强大的互联网络音视频在线媒体作为内容来源，硬件制造商推出的视觉效果更好、集丰富内容和应用于一体的互联网电视产品，以其优秀的使用体验迅速占领了电视市场，互联网电视已逐渐占据用户的家庭娱乐领域，并以强劲的势头发展壮大。内容提供商和产品制造商作为互联网电视产业的上下游，以其优势互补的特性加强合作，不断促进互联网电视产业的发展。互联网电视的收看人数和收看时间不断增加，互联网电视正在成为人们家庭娱乐和学习的主要媒介，基于互联网络的内容服务和产品将取代传统的数字电视成为市场主流。

四、服务现状

互联网络技术的发展不仅带动了内容产业的高速增长，同时也在改变着人们获取信息、娱乐和学习的方式和习惯。对内容的大屏生动展示、可装载的互联网应用、互动个性化的内容组织、更加优秀的操作体验、适合家庭聚集观赏等一系列优势使得互联网电视极大地超越传统媒体，成为最受用户青睐的媒介终端。在国外，互联网电视产业正在革新内容服务行业，其影响主要有以下几点。

（一）在线视听业务发展迅速

传统的有线电视由于普及时间较早，设施建设完善，仍然有着较为庞大的用户基数。随着传统有线电视企业将业务向OTT服务转型，以及OTT内容的快速发展，互联网电视用户快速挤占有线电视和IPTV的用户数。特别是"网络中立"规则的实施，为OTT业务提供了极大的助力。据"流媒体网"调研报告，截至2018年年底，美国六大有线电视公司已有900万互联网付费电视用户，52%的美国家庭在互联网上观看OTT视频节目。在传统付费电视业务收入逐年下降的同时，OTT业务收入实现了高速增长。[①]

传统电视用户接收有线广播电视节目主要是因为直播内容的稳定和图像质量较高，而内容的丰富性上远不如OTT电视，后者凭借开放互联网传播视频节目，资源量庞大且更新及时，集成的各种应用以其不同的特色和功能吸引了不同的用户群体。随着4K超高清电视设备的推出以及宽带网络的普及，互联网电视的内容质量和稳定性也会赶上甚至超过传统有线电视并逐步取代之。

（二）OTT应用快速增长

传统的电视、通信、语音等业务大多由网络运营商提供，运营商垄断着网络上下游产业链，攫取巨大的商业价值。互联网电视属于OTT业务之一，仅将互联网作为传输通道，弱化了运营商对业务的限制。如，互联网电视厂家与互联网络内容提供商进行合作，集成了大量的互联网影视内容，从而摆脱广电网络的限制。Apple应用商店聚集了海量的开发者提供的应用程序，用户可以下载和使用。互联网电视等OTT业务已大大侵蚀了原本属于传统运营商的份额，尤其年轻用户群体对即时通信应用的依赖极强，导致网络运营商不得不选择价格调整、合作或直接介入OTT业务等方式来挽回损失。

（三）不断蚕食传统媒体产业

目前，美国的传统电视媒体入户率，如有线电视（CATV）、卫星电视和电信公司的IPTV合计已达到家庭总数的90%，市场已达到饱和，用户数量在持续减少。公开数据显示，2019年前六个月，美国有线电视用户流失78.89万户，前三大有线电视运营商的用

---

① 流媒体网. 2019年中期策略报告：海外OTT格局突变　国内OTT蓄势待发[EB/OL]. [2021-03-19]. https://lmtw.com/mzw/content/detail/id/171912.

户流失总量达到70.5万户,占总流失量的近90%[①]。根据莱彻曼研究集团(the Leichtman Research Group)的研究,早在2017年,美国Netflix的用户数量已经超过当地所有最大有线电视用户数量总和,2017年第一季度,美国前六大有线电视公司用户总数量达到4860万。然而,Netflix宣布其同期用户数量已经达到5090万。研究还发现,越来越多的消费者已经放弃传统电视,转战互联网电视。[②]根据独立市场研究公司MoffettNathanson Research的数据,2020年美国传统付费电视服务的颓势显著,收看用户比例下降了7.3%,损失了600万用户,跌至7680万。关于其他数据,有线电视用户在2020年下降了4.3%;卫星电视则流失了13%用户;电信用户流失7.3%。与此同时,互联网内容提供商的业绩持续增长,不断提升月度定价,Hulu和YouTube的定价现在比它们两年前推出时高出86%,至每月订阅收费65美元[③]。

(四)服务趋向融合化、个性化、普及化

经过较长时间的市场发展,国外的互联网电视服务已较为成熟,具体呈现以下几个特征。

1. 融合化

一是互联网电视服务离不开产业上下游的诸多企业的共同参与,是诸多行业一同努力合作的成果,并最终由互联网电视产品体现。如,谷歌电视产品由索尼提供高清电视和蓝光播放器,罗技提供专用的机顶盒等外设,Intel(因特尔)制作专用电视处理器,电视内容来自互联网络视频提供商,谷歌提供安卓操作系统,展示则用Chrome浏览器。互联网电视产业的各环节企业加强融合与协作,充分发挥各自优势共同打造出集丰富内容和互动服务与一体的互联网电视服务。

二是传统媒体和互联网电视的融合。互联网电视并没有完全放弃传统媒体,传统广播影视节目由于发展时间长,积累了大量的优质内容资源,对其进行适当的改造后,仍然是互联网电视重要的内容来源。国外有些产品还集传统的电视技术和互联网技术于一体,将不同类型的媒体内容通过不同的网络一并送达用户。如HbbTV(Hybrid Broadcast

---

[①] 搜狐. 2019年前六个月美国有线电视用户流失78.89万户[EB/OL]. [2021-03-19]. https://www.sohu.com/a/349385419_99924572.

[②] 搜狐. 美国Netflix用户数量超过有线电视用户数量[EB/OL]. [2021-03-19]. https://www.sohu.com/a/152165042_515969.

[③] 中国电影电视技术学会城市电视台技术分会. 2020年美国传统有线电视流失600万用户[EB/OL]. [2021-03-19]. http://www.ttacc.net/a/news/2021/0312/66054.html.

Broadband Television，广播—宽带混合电视）同时针对广播和互联网领域而设计，可以在同时具有两种网络混合连接的终端上运行。

三是产业各方及业务的融合。互联网电视的兴起造成了媒体产业的重新调整，有些媒体巨头采取收购、合并、重新成立合资公司等方式进行重组。如2019年3月，福克斯被迪士尼收购并取得Hulu的全面控制权。2006年谷歌收购YouTube，之后加快了全球化扩张的进程，到2010年的日浏览量超过20亿次，是美国当时三大广播公司（全国广播公司NBC、美国广播公司ABC、哥伦比亚广播公司CBS）的总和。到2019年，YouTube已经是全球最大的视频网站，月活跃用户超过18亿人。在该年的全球视频媒体用户观看时间排行榜单中，YouTube稳稳位居全球榜首，占前五名（YouTube、腾讯新闻、腾讯视频、爱奇艺和西瓜视频）观看总时长的70%。[1]YouTube这个世界上最大的视频平台正在成为全球最大的搜索引擎谷歌战略的重要一环。

2.个性化

用户个性化的需求在无限的互联网电视服务中寻得了广泛的共识，从而促使出现巨大的互联网商机。YouTube、Facebook、TikTok等在创业初期由于充分满足了用户表达个性化诉求的需要，因此短时间内迅速成长为媒体巨人。这种个性化的网络力量达到一定程度后又成为某一方面的主流趋势，互联网电视内容因此而丰富充实、日新月异。Netflix基于大数据技术的推荐算法，为用户进行精准画像，并针对性地推荐优质内容，同时反哺自身内容创作，不断推出观众喜爱的影视作品。自由竞争的互联网内容市场也为用户带来了多元化的服务选择，互联网电视平台上都集成有多家内容商提供的视频节目，不少家庭还订购了多项收费服务，低廉的价格和丰富的内容更加提升了用户的观看体验，满足个性化需求。

3.普及化

互联网的创新成果正深度融合于经济社会各领域之中，对于提升实体经济的创新力和生产力起着举足轻重的作用。宽带通信是否先进、网速反应快慢成为一个国家在全球市场竞争力强弱的体现。目前，世界处于向信息社会过渡的转型时期，发展廉价可靠的高速互联网服务成为大势所趋。[2]国外对宽带网络的建设和普及非常重视。美国

---

[1] 搜狐.谷歌最成功的收购之一，全球第一大视频网站：YouTube[EB/OL]. [2021-03-19]. https://www.sohu.com/a/397693875_524194.

[2] 人民网.廉价网络成趋势　盘点国外如何推进互联网建设[EB/OL].[2021-12-14].http：//it.people.com.cn/n/2015/0520/c1009-27028575.html.

FCC的"国家宽带计划"计划在2020年前，为1亿家庭提供100Mbps的宽带网络，是2010年平均网络速度的20倍。英国电信监管机构Ofcom批准英国电信在超高速宽带建设上的15亿英镑投资，2000万户家庭将因此而受益。①据Speedtest②关于世界各国互联网速率的测试统计，2021年2月，移动端的全球下载网速为46.94Mbps，上传速度为12.49Mbps，全球的固定宽带下载速度平均为97.52Mbps，上传速度为51.79Mbps。其中，移动端下载网速排名前三的国家分别是阿联酋（177.16Mbps）、卡塔尔（171.15Mbps）、韩国（166.41Mbps），固定宽带下载网速排名前三的国家或地区分别是新加坡（238.59Mbps）、中国香港（231.7Mbps）、泰国（217.7Mbps）。此外，随着5G（第五代移动通信技术）和宽带的普及和应用，（移动）互联网速率会得到快速提升，高精度大屏视频内容的传输更加快捷和稳定，用户体验更好，有利于互联网电视服务向更多人群普及。

第二节　国内现状

当前，随着我国经济、社会的快速转型和发展，人民生活水平不断提高，社会文化处于快速增长期，在直接消费和大众消费的直接推动下，我国的文化产业呈现出蓬勃向上的发展态势。与国外相比，我国的文化教育相关产业潜力巨大，从文化消费支出占总消费支出比重上看，2013年我国的文化消费支出占总消费支出比重一直徘徊在7.53%，同期欧美发达国家文化消费支出占总消费支出比重长期保持在10%以上的水平，韩国、新加坡、英国、美国、日本等国家文化消费支出占总消费支出比重甚至接近15%，中国文化消费支出远低于发达国家水平。③但是经过5年的发展，我国的文化消费支出正在迅速接近或达到国际发达国家水平。根据经合组织OLIS数据库网站显示，2018年发达国家教育文化娱乐消费占总消费支出比重基本没有增长，而据新华社统计，同年我国居民在教育文化娱乐领域的支出已达到11.2%。④随着网络文化和媒体产业的发展，我国居民在上

---

① 庞井君.中国视听新媒体发展报告（2011）[M].北京：社会科学文献出版社，2011：70.
② Speedtest. Speedtest Global Index[EB/OL]. [2021-03-19]. https://www.speedtest.net/global-index.
③ 彭翊，李丽.海外经验：推动文化消费的三个路径[EB/OL].[2021-12-14].https://mct.gov.cn/whzx/bnsj/whcys/201503/t20150309_759853.htm.
④ 搜狐.2018年全国居民人均消费支出及其构成[EB/OL]. [2021-03-19]. https://www.sohu.com/a/298326659_267106.

述领域的支出还有继续扩大的趋势，我国文化消费总量还有很大的提升空间。因此，通过技术革新来推动我国公共文化发展具有非常好的前景，特别是互联网技术的普及和发展为我国文化服务提供了良好的基础和保障。

国内最早开始提供互联网电视服务的是1996年中央电视台开办的央视国际网站，提供在线视频服务，之后，广东电视台、上海电视台相继开办类似网站。但是由于受到拨号上网技术的限制，这类服务没有收到良好效果。互联网电视服务取得突破是在2004年，当时基于P2P的流媒体技术开发取得成功，PPStream、PPLive等开始在校园流行，视频质量有了大幅提高，从此互联网电视服务进入了快速发展时期。2005年至2007年，受美国YouTube模式成功的影响，国外风险投资大量进入中国，视频网站数量猛增。电信、门户网站、内容供应商、P2P技术公司等商业机构纷纷介入互联网电视服务。新浪宽屏、猫眼宽屏、悠视网、PPS、PPTV等是其中的代表。土豆网、优酷网、酷6网等视频分享网站也在这一期间诞生。传统媒体也加快了互联网电视服务的步伐：2006年4月，中央电视台成立网络传播中心和央视国际网络有限公司，将"央视国际"改版成央视网；上海广播电视台的"东方宽频"也取得快速发展。经过几年的快速发展，国内的互联网电视服务商基本形成了三大阵容：一是由传统媒体开办的网站，包括各级电视台开办的视频网站、人民网等报业网站开展的视频业务、新华网开办的视频业务等；二是由商业门户网站开办的网络视频业务，如新浪宽屏等；三是纯商业性的垂直网站，如优酷网、土豆网、迅雷看看、PPS等。其中，中央电视台的央视网是最大的亮点，其前身是2009年12月28日正式上线的中国网络电视台（CNTV），是我国规模最大的网络视频正版传播机构。央视网是中央广播电视总台主办的中央重点新闻网站，也是拥有全牌照业务资质的大型互联网文化企业。央视网落实"5G+4K/8K+AI"战略布局，以新闻为龙头，以视频为重点，以用户为中心，建设"网（中央重点新闻网站）+端（移动客户端）+新媒体集成播控平台（IPTV、手机电视、互联网电视）+市场端口连接"融媒体传播体系。①中国互联网电视是央视网旗下互联网电视新媒体视频业务，由央视网控股子公司未来电视有限公司负责运营。中国互联网电视依托央视网强大的资源优势以及自身专业的运营优势，实现了全球1.5亿的用户覆盖，并与三星、海信、长虹、小米、华为、移动、联通、

---

① 央视网. 关于CCTV.com[EB/OL]. [2021-03-19]. http://www.cntv.cn/special/guanyunew/PAGE13818868795101875/index.shtml.

电信等40多家国内外领先科技企业合作，引领着国内互联网电视的发展潮流。[①]

一、政策环境

一直以来，我国的广播电视体系属于国有制，广播电视台的所有权归国家所有，经费主要来自政府拨款，由党和政府来领导并任命广播电视机构的负责人并规定其工作任务。因此，我国的广播电视事业形成了以中央台为中心，地方省市台为节点的广播电视网络。总体来说，中央台成为国内的主流媒体，地方台在资金的投入、制作水准和影响力方面都和中央台有差距，而实力相差不大同级台之间会存在竞争关系。

在我国这种电视体制下，国家对广播电视机构有着绝对的控制权，在运营监管和内容把控方面起到了重要的作用。然而，国有广电机构垄断控制互联网电视播控产业，只有少数的机构有资质开展内容运营业务，一定程度上影响市场的自由竞争环境，其他优质互联网内容平台和电视机终端制造商必须与广电系播控机构进行合作和利益分成，才能获得进入互联网电视的"入场券"。

互联网的发展对视听传媒业造成了深刻的变革，互联网电视的出现彻底改变了人们的收视习惯，变"看电视"为"用电视"。互联网电视以其海量丰富的内容和应用、个性化的内容组织、更加美观易用的用户界面、互动化的服务吸引着越来越多的用户，对传统广播电视业造成巨大冲击。在互联网电视快速发展的过程中，也充斥着大量侵犯他人版权的视听内容，有些互联网电视设备在没有经过所有者同意的情况下进行盗链和非法播出。有些甚至充斥着违法的、低俗的内容，严重干扰了互联网电视产业的健康发展。为此，出于对广电机构利益的保护和保证市场的正常运行，国家出台了一系列的政策文件对互联网电视产业进行约束和规范。表2-4列举了我国的互联网电视产业相关政策文件。

表2-4　国家广电总局关于互联网电视产业政策文件

政策文件名称	年份
《互联网视听节目服务管理规定》（广电总局、信息产业部56号令）	2007年（2015年修订）
《互联网电视内容服务管理规范》和《互联网电视集成业务管理规范》	2010年
《持有互联网电视牌照机构运营管理要求》	2011年

---

① 央视网. 互联网电视[EB/OL]. [2021-03-19]. https://www.cctv.com/special/guanyunew/PAGE13818868795101872/index.shtml?spm=C96370.PPDB2vhvSivD.EBiVGqDRZC1K.8.

续表

政策文件名称	年份
《关于进一步加强网络剧、微电影等网络视听节目管理的通知》	2012年
《关于进一步完善网络剧、微电影等网络视听节目管理的补充通知》	2014年
《关于进一步落实网上境外影视剧管理有关规定的通知》	2014年
《关于加强网络视听节目直播服务管理有关问题的通知》	2016年
《专网及定向传播视听节目服务管理规定》	2016年
《关于进一步加强网络视听节目创作播出管理的通知》	2017年
《关于进一步加强广播电视和网络视听文艺节目管理的通知》	2018年
《关于推动广播电视和网络视听产业高质量发展的意见》	2019年

181号文的发布，结束了互联网电视"无法可依"的混乱状态。文件明确规定不管是电视机还是机顶盒等，若想开展互联网电视服务，必须与牌照持有者合作；集成机构所合作的互联网电视终端只能嵌入一个互联网电视集成平台的地址，终端产品与平台之间是完全绑定的关系。广电总局共为7家企业颁发了互联网电视集成业务牌照，2014年7月4日，广电总局网络视听节目管理司司长罗建辉在第三届中国互联网大会上表示，互联网电视集成业务牌照将不再发放。这就意味着，除原先7家外，拥有集成业务牌照的企业数量将不会再增加，牌照方的优势进一步得到强调。嫁接到智能电视、互联网电视的内容资源必须与获得牌照的7家广电体系内企业进行合作。[①]据国家广电总局网站（2021年3月查询）发布的最新消息，截至2016年3月23日，我国互联网电视内容牌照发给了15家广电机构，并由各家指定的公司从事相关业务。表2-5列出了国家广电总局批准的互联网电视集成服务和互联网电视内容服务许可持证机构[②]。

表2-5 国家广电总局批准的互联网电视集成服务和内容服务许可持证机构

持证机构	集成服务许可机构	内容服务许可机构
中国网络电视台	是	是
上海广播电视台	是	是

---

① 中国电影电视技术学会城市电视台技术分会.广电监管持续收紧"编外"盒子陷入停滞[EB/OL].[2021-12-14]. http：//www.ttacc.net/a/news/2014/0721/30200.html.

② 国家广播电视总局.互联网电视服务许可持证机构名单[EB/OL]. [2021-03-19]. http：//www.nrta.gov.cn/art/2016/3/23/art_110_30264.html?spm=chekydwncf.0.0.2.QmEkOw.

续表

持证机构	集成服务许可机构	内容服务许可机构
浙江电视台和杭州市广播电视台（联合开办）	是	是
广东广播电视台	是	是
湖南广播电视台	是	是
中国国际广播电台	是	是
中央人民广播电台	是	是
江苏电视台	否	是
国家新闻出版广电总局电影卫星频道节目制作中心	否	是
湖北广播电视台	否	是
城市联合网络电视台	否	是
山东电视台	否	是
北京广播电视台	否	是
云南广播电视台	否	是
重庆网络广播电视台	否	是

二、产业现状

互联网内容产业发展的早期阶段，各种类型的视频网站是我国民众获取视听服务的主要来源。181号文的出台，规定了所有提供互联网电视内容的机构或平台必须与取得互联网电视集成业务牌照方进行合作，在其平台上开展互联网电视服务。我国的互联网电视在国家严格管理下逐步形成了以广电系为主、内容和运营严格监控的内容服务体系。

根据181号文以及广电总局相关规定，目前我国的互联网电视牌照分为集成业务牌照和内容服务牌照。其中，集成业务牌照即7家集成播控牌照，根据相关政策走向和总局态度预判，集成业务牌照未来将会呈现只收不放的态势，以有效保证国家在内容播出上的监管力度。持有内容服务牌照的机构现有15家，其服务平台通过与持有上述"互联网电视集成业务牌照"机构所建设的互联网电视平台相连接来为互联网电视提供内容服务。目前，除了7家"互联网电视集成业务牌照"机构自动获得内容服务牌照外，其他申请获批的内容服务机构主要为地方广播电视台，有：国家新闻出版广电总局电影卫星频道节目制作中心（电影频道）、城市联合网络电视台、北京广播电视台、重庆网络广播电视台、云南广播电视台、山东电视台、湖北广播电视台和江苏电视台。[1]从其发展趋势看，互联网电视将呈现监管趋严、内容多元的态势，因此，内容服务牌照的数量将会针对广电体系逐步放开，各省电视台都有机会申领。在该模式下，我国互联网电视内容服务有以下特点。

在开办主体上，只有经过国家广电总局批准的广播电视机构，才能开展互联网电视内容平台。

在内容管理上，互联网电视播出的内容与传统电视播出的内容审核标准一致，管理尺度一致，版权保护原则一致。

在社会责任上，不管是传统的有线无线电视还是互联网电视，都只是在业务模式上有差异，在履行社会媒体责任方面没有特殊性。

设备生产企业、互联网站不得设立互联网电视集成平台和内容平台，互联网电视中的内容服务，只能接受合法的内容。商业网站可以在内容上参与，向自主的内容平台提供版权节目。

我国的7家互联网电视集成业务牌照方的内容服务情况[2]如表2-6所示。

表2-6　我国互联网电视集成业务牌照商的内容服务情况

牌照机构	授权公司	平台简称	业务推广
中国网络电视台	未来电视	New TV	未来电视是中央广播电视总台央视网旗下自主可控、面向全球服务的互联网电视新媒体平台，是总台主题主线报道的重要阵地。截至2021年2月，未来电视覆盖用户规模达到3.1亿户。2017年未来电视联合7家牌照方，报经广电总局批准，发起成立中国网络视听节目服务协会互联网电视工作委员会，未来电视是理事长单位。未来电视已经全面覆盖国内外主流智能终端，加强总台内部相关资源的协同，努力构建电视屏与各类新兴屏的融合生态，全力推动总台"5G+4K/8K+AI"战略和央视网智能屏战略落地家庭智能大屏场景，构建5G时代以"智能屏为中枢"的全球智屏传播网[3]

---

[1] 流媒体网.北京广播电视台获互联网电视内容服务牌照并授权歌华运营[EB/OL]. [2015-05-30]. http://otv.lmtw.com/dongtai/201404/103568.html?utm_source=tuicool.

[2] 新浪数码.机智堂：说说七家互联网电视牌照方[EB/OL]. [2015-05-30]. http://tech.sina.com.cn/e/2015-04-17/doc-ichmifpy8516136.shtml.

[3] 未来电视.关于我们[EB/OL]. [2021-03-29]. https://www.chinaott.com/gywm/gsjs.html.

续表

牌照机构	授权公司	平台简称	业务推广
上海广播电视台	东方明珠新媒体股份有限公司	BesTV百视通	目前，百视通拥有中国最大的多渠道视频集成与分发平台，主要提供包括IPTV、互联网电视（OTT）、有线数字付费电视（含DVB+OTT）、手机移动电视在内的新媒体业务。BesTV百视通是中国IPTV业务模式的开拓者与创立者，是全国乃至全球最大的IPTV内容服务运营商。目前，IPTV 业务分布在中国31个省、自治区、直辖市；截至2019年上半年，百视通全渠道汇聚超过1亿用户，包括IPTV用户5124万，OTT用户3426万，DVB付费点播用户1650万，有线付费频道用户6000万；此外，App月活跃用户数量超7200万[①]
浙江电视台和杭州市广播电视台	华数	华数TV	华数TV网服务于全网用户，是以电视直播、媒体精品栏目为主，兼具高品质影视剧和各类优秀视频短片的流媒体网站。华数TV网汇集全国500多档热门电视栏目，与多家影视公司长期合作，把触角伸向了影视剧的源头制作，参与投资拍摄了《画皮2》《精忠岳飞》等具有影响力和票房号召力的影视作品。华数TV网是华数三屏融合的主阵地，为手机、数字电视、PAD、互联网电视、终端一体机等平台提供全方位业务支撑。UED用户体验中心的成立，为其他平台的产品提供了用户反馈渠道。华数TV网为30多家区域宽带运营商用户提供网内高品质PC流媒体服务，为地方性电视台建设网络电视台，提供综合支撑服务。并且已与百度、hao123上网导航、2345网址导航、搜狗、迅雷、金山网址导航、360安全网址导航、一搜等30多个知名站点达成长期战略合作[②]
广东广播电视台	广东南方新媒体股份有限公司	云视听	广东南方新媒体股份有限公司独家拥有广东IPTV集成播控服务、互联网电视集成服务、互联网电视内容服务等运营牌照，公司主营业务包括全国专网业务（IPTV）、互联网电视业务和有线电视网络增值服务。公司致力于前沿技术的研究和应用，在ChinaDRM、TVOS、AVS2超清视频、人工智能应用及区块链等技术的探索和应用方面居行业领先水平，现已搭建起对全业务进行整合和支撑的全媒体融合云平台。截至2020年6月末，新媒体股份全渠道汇聚超过1.8亿用户，其中，全国专网有效用户超过1850万户，互联网电视云视听系列App有效用户超过1.7亿户，有线电视增值服务有效用户超过70万户[③]

[①] BesTV百视通. 关于百视通.[EB/OL]. [2021-03-29]. http：//www.bestv.com.cn/aboutus.jhtml.

[②] 华数TV. 关于我们[EB/OL]. [2021-03-29]. https：//www.wasu.cn/Article/regtreaty/id/4.

[③] 喜粤TV. 公司介绍[EB/OL]. [2021-03-29]. http：//www.snm.gd.cn/aboutus.shtml.

续表

牌照机构	授权公司	平台简称	业务推广
湖南广播电视台	湖南快乐阳光互动娱乐传媒有限公司	芒果TV	1.芒果TV是以视听互动为核心，融网络特色与电视特色于一体，实现"多屏合一"独播、跨屏、自制的新媒体视听综合传播服务平台，同时也是湖南广电旗下唯一互联网视频平台。芒果TV提供湖南卫视所有电视栏目高清视频点播服务，并同步推送热门电视剧、电影、综艺、动漫、音乐视频内容，以及部分电视台网络同步直播，目前已与数十家厂商合作推出近百款机顶盒与一体机产品。2.芒果TV推出了"爱芒果电视"，搭载NUNAI OS系统，该品牌已推出青芒、金芒两大系列共12款电视产品，正式进军硬件市场，牛奶盒子M1是芒果TV首款自主研发OTT智能硬件产品。3.芒果TV电视业务现已覆盖31个省级行政区域，覆盖用户达1.48亿。移动增值方面，主要采取专区搭建、包月订购等方式与三大运营商开展合作，为用户提供多方位服务。芒果TV积极拓展海外市场，芒果TV国际App于2018年上线，覆盖195个国家近2200万华语用户，内容涵盖综艺、剧集、纪录片等多种类型，支持18种语言字幕，是地方广电自有平台出海的第一家；同时拥有YouTube平台目前订阅人数最多的华语视频内容官方频道，订阅用户已突破530万，总观看量超12亿次；独家代理湖南卫视、芒果TV海量自制综艺节目和优秀影视剧集的海外版权发行，与全球多家运营商、OTT服务商、通信运营商和硬件厂商建立良好的合作往来[①]
中国国际广播电台	国广东方网络（北京）有限公司	CIBN	国广东方网络（北京）有限公司（简称国广东方）成立于2006年11月，主要负责CIBN互联网电视业务的运营，通过影音、生活、健康、教育、电商、体育等视听节目内容搭建集成播控和内容服务平台，立足水平市场、垂直市场、海外市场以及行业市场，是一家国际化新媒体运营服务商。截至2017年上半年，CIBN互联网电视全渠道总激活数超1.1亿，日活跃用户数量近千万，日均用户开机时长2—2.5小时。海外市场用户80万[②]

---

① 芒果TV. 关于[EB/OL]. [2021-03-29]. http：//corp.mgtv.com/product/.
② CIBN互联网电视. 关于我们[EB/OL]. [2021-03-29]. https：//www.cibn.cc/about/intro.html.

续表

牌照机构	授权公司	平台简称	业务推广
中央人民广播电台	银河互联网电视有限公司	GITV	银河互联网电视有限公司（GITV），成立于2012年7月，由中央人民广播电台、江苏省广播电视总台和北京爱奇艺科技有限公司共同发起设立的互联网电视运营公司，并于2014年8月引入战略投资方鹏博士电信传媒集团，负责"中央银河"互联网电视集成平台和"央广TV""江苏互联网电视"内容服务平台的运行管理和开发经营。央广TV内容平台储备百万小时的正版视频内容资源库和超过34万小时的高清视频，GITV通过与优秀终端厂商合作，已经推出了包括小米小盒子、华为荣耀盒子、大麦分体电视、1905电影盒、康佳T60超级电视和酷开A43智慧屏幕等多款优质的终端产品[①]

在国家的严格监管下，广电系企业牢牢占据互联网电视产业链中的上游"内容服务"和中游"集成运营"，位于下游的终端设备制造企业必须与上述广电系企业进行内容和运营领域的合作，并在电视机设备的硬件与使用体验上加强创新以应对激烈的市场竞争。而随着国家加大对互联网不良信息的整治力度，广电总局也希望进一步加强内容建设，确保互联网电视能够为用户呈现更加绿色健康的节目。

除了持有互联网电视内容服务牌照企业以外，经过国家广电总局批准，国内不同行业和性质的机构也参与到互联网视听内容业务中，进一步丰富和拓展了互联网电视节目内容的来源和渠道。据国家广电总局公示，截至2017年12月31日，获得互联网视听节目服务持证机构共有586个[②]，遍及中央和地方各级各类传媒机构，机构类型包括：中央和地方广电机构（如电视台、广播电台等）、出版社、通讯社、门户网站、视频网站、社交网站、报社或杂志社、文化娱乐影视传媒公司、社会组织、金融机构、汉办、教育机构、信息技术公司、电商、图书馆、群艺馆、文化中心等。其中，传统的广播电视机构，以及出版机构、传媒公司、互联网公司、高科技企业等构成了互联网视听节目持证机构的主体，另外教育、文化、科研、社会组织等单位负责宣教的机构也是提供互联网视听节目的重要组成部分，特别是重庆图书馆、重庆市少年儿童图书馆、重庆市群众艺术馆、重庆红岩联线文化发展管理中心等公益文化机构也积极推动获取互联网视听节目

---

① 银河互联网电视.关于我们[EB/OL].[2021-03-29].http：//www.gitv.cn/aboutus_1.html.

② 国家广电总局.互联网视听节目服务持证机构名单（截至2017年12月31日）[EB/OL].[2021-03-29].http：//www.nrta.gov.cn/art/2018/3/19/art_110_37827.html.

资质，通过互联网电视提供公共文化服务，开创了业界开展互联网新媒体服务的新模式，积累了丰富的技术和经验。

由于不同内容机构的性质和业务范围不同，提供的电视服务内容也有较大差异，互联网电视内容提供机构主要分为以下几类。

一是广播电视台，广电企业一直是我国电视播放市场的主体，目前的产业体系下，中央和地方广播电视台下属的电视播控平台负责提供大部分的新闻报道、娱乐综艺、体育直播、人物访谈等节目，构成互联网电视内容行业的最重要组成部分。

二是新闻出版机构，中央主要以新华通讯社、人民网、中国互联网新闻中心、中国日报社、环球时报、中国青年报社等中央传媒出版机构为主要构成，地方主要以京华时报社、北京晨报社、厦门日报社、南方报业、河南日报、上海报业集团等机构为主，主要提供新闻实事、纪录片、采访、专题片等内容，是党和国家的主要宣传阵地。

三是影视制作公司，以电视、电影制作和发行为主要业务，从事文化娱乐影视相关产业。这些公司大多具有国有资产背景，包括中影集团、上影集团以及诸多省级电影制片厂。有许多大型的民营影视制作公司也参与到影视制作和发行中。

四是在线视频媒体，主要构成有视频网站如爱奇艺、优酷土豆、乐视网等，互联网科技企业建立的视频平台如搜狐视频、腾讯视频等，以及视频类社交网站如抖音、快手等。在线视频平台是互联网电视内容集成的重要来源，以资讯类、自媒体视频内容为主。有些机构开始尝试制作电影电视剧和综艺节目等，未来将是互联网电视节目不可忽视的重要力量。

五是其他机构设立的新媒体平台，政府机构有甘肃省新闻出版广电局、广东省新闻出版广电局、河北省新闻出版广电局监管中心、延边文化广电新闻出版局、包头市文化新闻出版广电局等；社会组织有中国青少年宫协会、中华全国新闻工作者协会、海南省生态文化研究会等；公共文化机构有中国电影资料馆、中国科学技术馆、重庆图书馆、重庆市少年儿童图书馆、重庆市群众艺术馆、重庆红岩联线文化发展管理中心等。这些机构依托自身职能，制作不同领域和富有特色的视频内容，在丰富民众文化生活、普及科教知识、弘扬传统文化方面发挥着不可替代的作用。

内容服务的占有率方面，奥维云网数据显示，2019年银河奇异果居第一位，日均活跃终端高达3091万台，CIBN酷喵影视和云视听极光超过2000万台，芒果TV为583万台，其他集成平台的日均活跃终端数则最多不超过200万台，存在较大差距。①

随着我国终端企业制造能力和民众消费水平的提升，电视机产品也向智能化、大尺寸、高清晰度方向发展。奥维互娱报告显示，我国OTT设备中，智能电视占据主要份额，占比达82%。从制造商来看，2018年年底，国产五大电视品牌（创维、海信、TCL、长虹、康佳）占比超过一半，达到63.5%，外资品牌占比12.8%，互联网品牌占12.5%。智能电视正由一二线城市向三线以下城市渗透，增速在30%左右。②

从产业特点上看，在相关政策的规定下，我国互联网电视产业逐步摆脱了各自为政、缺乏监管的状态，产业分工更加明确，具有以下特征。

（一）受控的中上游产业与自由竞争的下游产业

互联网电视产业链的上游的内容来源由内容服务牌照方提供，中游的运营与服务由集成业务牌照方提供，下游的商业网站和终端设备制造方要想开展互联网电视服务必须与上述企业进行合作。下游产业在自由的环境下开展了竞争激烈的发展，在技术、用户体验、应用App等领域不断推出新的产品和服务，在一定程度上推动了我国互联网电视产业的发展。占据了产业链中上游的广电系企业利用在内容提供和应用服务方面的优势，与商业内容网站、电视机制造商开展全方位合作打造各具特色的互联网电视产品，并且加强研发力度将业务扩展到应用和终端领域。

（二）终端企业反向推进和完善产业生态体系建设

参与互联网电视产业的各方不断加强技术创新，着力打造自己主导的生态体系，除了广电系企业向下游行业的渗透外，在小米等传统硬件厂商的推动下，开始以终端产品为核心反向整合互联网电视产业，其思路是先通过低价推高硬件销量，然后通过提升内容和服务收益进行补贴。终端厂家通过开发电视操作系统，开始对不同内容和应用进行集成，并对自家硬件产品进行整合，打造数字家庭内容互联体系，如风行的FUNUI系统、长虹虹魔方的虹领金系统、酷开网络的酷开系统、康佳的易柚系统、海信的VIDAA系统等。基于自身操作系统，开发了全新的UI界面，对内容进行优化集成，如海信电视

---

① 新浪. 2020年中国互联网电视行业市场竞争格局与发展趋势分析 向三线以下城市渗透[EB/OL]. [2021-03-29]. http：//finance.sina.com.cn/stock/relnews/cn/2021-01-06/doc-iiznezxt0871720.shtml?wm=2234.

② 奥维互娱. 2019年中国OTT发展预测报告[EB/OL]. [2021-03-29]. http：//www.avc-ott.com/baogaozhongxin_baogao.html.

的聚好看、聚好玩，康佳的易平方等。由于终端设备厂商的产品制造优势，互联网电视内容提供方和业务集成也开展对终端厂商的合作，推出针对性的内容服务。随着5G时代的来临，终端厂家还加大布局新业态，打造在线课堂、云服务等，完善家庭智慧生态体系的构建。

（三）产业效益和社会效益相互促进协调发展

互联网电视产业已成为我国教育文化娱乐的重要组成部分，将互联网视频、广播电视、终端制造等产业进行有机整合，在助推国民经济发展和民生就业中发挥着举足轻重的作用。我国的互联网内容播控产业在国家体制下发展快速，商业模式日趋多样化，有力支撑了社会主义精神文明建设。在广电机构支持下，国有互联网内容商依托大量自有版权作品，实行"免费内容+商业广告/企业赞助"的模式，极大降低了用户的内容消费门槛，让广大低收入网民群体也能免费获取海量互联网影视内容，提升了服务的社会效益。内容提供商对高清视频和版权内容的收费有助于细分用户类型，并开展针对性内容推送服务。内容商的大部分营收都用于视频版权的采购和内容制作上，进一步加大免费内容投放力度，并为影视产业发展提供资金支持。此外，公共文化机构也越来越重视互联网内容的建设与传播，借助互联网电视渠道推送优秀传统文化，如重庆市的文化单位在互联网电视文化服务方面取得了良好的效果。公共文化机构的加入进一步丰富了互联网内容生态，有助于传统文化的传承和推广。

互联网浪潮给我们的生活、工作和学习所带来的颠覆性影响几乎彻底改变了人类的生活方式，传统媒体产业正在迈向一个全新的"互联网+"时代。可以说，互联网电视不仅仅是终端形态和内容播控方式的变化，更是造就了以社会化内容传播、OTT式的服务运营、庞大的网民互动、异彩纷呈的个性化应用为特征的媒体产业变革。互联网电视开创了以媒体技术革新带动内容传播产业的新模式，对图书馆文化服务具有重要意义。本章对国内外互联网电视产业环境、发展现状、内容服务等做出梳理，旨在提供这场技术革命下的产业分工和模式总览，明确图书馆所处的历史时刻和技术背景。图书馆从来都是内容的提供者和技术的应用者，应当重视和抓住互联网电视带来的发展机遇，创新内容服务模式。在我国的当前政策环境下，图书馆作为内容提供方首先要考虑互联网电视的内容建设，在此基础上通过互联网实现内容的发布与应用。同时，要将文化内容在具有较高技术水平和较广用户群体的7家拥有互联网电视集成业务牌照的平台上推广，通过多种渠道和形式打造图书馆的互联网电视内容品牌，提高文化服务效益。

第三章 互联网电视标准规范

互联网电视产业涵盖了内容提供商、网络运营商、应用开发商、硬件设备制造商等众多领域。发展初期由于没有相关标准规范的限制,产业布局较为混乱,设备不兼容、内容不共享、缺乏统一的内容和服务平台等,各家公司各自为政,服务与产品没有得到很好的整合,严重影响了产业的发展。鉴于此,业界加大了互联网电视产业的研发力度,制定行业标准,为产品和服务的规范化操作奠定了基础。

第一节 国外标准规范

标准的制定有助于规范互联网电视的发展。目前,国外主要有3个组织在从事互联网电视标准化的工作,分别为广播—宽带混合电视协会(Hybrid Broadcast Broadband TV Association, HbbTV Association)、国际电信联盟电信标准化部门(The ITU Telecommunication Standardization Sector, ITU-T)、美国消费者电子协会(Consumer Electronics Association, CEA)。此外,基于远程用户界面的内容推送是互联网电视区别于传统数字电视的重要技术,国际上已有相应的7类远程用户界面标准,为互联网电视的界面、功能和内容传输提供了规范性约束。本章分别介绍国际上主要的互联网络相关组织制定的标准和远程用户界面相关的标准。

一、HbbTV标准

广播—宽带混合电视(HbbTV)旨在提供一种不同于专有技术的解决方案,并共用一个开放式的平台来传送增值的点播业务;其基本理念是将通过广播和通过宽带通信为终端用户传送娱乐体验的形式进行融合。HbbTV可以显示来自多种不同来源的数字电视内容,包括传统广播电视、互联网和家庭连接设备等。HbbTV协会成立于2009年2月,2014年,协会与开放IPTV论坛(Open IPTV Forum, OIPF)合并,后者是由爱立信、松下、飞利浦、三星、西门子、索尼、AT&T、意大利电信以及法国电信等9家企业于2007

年3月成立的组织，目的在于建立全球统一的开放性端对端IPTV标准，并使相关系统能够互操作。[①]2016年9月，LG、松下、东芝和TP Vision于2012年成立的智能电视联盟宣布与HbbTV合并，扩大HbbTV标准的使用范围，以适应OTT和流媒体服务。

2019年3月，松下推出了首个商业的HbbTV应用程序，使其智能电视能够面向德语用户接收来自高清卫星电视平台的服务，电视可以播放高清视频，无需链接机顶盒、CI模块或智能电视卡。三星也随后推出了带有该功能的智能电视机。

HbbTV协会由包括消费电子和广播电视行业超过75个成员机构组成，主要有：标准化和研究机构，如Digital TV Group、Digital UK、Dolby（杜比）、EBU（European Broadcasting Union，欧洲广播联盟）、Fraunhofer FOKUS、IRT（德国广播技术研究所）、TNO（the Netherlands Organisation for applied scientific research，荷兰应用科学研究组织）；广播电视机构，如：Arqiva、BBC（British Broadcasting Corporation，英国广播公司）、Cellnex、Deutsche Telekom（德国电信）、ERT、Freeview、谷歌、ITV（Independent Television，英国独立电视台）、Media Broadcast、Sky UK（英国天空电视台）等；软件和内容商，如Access、BearingPoint（毕博）、Fincons Group、Samba TV等；消费电子设备制造商，如Arris、长虹、海信、LG、松下、Roku、三星、夏普、创维、索尼、TCL、Realtek（瑞昱半导体）等。

HbbTV标准的研发和引入对于建立统一的欧洲技术体系至关重要，可以实现欧盟各国内容的互联互通。标准由欧盟的成员机构开发，广泛基于现有的标准和技术规范，包括OIPF、CEA（CE-HTML）、DVB（The global standard for digital television，数字电视全球标准）、MPEG-DASH和W3C（HTML5）。

其中，万维网联盟（World Wide Web Consortium，W3C）就Web如何进入电视问题的标准化探索早已展开。1998年W3C就成立了Television and the Web（电视和网络标准组），专门研究Web进入电视的标准化问题。由于各国提出不同的语言标准难以统一，W3C于2002年关闭了该工作组，转入"Ubiquitous Web App"组，致力于打造覆盖电视、手机和PC各种终端的统一Web。随着Web应用的扩展，XML、HTML、CSS、DOM等Web成熟技术将加速向电视屏幕渗透，新一代Web标准，如SVG等对多媒体的支持更加完善，也将在互联网电视中发挥重要作用。W3C还推出了HTML5新标准，该标准加入了音

---

① TORMO G D, MÁRMOL F G, PÉREZ G M. Towards Privacy-preserving Reputation Management for Hybrid Broadcast Broadband Applications [J]. Computer & Security, 2015 (49): 220-238.

视频播放元素,并提高了网页的互操作性,更加丰富了用户界面的设计,有望成为互联网电视界面设计的新的主流标准。HTML5也成为HbbTV的重要基础性标准之一。

2010年6月1日,HbbTV协会发布了由ETSI(European Telecommunications Standard Institute,欧洲电信标准化协会)核准的技术细则,版本1.1.1。该细则的引用序列号为ETSI TS 102 796。2012年4月5日HbbTV协会公布了其混合电视规范的1.5版本。HbbTV规范基于现有标准和网络技术,能够为广播和互联网电视服务提供丰富的功能。1.5版本引入基于MPEG-DASH规范的对HTTP自适应流媒体的支持,可以提高不同网速下的内容传输质量。它还使内容提供商通过多种基于MPEG CENC规范的DRM(Digital Rights Management,数字版权管理)技术,可以保护DASH分发的内容,通过多种数字版权管理机制来提升保护效果。1.5版本大幅增强对广播电视编排信息的访问。2017年9月,HbbTV协会发布新的标准TS 103 555,定义了如何在终端上呈现IPTV服务提供的视听内容,既包括具有IP连接和基于射频的广播连接的混合终端,也包括仅具有IP连接的纯IPTV终端。

(一)HbbTV平台的技术简介

HbbTV是在MHP(Multimedia Home Platform,多媒体家族平台)的基础上演进与发展起来的。从严格意义上讲,MHP标准也定义了对互联网协议(TCP/IP, HTTP等)的支持,但标准的大部分规范还是只对广播环境的应用下载与管理、应用生命周期管理、应用编程接口等进行了详细的规定,而对采用互联网技术(HTML、JavaScript等)进行应用的开发与管理定义不是很具体。HbbTV弥补了MHP中间件平台这些方面的不足,对互联网技术如何与广播通道的协调进行了细致的规定。

(二)HbbTV平台的架构和功能

HbbTV定义的是一种双模终端(Hybrid Terminal),可以在没有宽带连接时,总是与广播电视网络连接着,以便不间断地接收音视频节目和相关应用,也可以同时支持广播与宽带网络的连接。图3-1显示了HbbTV的业务(应用、视频等)的通道来源。

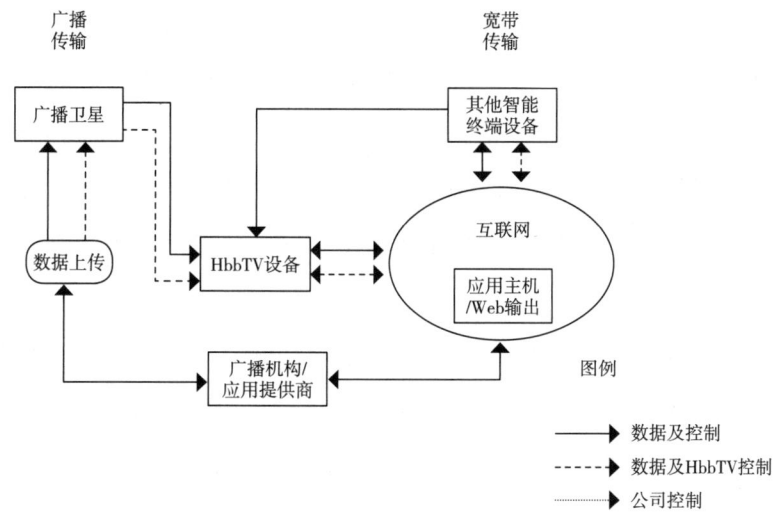

图3-1 HbbTV双模终端的网络连接示意图

图3-2描绘了HbbTV系统架构和主要功能组件,主要组件的功能在图后进行了简单说明。

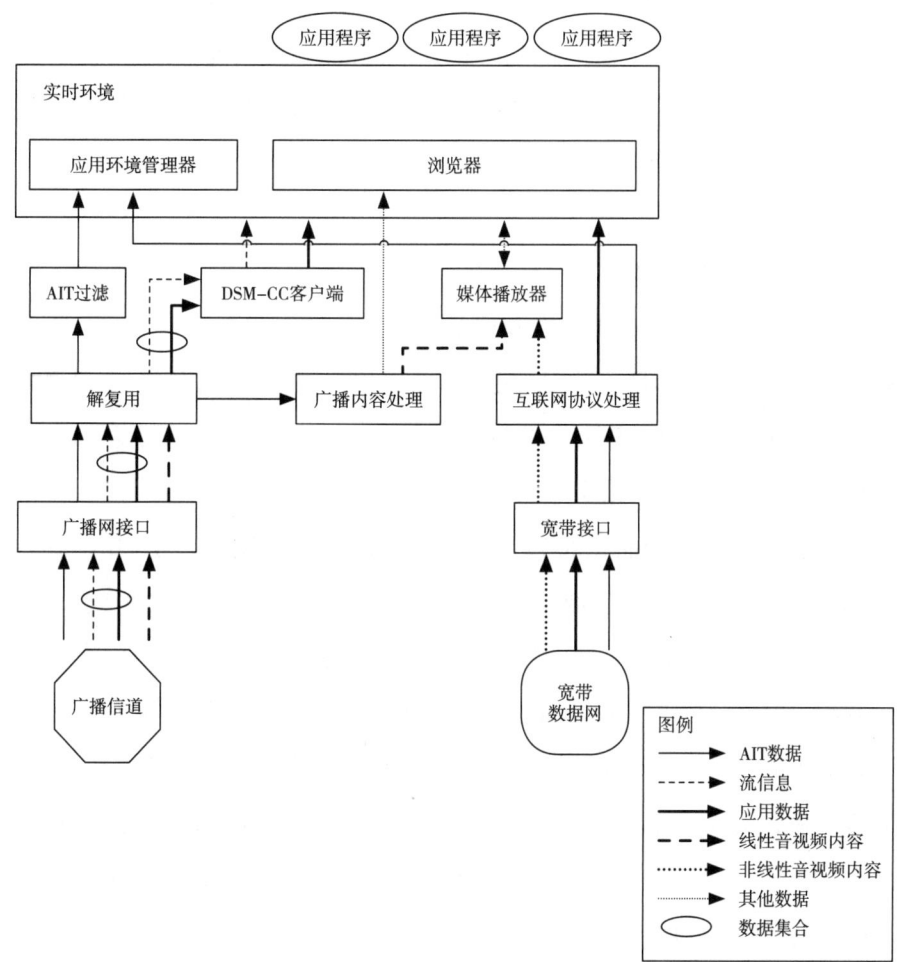

图3-2 HbbTV双模终端软件系统功能组件示意图

通过广播电视通道（Broadcast Interface），双模终端接收AIT数据、线性音视频节目、应用数据和流事件（Stream Event）。后两者数据采用DSM-CC对象轮播协议（DSM-CC Object Carousel）传送。因此，DSM-CC客户端（DSM-CC Client）需要嵌入以便接收数据传送到运行环境（Runtime Environment）中的浏览器（Browser）和应用管理器（Application Manager），其中应用管理器解析AIT数据以便控制应用的生命周期，浏览器负责执行和呈现应用。

线性的音视频内容的处理与广播电视终端（或只支持卫星、地面或有线数字电视的终端）完全一样，所有与DVB相关的功能也都完全支持（如频道列表、EIT信息处理、选择业务与调频等），由广播处理器（Broadcast Processing）组件处理，音视频等媒体内容的播放由媒体播放器（Media Player）组件负责。

通过宽带通道（Broadband Interface），双模终端能够连接到互联网或其他的IP网络。它提供了应用数据接收的第二个通道，以便与应用提供商的服务器连接。这个连接用于接收非线性音视频内容（如内容点播业务）。互联网协议处理器（Internet Protocol Processing）组件包含了处理来源于互联网等IP网络数据的功能，通过这个组件，应用数据提供给运行环境，非线性音视频内容传送到媒体播放器，包含在应用中解析、呈现与播放。

（三）HbbTV实践应用状况

欧洲国家首先通过了HbbTV标准和运营HbbTV的服务和试验。截至2011年12月，HbbTV服务在法国、德国和西班牙正常运行，奥地利、捷克、斯洛伐克、丹麦、荷兰、波兰、瑞士、土耳其以及澳大利亚、中国、日本和美国均宣布通过试验测试。截至2015年10月，共有27个国家推出了HbbTV服务。

最早的兼容式HbbTV产品在2009年圣诞就已经投放到德国市场，由Humax提供，并推动了德国市场的快速发展。截至2011年4月，德国已约有13家广播电视运营商提供HbbTV节目内容，且主要以公共广电为主。韩国机顶盒厂商Fortis为德国市场带来了集成Net Front Browser NX 2.0浏览器的HbbTV服务。NX 2.0由日本软件公司Access开发，基于HTML5，是业界最早支持HbbTV 1.5规范的WebKit内核浏览器。该方案在为用户提供追看电视、VOD点播、交互广告、社交网络等服务的同时能够为用户带来高级的图像特性和丰富的交互接口。Fortis表示，通过HTML5和HbbTV的结合，NX2.0浏览器确保了公司的机顶盒能够在同类产品中取得更大的优势。

欧洲第二个确认采用HbbTV标准的国家为法国，并在2011年3月大规模推出，主要由法国公共电视台及相关家电厂商一同主导。2012年7月，法国传输公司TDF在法国公共广播机构法国电视台运行的频道上推出一种"重新开始"（Restart）服务Salto。此服务在晚上8点至午夜运行，想看这一节目的观众按下Blue（蓝色）按钮可从头观看此节目。当然该HbbTV系统需要观众将其电视机联网。TDF从法国电视台实时接收内容，提取将为Restart提供的节目，以与HbbTV 1.1和HbbTV 1.5兼容的格式给它们编码，将它们归档于内容分发网，通过地面数字电视通知此服务，并且通过内容分发网分发此点播节目。

2011年6月，效仿法国和德国的模式，西班牙电子厂商、电视广播机构和政府一致支持HbbTV标准为推行混合电视的方式。2017年12月，英国广播公司推出了英国全国性的HbbTV广播服务。这为用户提供了从广播启动连接电视应用程序的机会，也为广播电台提供了广播电视应用程序。2018年11月，LOVEStv在西班牙上市，提供基于HbbTV标准的电视服务。2019年6月，立陶宛广播电视中心在立陶宛全国范围内推出了HbbTV广播服务，这项服务还包括对无线电台的支持。2019年8月，黑山服务提供商MTEL为国家电视台创建了HbbTV门户，并为其有线DVB-C网络中分布的所有其他频道创建了MTEL HbbTV门户。2020年2月，德国公共广播公司ARD采用了新的HbbTV 2.0.1标准向观众提供电视节目。除了欧洲国家，新西兰、沙特阿拉伯等也开展了HbbTV服务，美国、阿根廷、日本、中国、马来西亚、新加坡、俄罗斯也对HbbTV产生兴趣并正在进行技术测试。

二、ITU-T IPTV标准

ITU-T是国际电信联盟远程通信标准化组织（ITU-T for ITU Telecommunication Standardization Sector），它是国际电信联盟管理下的专门制定远程通信相关国际标准的组织。

ITU-T自2006年开展IPTV研究工作以来，吸引了全球各主要国家和各大公司的广泛参与。中国、美国、日本、韩国、英国和法国等IPTV市场发展较好的国家都是ITU-T的IPTV标准制定的积极参与者，其中以中、日、韩最为活跃。2009年以来，巴西、新加坡等国家也加入到IPTV GSI（Global Standards Initiative）活动中来。根据ITU-T网站发布资料显示，到2017年12月，ITU-T已经完成了21项IPTV相关标准。在标准制定过程中，一方面，各地区组织积极将成果以提案的形式提交ITU-T；另一方面，ITU-T也及时与各组织沟通最新进展，协调标准制定的差异。在ITU-T需求和架构等标准发布后，ETSI、ATIS等组织都积极参考和引用。ITU-T在引领全球IPTV标准研究，协调各国家和地区标准化活动中发挥了重要作用。

然而也应看到，IPTV系统本身技术复杂，业务开展也因地域不同呈现很大差异，制定全球统一的标准有很大的难度。同时，各个国家、地区和企业组织出于利益考虑，在标准化领域的竞争也越来越激烈。这对ITU-T在IPTV标准化领域发挥引领和协调的作用提出了挑战。

IPTV GSI是ITU-T设立的一个跨研究组的协调机制，负责协调各研究组IPTV相关标准制定。参加IPTV GSI的研究组包括第9、第13、第16、第12和第17研究组中涉及IPTV的多个研究课题（Question）。目前，ITU-T已经制定完成了21项国际建议（ITU-T Recommendations）[①]，详见表3-1。

表3-1　ITU-T已经发布的IPTV标准

序号	文件号码	标题
1	FG IPTV-DOC-0147	IPTV services requirements
2	FG IPTV-DOC-0181	IPTV architecture
3	FG IPTV-DOC-0182	Service scenarios for IPTV
4	FG-IPTV-DOC-0183	Gap analysis
5	FG IPTV-DOC-0184	Quality of experience requirements for IPTV
6	FG IPTV-DOC-0185	Traffic management mechanism for the support of IPTV services
7	FG IPTV-DOC-0186	Application layer reliability error recovery mechanisms for IPTV
8	FG IPTV-DOC-0187	Performance monitoring for IPTV
9	FG IPTV-DOC-0188	IPTV security aspects
10	FG IPTV-DOC-0189	IPTV network control aspects
11	FG IPTV-DOC-0190	IPTV multicast frameworks
12	FG IPTV-DOC-0191	IPTV related protocols
13	FG IPTV-DOC-0192	Aspects of IPTV end system – terminal device
14	FG IPTV-DOC-0193	Aspects of home network supporting IPTV services
15	FG IPTV-DOC-0194	IPTV middleware, Applications, and content platforms
16	FG IPTV-DOC-0195	Toolbox for content coding
17	FG IPTV-DOC-0196	IPTV middleware
18	Merged with FG IPTV-DOC-0194	Service navigation system

---

① ITU. List of FG—IPTV Deliverables and Their Allocations[EB/OL]. [2021—03—30]. https：//www.itu.int/en/ITU—T/gsi/iptv/Pages/deliverables.aspx.

续表

序号	文件号码	标题
19	FG IPTV-DOC-0197	IPTV metadata
20	FG IPTV-DOC-0198	Standards for IPTV multimedia Application platforms
21	FG IPTV-DOC-0199	IPTV vocabulary of terms

ITU-T已经推出的IPTV国际标准涉及需求和架构、性能监测、家庭网络、应用平台与端系统以及有线网络上的IPTV等5大领域，是全球范围内IPTV产业界达成的共识，具有广泛的产业基础。此外，SG16研究组研究领域包括IPTV应用平台、IPTV终端、IPTV家庭网络等关键议题，是目前IPTV GSI中最受关注的研究组。在SG16内部，IPTV相关工作集中在Q13/16（Question 13/16）和Q21/16（Question 21/16）两个小组。Q13/16负责IPTV多媒体应用平台（IPTV.MAFR）和端系统（IPTV.TDES）方面的标准制定。研究内容包括IPTV多媒体应用平台的一般问题、IPTV终端设备、IPTV中间件、IPTV应用事件处理、IPTV多媒体应用框架等。Q21/16的IPTV研究方向为"支持IPTV家庭网络"，包括IPTV家庭网络的远程管理、支持基于NGN的IPTV家庭网络以及虚拟家庭IPTV业务。

三、远程用户界面标准

如何让厂商可以利用工具来快速设计使用界面，也是一个待解决的问题，目前很多厂商将类似在PC上的技术放到机顶盒，例如采用浏览器去连接网络服务器以获取数字内容。依据国际权威研究机构ABI Research介绍，目前常用的互联网电视界面设计标准可分为七类，包含CE-HTML、acTVila（Japan OTT to TV Consortium）、BML（Japan ARIB XML Std.）、Media Center Markup Language、Widget Initiatives、ACAP-X（ASTC HTML Std.）、DVB-HTML等。本节主要就重要的被业界广泛采用的远程用户界面标准CE-HTML、ARIB-BML、Widget等做重点阐述。

（一）CE-HTML

CEA提出了Web4CE（包括CE-HTML）框架，该架构采用XML定义了终端能力交换数据格式，支持扩展HTML、新的JavaScript对象支持交互通信，并且提出了在不同设备间实现会话迁移的机制等。该组织于2011年1月制定了CEA-2014-B标准，即"在UPnP网络与互联网上，面向远程用户界面的基于Web的协议与框架"。该标准是一个远程用户界面规范，它允许用户界面展示在远端的设备上。基于现有的Web呈现技术，用W3C标记、XHTML1、ECMA-262、CSSTV框架和DOM2技术将内容展示在用户设备的浏览器上。该标准属于远程用户界面设计与内容传输控制。CE-HTML是美国消费者电子协会CEA制定的CEA-2014-B的重要部分，主要对远程界面的显示、功能等做出约束，它使用XHTML内容去定义用户的界面，可以用不同的分辨率和尺寸呈现在屏幕上，包括高清屏幕和移动电话屏幕。

1.CEA介绍

CEA代表了650多家美国消费电子行业的企业，其中包括了音响、视频、移动电气、无线及有线电信、信息技术、多媒体和各种零部件的设计、开发、生产企业和分销商，以及通过消费渠道销售的相关服务商。目前CEA全体会员的年营业额总和超过800亿美元。消费电子展（CES）作为CEA举办的最具影响的展会，已成功举办了30多年，是全球规模最大、覆盖面最广的消费电子技术年会。

2.CEA-2014-B体系架构

CEA-2014-B定义的机制允许一个用户界面在远程展示，并且被设备或控制点而不是被主机的逻辑所控制。基本的设备操作是基于UPnP设备架构（为家庭即插即用网络和即插即用设备所制定）。标准也允许由第三方因特网服务为家庭提供在即插即用设备上的远程展示，覆盖了TV、移动电话和移动设备的用户界面。

CEA 2014中共定义了3种模型：i-BOX、2-BOX、3-BOX3种模型。

i-BOX模型支持广域网（WAN）上一个隐藏的远程UI服务器对UI的远程展示和控制。在家庭网域（LAN）里的远程UI客户端也是隐藏的，并有一个嵌入式的UI控制点，或者通过家庭网域的外部UI控制点是可发现的。（见图3-3）

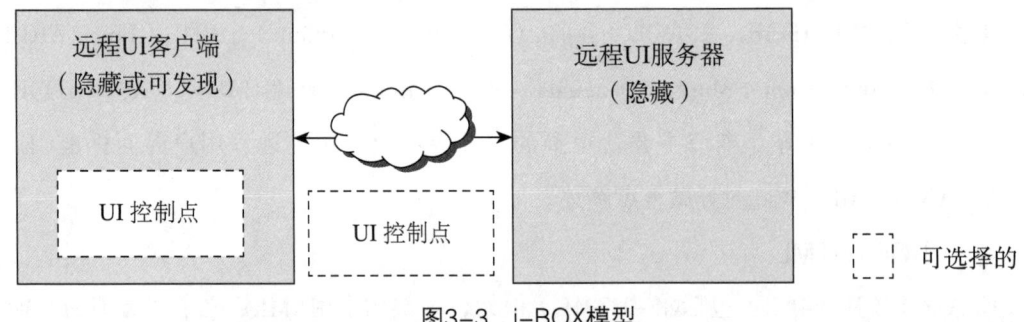

图3-3　i-BOX模型

2-BOX远程UI模型描述了只有远程UI服务器是可发现的配置。既然远程UI客户端是隐藏的（在内部网路的环境，BOX可能不断变换地址，产生NAT［Network Address Translation，网络地址转换］以及穿透等问题），就需要有一个UI控制点来使用网络功能。（见图3-4）

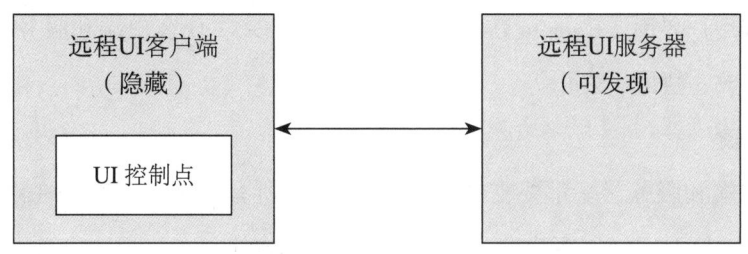

图3-4　2-BOX模型

当远程UI服务器和远程UI客户端都是可发现的，配置就可以由3-BOX UI模型来进行描述。这种配置没有限制区域的UI控制点，见图3-5。然而，3-BOX模型的外部控制点只能够建立一个连接。

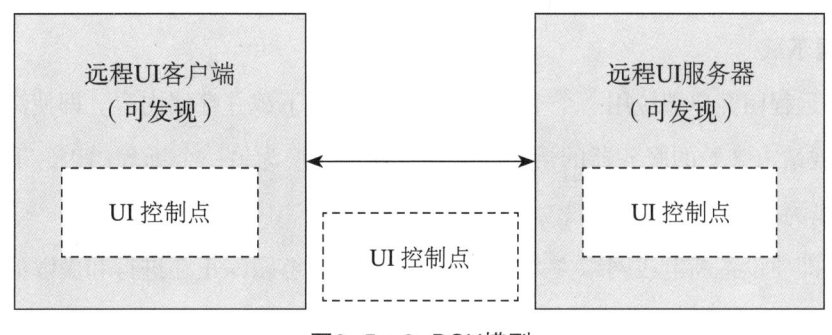

图3-5　3-BOX模型

3.通信接口

基于Web的协议和框架通过UPnP接口和互联网提供远程用户接口，它允许设备接入网络后，通过Web页面提供接口，对另外一台用户电子设备进行远程遥控。可以通过Web浏览器控制家庭网络里面的设备，并且CE（Consumer Electronics，消费电子设备）可以通过CE-HTML提供的方法与家庭设备进行通信。

UPnP是各种各样的智能设备、无线设备和个人电脑等实现遍布全球的对等网络连接的结构。UPnP是一种分布式的、开放的网络架构。UPnP是独立的媒介。在任何操作系统中，利用任何编程语言都可以使用UPnP设备。

目前UPnP论坛发展基于UPnP设备架构（Device Architecture）之设备控制协定（Device Control Protocol, DCP）规格，已运行于70个公司成员生产的689个设备，且超过8000个UPnP认证模组于市面上流通，其实施设备范围包括视听媒体服务器（AV media servers）、视听媒体渲染器（AV media renderers）、网关设备（Internet gateway devices）和打印机（printer）。

UPnP设备间依靠网络相互连接，用户通过网页浏览器的界面控制（User Interface Control）来操作设备。UPnP论坛于2006年发布了UPnP声音与影像规格（UPnP AV v2），旨在使用远程用户界面（Remote User Interface, RUI）来实现客户端和服务器端之间的命令传输，如播放、暂停、终止等。

4. 数据传输

要求客户端和服务器端都要支持HTTP协议，其所有数据交互都是在HTTP协议之上实现的。另外，针对UI远程客户端，它也支持完全加密协议。

（1）安全套接层（SSL）。

（2）传输层安全（TLS），包括对128-bit高级加密标准（AES）密码套件的最低限度的支持。

（3）对使用"https:" URI sheme 的远程UI连接的支持。

5. 数据下载

（1）远程UI客户端使用一个本地下载代理来实施下载并存储内容。即使浏览器从来没有与下载请求来源的服务器的活动UI会话（比如切换为另一个远程UI），下载代理应当把下载作为后台进程继续下载。

（2）即使设备断电或网络失去连接，下载代理能够跟踪正在进行和失败的下载，直到成功或用户中断或取消下载。

（3）远程UI客户端支持下载的HTTP协议。

6. 界面展示

通过CE-HTML提供的应用接口来控制内容。提供的接口作为所支持的所有A/V（Audio/Video）内容类型上（通过<video_profile>和<audio_profile>元素指定）控制A/V播放的一种常见方式。远程UI客户端当通过使用<object>元素支持音频和视频内容。CEA 2014通过其CE-HTML提供Web方式给远程用户进行视频类节目的观看。

7. 描述语言

其核心是CE-HTML，CE-HTML提供十分丰富的接口给远程用户使用。客户端只要解析CE-HTML即可以与服务器端进行交互。CE-HTML由下列Internet语言组成。

（1）ECMAScript 262 第三版。

（2）XHTML 1.0 transitional/strict。

（3）CSS TV Profile 1.0。

（4）XMLHttpRequest object。

（5）DOM level 2.0（Core, Style, Events, HTML）。

（6）大量针对消费电子设备的扩展。

CE-HTML还能用于家庭内可访问Internet的UPnP设备。它允许内容创建者使用共同的、已知的Web语言来定义可控制CE设备的用户界面。CE-HTML客户端通常由适合于CE-HTML标准的且运行于消费电子设备的Web浏览器组成。CE-HTML为这些浏览器提供了专门的扩展，如：

（1）利用CSS3输入格式标签，支持多插头插座或其他字母—数字输入的专用CE设备。

（2）利用音视频脚本对象。

（3）通过使用上、下、左、右和确认键遥控操作。

（4）客户端性能匹配。

（5）CE设备的用户界面Profiles。

（6）第三方通知。

（7）CE-HTML内容新指定的MIME（Multipurpose Internet Mail Extensions，多用途互联网邮件扩展）类型：Application/ce-html+xml。

8.应用范围

CEA-2014-B应用于更广泛的电子设备领域，它支持更多的电子设备在局域网或者家庭网络通过电视屏幕展示用户交互界面。

（二）ARIB-BML（Association of radio industries and business broadcast markup language）

1.介绍

日本的ARIB-BML（STD-B24）标准主要是基于BML和DSM-CC DC，并增加扩展了JavaScrip以便更好地编写交互式应用。BML是一种规范的语言，符合未来电子商务的要求；而DSM-CC DC是一种数据传输国际标准，该标准有一定的适用性。BML是一种描述多媒体广播的应用规范，由日本广播工商协会制定。BML由XHTML、CSS/DOM和ECMAScript组成。地面集成服务数字广播（Integrated Services Digital Broadcasting-Terrestrial, ISDB-T）规范是第一个基于多媒体信息编码专家组（MHEG）的规范。而且自1999年3月以来，日本无线工业及商贸联合会（ARIB）就开始了基于MHEG多媒体编码机制的XML规范的定制。这有利于XML应用语言的开发，能够将基于BML留言器的XML文件进行展示。ARIB数据广播系统标准在1999年10月颁布，BML应用可以将多个媒体格式、结构化的要素、事件、动作、关系、导航、用户交互功能进行同步和时空关联。BML用ECMAScript为广播定义了附加的API和对象等。

20世纪90年代，日本广播行业开始采用基于XML的BML作为数字电视的技术标准。

随着技术的发展，其他的标准也开始引入数字电视中，2005年YouTube和Nicovideo开始将网络传输技术集成到平台，使得电视功能呈现多样化发展。2010年，HTML5的出现很好适应了网络多媒体内容的播放，开始成为新的互联网电视主流技术。

2. 体系架构

ARIB-BML体系着重于基站到电视集的通信与交互。围绕电视集扩充周边很多接口，例如打印机、数据库、摄像头等外部设备都可以通过电视集连接起来在电视上显示。（见图3-6）

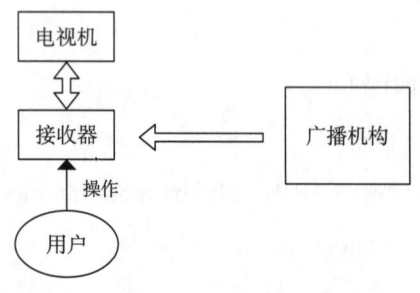

图3-6　ARIB-BML架构模型

3. 通信协议

在公众网络使用的协议有PSTNs（Public Switched Telephone Network，公共交换电话网络）、ISDNs（Integrated Services Digital Network，综合业务数字网）和移动网络，提供双向的通信交互服务，使用DSM-CC协议来传输数字电视媒体信息。DSM-CC是与传输层无关的协议。这样任何编写好的使用DSM-CC的应用程序不需要关心其下面的服务器和客户机之间使用的传输层，从纯MPEG-2传输流网络到核心ATM（Asynchronous Transfer Mode，异步传输）网和各种ATM或非ATM的接入网，甚至包括高速局域网，到端到端的ATM网络的多数宽带网络，都可以传递使用同一个应用程序。

DSM-CC提供了控制功能和操作规范，用于管理MPEG-1和MPEG-2的数据流。这些协议可支持在单机和异构网络（即用类似设备构造但运行不同协议的网络）两种环境下的应用。在DSM-CC模型中，服务器（server）和客户端（client）都被认为是DSM-CC网络的用户（user），DSM-CC定义了一个称为会话和资源管理（Session and Resource Manager，SRM）的实体，用来集中管理网络中的会话和资源。（见图3-7）

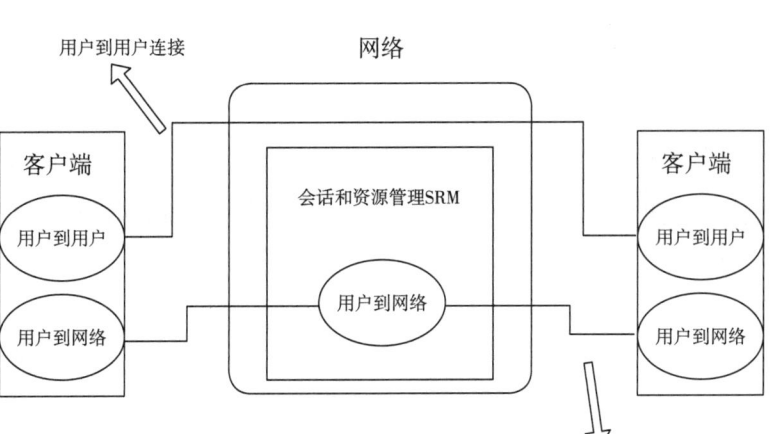

图3-7　DSM-CC server-client结构

4.数据传输

支持双向数据传输,可以在TV-set和服务器之间发送或者接收文本或者二进制数据;可以通过BML里面的脚本来控制双向传输。其功能有:

(1)发起/断开服务器或者网络。

(2)发送/接收文本或者二进制数据。

(3)支持加密。

(4)支持PPP、PSTN连接类型。

(5)支持协议:TCP/IP。

5.数据下载

ARIB-BML的数据下载是通过DSM-CC的下载协议来执行的,用于从服务器向客户端下载数据或软件。这个下载能在用户内存非常有限的条件下执行。

用户—网络下载协议支持以下三种下载方式。

(1)流控制数据下载,在这种方式下,客户通过信道对下载服务进行控制,一系列完整的数据从一个下载服务器被下载到一个指定的用户。

(2)数据转盘,下载服务器循环反复地传送一些特定的数据;客户可以得到被传送的数据的任何一个。在这种方式下,一个服务器可以向多个客户端同时传送数据,它适合用于没有回传信道的广播系统。

(3)非流控制数据下载,在这种方式下,下载服务器在不受控制的情况下向一个或者多个客户传送指定的数据。

这3种下载都共享同样的消息子集,通过消息流Control Down, Control Up, Data Down,

Data Up来描述下载的消息。

6.内容展示

通过VOD视频点播服务的脚本来控制视频播放。通过TV-set连接VOD服务器,下载VOD内容,然后通过BML文档的脚本来控制内嵌在TV-set里面的VOD应用程序,最后在电视上显示内容。(见图3-8)

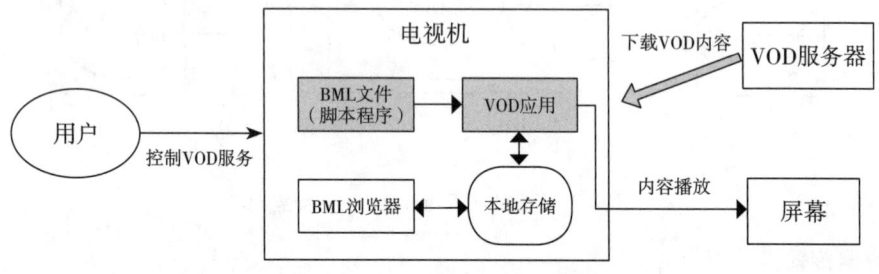

图3-8 ARIB-BML视频点播

7.描述语言

BML是一种特别的XML应用语言,主要用于多媒体展示。这种语言基于XHTML1.0、CSS1和CSS2,这些已经在W3C里面定义好了。BML使用ECMA脚本描述语言和扩展功能作为广播服务的需要。BML根据其不同的模块定义不同的元素,其专有元素代表其专属的功能。

8.应用范围

主要应用于数字电视领域,它专注于如何让家庭数字电视呈现丰富多彩的多媒体资源,同时也提供丰富的周边设备接口给家庭用户使用;ARIB-BML侧重设计体现在电视集上,围绕电视集,通过BML来描述其资源进行交互。

(三)Widget(web widget,微件)

Widget是在互联网、移动互联网环境下,运行在终端设备上的一种基于Web浏览器、Widget引擎的应用程序,它可以从本地或互联网更新并显示数据,目的是帮助用户享用各种应用程序和网络服务。用户可以通过Widget技术定制自己的Widget桌面、下载Widget应用,开发者可以创建、发布、管理自己的Widget应用,运营商可以通过Widget技术增加客户黏性,提供优质的PC和手机桌面应用展现形式和用户体验。[①]Widget标准的主要制定者包括:W3C、OMTP(Open Mobile Terminal Platform,开放移动终端平台)、CCSA(中国通信标准化协会)、JIL(联合创新实验室)。各组织结合自身特点,从不同层面对Widget技术进行了相关规范性的工作,如表3-2所示。

---

① 陆钢,李慧云,张凌,等.Widget技术标准化研究[J].广东通信技术,2009(12):53-56.

表3-2 Widget标准的完成情况

机构名称	主要工作
W3C	主要工作是桌面终端Widget技术，底层采用HTTP协议，用DOM解析XML消息对象，嵌入ECMAScript负责解释执行Javascript脚本，采用Ajax的HttpRequest用于和网络服务对象交互，利用Widgets API获取终端能力供上层应用调用，主要拟定的标准有： 1.Widgets1.0: The Widget Landscape。 2.Widgets1.0: Requirements。 3.Widgets1.0: Packaging and Configuration。 4.Widgets1.0: Digital Signature。 5.Widgets1.0: Automatic Updates。 6.Widgets1.0: APIs and Events
OMTP	针对Widget引擎或可兼容浏览器的开放API接口制定了BONDI标准。内容主要有： 1.OMTP在终端安全性方面进行更为严格的规定。 2.OMTP的BONDI标准的Widget API更全面和丰富
CCSA	起步较晚，主要集中在移动Widget标准方面，由国内各运营商完成Widget研究报告。主要内容有：Widget终端（软硬件资源、资源适配、业务管理、运行环境、应用）、Widget平台（网络能力封装、安全管理、应用开发、门户管理、业务运营、前置接入）等
JIL	JIL是中国移动、沃达丰、软银、Verizon共同组建的实验室，研究Widget开放API接口，目前中国移动的BAE（Browser based Application Engine，基于应用引擎的浏览器）平台支持JIL标准，其他软件开发商也将注意力集中在JIL标准上

（四）其余远程用户界面标准

MCML（Media Center Markup Language，媒体中心标记语言）是微软提出的Media Center Add-in（媒体中心加载）技术，是一种类似HTML的语法，整合大量的标签，如<command><model><content>，可以产生动画及其他多媒体，该语法可以结合C#语言使用。

ACAP（Adaptive Compute Acceleration Platform，灵活应变计算平台）是基于ACAPAPIs、内容格式和语义的标准规范，ACAP应用分为两类，一是程序性应用ACAP-J，二是定义性应用ACAP-X。其中，ACAP-X应用的例子是多媒体文档，由XHTML标记、样式规则、脚本、嵌入式图片、音视频组成，ACAP-X环境的一个例子是XHTML多媒体文档浏览器，也称为用户代理。ACAP标准的灵活性和架构适用于广播系统和有线电视系统。

数字视频广播超文本标记语言DVB-HTML是一个允许数字电视读取互联网内容的标准，它是更广的DVB MHP1.1标准的一个可选部分。这个规范是一个基于XHTML1.1的模块化的版本，也包括CSS2.0、DOM2.0和ECMAScript。其中，MHP1.1指定了因特网接入框架，要求应用能够控制互联网本地客户端的基本操作。①

第二节 国内标准规范

长期以来，国内互联网电视产业缺乏统一的技术和服务标准，大多采用国际上的主流标准，不同的产品接口和技术存在很大差别，不利于产业的整合。国内机构制定的互联网电视标准最早是由中国电子视像行业协会于2010年4月8日发布的《网络电视多媒体通信设备要求》（CVIA-ITV01-2011）和2011年4月8日发布的《网络电视多媒体通信功能要求》（CVIA-ITV02-2011）。标准由视像行业协会联合我国主要的彩电生产企业（TCL、海信、长虹、康佳、创维、海尔等）共同研发制定。标准首次对网络电视设备和网络电视互动平台的概念予以明确，但是两个标准的表述有所不同。《网络电视多媒体通信设备要求》中定义网络电视设备又叫互联网智能电视设备、互联电视设备，是指具有互联网功能的电视设备，包含互联网电视、智能电视以及相应机顶盒等。它可以接入广播电视网、国际互联网和移动通信网等网络访问内容或者参与互动。网络电视设备交互式平台是位于底层系统资源和应用之间的通用服务，这些服务具有开放的标准程序接口，能够适应不同的操作系统和硬件平台，同时提供统一的API接口，提供应用程序的应用编程接口。标准的内容主要包括终端能力要求（业务能力、语言及输入、系统设置功能、呼叫处理能力、媒体处理能力、私网穿越能力、协议能力、安全保障能力）、维护管理、界面及外观、可靠性和性能等。《网络电视多媒体通信功能要求》定义网络电视是利用网络电视设备为用户提供互联网应用和服务的个性化、全方位服务的融合功能。包括内容封闭式管理的互联网电视业务、内容半开放管理的智能电视业务和内容全开放的电脑电视业务。网络电视互动平台是一种以个性化为指向、以多媒体和数据等手段呈现、具有互动性的媒体平台，包括影视音像点播、音乐欣赏、游戏、有声读物、视频通信等互动功能。标准内容主要包括宽带接入能力、终端管理、语音和视频通信、多媒体彩铃、视频广告、信息推送、联系人列表、通话记录等。由于当时的技术所限，上述两个标准主要是将电视和通话功能进行整合，同时具备简单的联网功能，可以实现简

---

① 陶蒙华，崔亚娟. 国际多媒体应用平台标准的现状及其思考[J]. 中国数字电视，2008（Z1）：116-119.

单的影视点播和图片显示，与现在开放式的智能电视相比，功能显得过于单一。

随着我国三网融合、IPTV的推广，我国开始加大IPTV的产业布局，在标准的制定方面，主要有中国电信的IPTV3.0系列规范与工业和信息化部制定的YD/T系列标准。IPTV3.0系列标准主要包括13个部分：业务技术体制、内容提供商与内容合成管理平台接口技术要求、内容合成管理平台技术要求、内容合成管理平台与业务运营平台接口技术要求、终端管理平台技术要求、业务管理平台技术要求、EPG（Electronic Program Guide，电子节目指南）页面制作及显示技术要求、业务能力平台接口技术要求、业务管理平台与业务能力平台接口技术要求、终端与终端管理平台接口技术要求、终端与业务运营平台接口技术要求、标清机顶盒设备技术要求、高清机顶盒设备技术要求。

YD/T系列标准是中国通信行业标准，由原信息产业部（现已并入工业和信息化部）于2007年开始发布，目前现行的仍有30多个子标准，随后工业和信息化部在实践中不断予以修正和整合，在2020年推出全新的IPTV系列标准，并批准为国家推荐标准，用以指导全国IPTV业务建设。现行的YD/T行业标准和国家标准见表3-3和表3-4。

表3-3 工业和信息化部发布的IPTV现行行业标准

标准号	标准名称	英文名称
YD/T 1654-2007	IPTV业务需求	Service Specification for IPTV
YD/T 1655-2007	IPTV机顶盒技术要求	Technical Specification for IPTV-STB
YD/T 1695-2007	IPTV对接入网络的技术要求（第一阶段）	Technical Requirements of Access Network for IPTV（Phase I）
YD/T 1696.1-2011	机顶盒与IPTV业务平台接口技术要求第1部分：总则	Interface specification for STB and IPTV service platform.part 1: General
YD/T 1696.2-2011	机顶盒与IPTV业务平台接口技术要求第2部分：业务管理系统	Interface specification for STB and IPTV service platform.Part 2:service management system
YD/T 1696.3-2011	机顶盒与IPTV业务平台接口技术要求第3部分：业务导航系统接口	Interface specification for STB and IPTV service platform.part 3: EPG interface
YD/T 1696.4-2011	机顶盒与IPTV业务平台接口技术要求第4部分：流媒体接口	Interface Specification for STB and IPTV Service Platform.Part 4: Streaming Interface
YD/T 1696.5-2011	机顶盒与IPTV业务平台接口技术要求第5部分：终端管理接口	Interface Specification for STB and IPTV Service Platform.Part 5:terminal management interface

续表

标准号	标准名称	英文名称
YD/T 1697–2007	IPTV内容运营平台与业务运营平台接口技术要求	Technical Specification for IPTV COP& SOP Interface
YD/T 1823–2008	IPTV业务系统总体技术要求	General Technical Requirements for IPTV Service System
YD/T 1824–2008	IPTV终端管理系统体系架构	System Architecture for IPTV Terminal Management
YD/T 1825–2008	IPTV终端机卡分离技术要求	Technical Requirement of IPTV Terminal Device Set–Card Separation
YD/T 1920–2009	IPTV承载网络体系架构	The Architecture of IPTV Bearing Network
YD/T 2015–2009	IPTV业务管理系统体系架构	Architecture for IPTV service management system
YD/T 2016.1–2009	IPTV运维支撑管理接口技术要求 第1部分:业务系统	Technical specification for IPTV OSS management interface.Part 1:service system
YD/T 2016.2–2009	IPTV运维支撑管理接口技术要求 第2部分:承载网络	IPTV OSS management interface technical specification.Part 2:bearing network
YD/T 2016.3–2009	IPTV运维支撑管理接口技术要求 第3部分:终端	IPTV OSS Management Interface Technical Specification.Part 3:Terminal
YD/T 2017–2018	IPTV机顶盒测试方法	Testing Method for IPTV Terminal–STB
YD/T 2133–2010	IPTV媒体交付系统技术要求 场景需求	Technical requirements for media delivery system–scenario and requirements
YD/T 2259.1–2011	机顶盒与IPTV业务平台接口测试方法 第1部分：流媒体接口——集中式流媒体服务器方式	Architecture of IPTV service security Test method for the interfaces between a STB and an IPTV services platform.part one:stream media interface.integrated stream media servers mode
YD/T 2260–2011	IPTV机顶盒中间件技术要求	STB middleware system architecture
YD/T 2261–2011	IPTV业务安全体系架构	Architecture of IPTV service security
YD/T 2262–2011	IPTV业务导航系统技术要求	Technical requirement of IPTV electronic program guide
YD/T 2263–2011	IPTV机顶盒浏览器编程接口技术要求	Technical specification for browser programming interface of IPTV STB

续表

标准号	标准名称	英文名称
YD/T 2264-2011	IPTV系统的媒体交付系统.基于CDN结构	CDN architecture based IPTV media delivery system
YD/T 2265-2011	IPTV管理体系结构	IPTV management architecture
YD/T 2366-2011	IPTV媒体交付系统技术要求 体系架构	Technical requirements for IPTV media delivery system.architecture
YD/T 2367-2011	IPTV质量监测系统技术要求	Technical requirements for IPTV quality monitoring systems
YD/T 2548-2013	用于IPTV的DHCPv6扩展技术要求	The extension technical specification for DHCPv6 used in IPTV
YD/T 2646-2013	IPTV媒体交付系统技术要求	Technical requirements for IPTV media delivery system
YD/T 2724-2014	IPTV应用管理服务平台技术要求	Technical specification on IPTV Application management platform
YD/T 2725-2014	IPTV内容服务访问规则技术要求	Technical specification on access rules of content streaming service
YD/T 2726-2014	IPTV机顶盒技术要求 智能型	Technical specification on smart IPTV set-top box
YD/T 2875-2015	IPTV媒体交付系统技术要求 内容接入	Technical Requirements for IPTV Media Delivery System Content Access
YD/T 3107-2016	IPTV终端管理系统体系架构	Architecture of IPTV Terminal Management System
YD/T 3374-2018	IPTV媒体交付系统技术要求 流媒体服务	Technical Requirements for IPTV Media Delivery System.Streaming Media Services
YD/T 3375-2018	IPTV媒体交付系统技术要求 全局负载均衡子系统	Technical Requirements for IPTV Media Delivery System-Global load Balance Subsystem
YD/T 3429-2018	IPTV媒体交付系统技术要求 媒体分发存储子系统	The technical requirements for IPTV Media Delivery system-Media Distribution and Storage Subsystem

表3-4　工业和信息化部发布的IPTV现行国家推荐标准

标准号	标准名称	英文名称	主要内容
GB/T 38826-2020	IPTV媒体交付系统技术要求总体要求	Technical requirements for IPTV media delivery system.General requirements	本标准规定了IPTV媒体交付系统的总体要求，具体包括：媒体交付系统组成及各组成部分功能、媒体分发存储子系统技术要求、媒体服务子系统技术要求、全局负载均衡子系统技术要求、运营管理子系统技术要求、媒体交付系统支持的业务要求、扩展与安全性要求、外部接口协议要求。本标准适用于IPTV媒体交付系统
GB/T 38827-2020	IPTV媒体交付系统技术要求体系架构	Technical requirements for IPTV media delivery system. Functional architecture	本标准规定了IPTV媒体交付系统在IPTV业务系统中的位置、体系架构、参考点、外部参考点支持的通信协议，并给出了通信流程示例。本标准适用于IPTV媒体交付系统
GB/T 38828-2020	IPTV媒体交付系统技术要求场景和需求	Technical requirements for IPTV media delivery system. Use cases and requirements	本标准规定了IPTV媒体交付系统的应用场景和需求，主要包括媒体交付系统的层次结构、媒体交付系统应用场景描述和对媒体交付系统的需求。本标准适用于IPTV媒体交付系统
GB/T 38829-2020	IPTV媒体交付系统技术要求内容接入	Technical requirements for IPTV media delivery system. Content access	本标准规定了IPTV媒体交付系统的内容接入接口、内容接入通信流程和内容接入通信协议以及内容管理文件等内容接入技术要求。本标准适用于IPTV媒体交付系统
GB/T 38830-2020	IPTV媒体交付系统技术要求全局负载均衡子系统	Technical requirements for IPTV media delivery system. Global load balance subsystem	本标准规定了全局负载均衡子系统在IPTV媒体交付系统中的位置、全局负载均衡子系统的部署、系统功能要求及支持的调度策略、内容定位流程、全局负载均衡子系统与终端的接口要求以及相关安全要求。本标准适用于IPTV媒体交付系统
GB/T 38831-2020	IPTV媒体交付系统技术要求媒体分发存储子系统	Technical requirements for IPTV media delivery system. Media distribution and storage subsystem	本标准规定了媒体分发存储子系统在IPTV媒体交付系统中的位置、功能要求、媒体编码及文件格式、媒体接入分发接口、接口通信流程及通信协议。本标准适用于IPTV媒体交付系统

续表

标准号	标准名称	英文名称	主要内容
GB/T 38754-2020	IPTV媒体交付系统技术要求 流媒体服务	Technical requirements for IPTV media delivery system. Streaming media services	本标准规定了IPTV媒体交付系统提供的流媒体服务的类型、流媒体内容编码及文件格式要求、提供流媒体服务的IPTV媒体交付系统功能要求、IPTV媒体交付系统与终端的接口要求。本标准适用于IPTV媒体交付系统
GB/T 29861-2013	IPTV安全体系架构	The architecture of IPTV security	本标准规定了IPTV业务的安全目标和各层面的安全需求,在此基础上构建了IPTV安全体系架构,描述了IPTV业务的安全评估指标参数。本标准适用于IPTV终端、用于IPTV业务的IP承载网设备、IPTV业务的相关服务器和控制处理设备、IPTV用户管理设备,以及与IPTV网络对接的其他网络实体如ICP、增值业务平台等

作为我国互联网电视的主要监管机构,国家广电总局也积极推动互联网电视产业的规范化发展。2020年由国家广电总局广播电视科学研究院、互联网电视牌照机构以及爱奇艺、中国传媒大学、英特尔公司、创维集团等来自广电机构、互联网内容企业、大学院校、硬件设备厂商的17家机构共同制定和发布《视音频内容分发数字版权管理 互联网电视DRM系统集成》行业标准。2021年1月,国家广电总局发布5项广播电视和网络视听行业标准,在技术层面对互联网电视业务进行约束和指导(见表3-5)。该系列标准规范了互联网电视总体技术架构,以及集成平台、内容服务平台、节目集成系统技术要求和相互对接,对加强我国互联网电视体系标准化建设、推进互联网电视产业高质量发展具有重要意义[1]。

表3-5 国家广电总局发布的互联网电视系列标准

标准号	标准名称	主要内容
GY/T 334-2020	视音频内容分发数字版权管理 互联网电视数字版权管理系统集成	规定了互联网电视数字版权管理系统集成框架、系统功能和接口协议。适用于互联网电视数字版权管理系统集成部署与实施

---

[1] 国家广播电视总局. 广电总局发布《互联网电视总体技术要求》等四项行业标准[EB/OL]. [2021-03-31]. http://www.nrta.gov.cn/art/2021/2/2/art_114_55001.html.

续表

标准号	标准名称	主要内容
GY/T 342-2021	互联网电视总体技术要求	规定了互联网电视的总体技术架构,互联网电视集成平台、互联网电视内容服务平台、互联网电视终端之间的对接要求,以及与监管平台对接的基本要求
GY/T 343-2021	互联网电视集成平台技术要求	规定了互联网电视集成平台的架构、功能模块和接口等技术要求,以及接入互联网电视集成平台的技术要求与接口规范
GY/T 344-2021	互联网电视内容服务平台技术要求	规定了互联网电视内容服务平台技术要求,包括功能架构、系统组成和分工界面、内容安全
GY/T 345-2021	互联网电视集成平台节目集成系统技术要求及接口规范	规定了互联网电视集成平台节目集成系统的技术要求及与互联网电视内容服务平台的接口

综上所述,互联网电视在不同的国家和地区有着不同的运营模式,因此根据实际应用的需要,国际组织和业界的互联网电视标准模式也不相同:欧洲以广播—宽带混合电视为主,通过广播网络和宽带通信网络的切换向用户提供电视服务;美国CEA和日本的ARIB-BML标准偏重于数字家庭网络的通用接口设计以及用户界面的功能和数据传输,在这一点上更加符合互联网电视的未来应用需求;我国早期以IPTV为主要内容,有些兼容互联网协议等,目前国家广电总局加强互联网电视行业标准化建设,推出一系列互联网电视技术标准,形成了以互联网电视和IPTV并存、共同发展的格局;W3C的标准主要是Web描述,侧重于用户界面的渲染和功能交互,HTML5兼容音视频的播放而得以在互联网电视界面设计中得到广泛应用;根据互联网电视应用和发展需求,面向远程用户界面的Web描述和数字家庭网络通用接口标准展示出很好的应用前景,通过UI界面能够展示丰富的互联网内容并进行用户交互。互联网电视标准体系的丰富和完善对于规范行业业务和技术,推动实现互联互通和规范化发展具有重要意义。

第四章 图书馆互联网电视业务规划

第一节 我国图书馆电视服务现状

电视是我国家庭中的重要媒体终端设备，可以通过卫星、广播、广电专线和互联网进行信号传输，服务范围遍及全国各地，特别是偏远地区，通过卫星也可以接收到高质量的视频内容。电视在我国的普及较好地满足了民众的精神文化生活，通过电视媒介传播和推广公共文化也日益成为我国公共图书馆重点关注的领域。据调查，目前我国已有20多家公共图书馆与当地广电企业开展了各具特色的电视服务。电视服务为广大用户提供了丰富的文化类节目内容，同时，图书馆也积累了丰富的电视资源制作和服务经验，为进一步开展互联网电视服务奠定了良好的基础。

一、服务现状

我国开展电视服务的图书馆以国家图书馆和东部沿海地区的图书馆为主，对馆藏资源进行重新设计和包装，推出各具特色的文化内容服务，资源类型主要有资讯类、图文类、视频类。大多数图书馆主要通过数字有线电视进行服务。随着近几年互联网电视的发展和普及，国家图书馆等也开始与互联网电视牌照机构进行合作，打造互联网电视文化专区，对电视服务进行升级，以更好满足民众的需求。（见表4-1）

电视图书馆是数字图书馆在空间上延伸的新模式，拓展了服务领域和服务群体，在实现业务转型升级、推动文化科技融合、促进公共文化均等化、提升社会效益方面发挥着重要的作用。除了与当地广电机构合作以外，图书馆界还寻求开展行业内的协作，整合业务和资源，实现规模化发展。2018年10月26日上午，由浙江绍兴图书馆发起的全国电视图书馆联盟在绍兴市成立，旨在推动全国各地电视图书馆的密切合作和资源共享。联盟的成员图书馆都在当地开展了电视图书馆服务，包括绍兴图书馆、常州市图书馆、重庆图书馆、佛山市图书馆、菏泽市图书馆、济宁市图书馆、枣庄市图书馆等7家单位。

其中绍兴电视图书馆和常州电视图书馆均为第二批国家公共文化服务体系示范项目[①]。电视图书馆联盟的成立也必将进一步推动图书馆电视服务持续深入发展。

表4-1 我国公共图书馆曾经开展的电视服务情况

图书馆	开播时间	联建单位	服务名称	栏目设置	服务方式
杭州图书馆	2005年9月	杭州数字电视有限公司	文澜在线	图书检索、个人空间、心随阅动、数字杂志、视听专区、活动预告	数字有线电视
国家图书馆[②]	2009年4月	北京歌华有线电视网络股份有限公司	国图空间	文津讲坛、图书推介、馆藏精品、图说百科、少儿读物、经典相册、百年国图	数字有线电视
常州市图书馆[③]	2011年7月	江苏省广播电视信息网络股份有限公司常州分公司	常州701频道	文化、教育、民生信息等8个平面类栏目，以及龙城讲坛、道德讲堂、市民课堂、常州公开课等9个视频栏目	IPTV
嘉兴市图书馆	2012年[④]	嘉兴华数	嘉图视窗	嘉图概览、好书有约、职场充电、政法专栏、嘉兴故事、空中展厅、嘉禾往事、医学养身、讲坛讲座、阅读基地、活动培训、科普园地、课外学习[⑤]	数字电视
国家图书馆	2012年5月	未来电视	国家数字图书馆	百年国图、馆藏故事、书画鉴赏、册府琳琅、4D展览	互联网电视

---

① 国家图书馆. 全国电视图书馆联盟在浙江绍兴成立[EB/OL]. [2021-04-01]. http：//www.nlc.cn/newtsgj/yjdt/2018n/11y/201811/t20181102_173375.htm.

② 张炜，李春明. 国家数字图书馆服务领域的新拓展——"国图空间"数字电视项目的规划与建设[J]. 图书馆建设，2010（6）：69-71.

③ 梅耀国，钱舒屏，张炜. 图书馆2.0创新服务平台探究——以"常州电视图书馆"服务平台建设为例[J]. 数字图书馆论坛，2014（07）：8-13.

④ 百家号. 嘉兴市图书馆——引领阅读界的嘉兴力量[EB/OL]. [2021-04-01]. https：//baijiahao.baidu.com/s?id=1692178801086429076&wfr=spider&for=pc.

⑤ 搜狐. 电视里的嘉兴图书馆，助您在家"宅"出新高度[EB/OL]. [2021-04-01]. https：//www.sohu.com/a/370340117_99897103.

续表

图书馆	开播时间	联建单位	服务名称	栏目设置	服务方式
镇江市图书馆	2012年5月	江苏有线镇江分公司	镇江电视图书馆	欢乐家园、文心讲堂、文心展厅、发现镇江、翰苑撷英、心随阅动、童学书香、期刊博览8个图文栏目和1个视频栏目	数字有线电视
绍兴图书馆	2012年10月（旧版）；2020年5月（新版）[1]	绍兴市文广局与绍兴广电总台主办，绍兴图书馆与中广有线绍兴分公司具体实施	绍兴电视图书馆	信息动态、阳明频道、绍兴记忆、我的图书馆、绍图概览、电视阅读、绍图出品、电视学堂、精彩讲座、共享工程、活动剪影、书画鉴赏、学习频道、纪录片频道、电视展厅[2]。细分栏目100多个	数字有线电视
天津泰达图书馆	2012年12月	天津泰达有线电视网络有限公司	泰达数字电视图书馆	馆况介绍、馆内动态、新书快递、图书续读、馆藏查询、服务平台和文化共享	数字有线电视
佛山市图书馆[3]	2013年4月（旧版）；2015年7月（新版）	广东省广播电视网络股份有限公司佛山分公司	佛山电视图书馆	个人服务、农家书屋、认识佛图、佛图资讯、精品视频、精品图片、图书借阅	数字有线电视
东莞图书馆[4]	2013年6月	广东省广播电视网络股份有限公司东莞分公司	东莞电视图书馆	图书馆简介、活动公告、图书查询、学习中心、我的图书馆、图书流动车	数字有线电视
国家图书馆	2013年8月	CIBN	书藏天下	文津讲坛、书画鉴赏、图书收藏、名城名镇、中华世遗、书刊推荐	互联网电视

---

[1] 浙江省人民政府. 新版"电视图书馆"节目入驻浙江绍兴数字电视平台[EB/OL]. [2021-04-01]. http://www.zj.gov.cn/art/2020/7/5/art_1553716_49835394.html.

[2] 绍兴图书馆. 绍兴电视图书馆[EB/OL]. [2021-04-01]. https://tv.sxlib.com/sxtsg3.o/.

[3] 孙燕纯. 浅析电视图书馆建设——以佛山市电视图书馆为例[J]. 图书馆研究，2016，46（03）：27-30.

[4] 陈柳红. 公共图书馆开展电视图书馆服务策略研究——以东莞图书馆为例[J]. 河北科技图苑，2017，30（04）：21-25.

续表

图书馆	开播时间	联建单位	服务名称	栏目设置	服务方式
苏州吴江区图书馆[①]	2013年10月	江苏有线吴江分公司	吴江电视图书馆	吴图指南、动态信息、我的图书馆、教育培训、少儿天地、书刊推荐、视频资源、地方文化和古籍保护	数字有线电视
国家图书馆	2016年	CIBN	国图公开课	精品课程、特别活动、图书推荐、典籍鉴赏、名著赏析	互联网电视
新疆维吾尔自治区图书馆[②]	2016年	CIBN	新疆维吾尔自治区图书馆互联网电视平台	农牧区使用技术、新农村、舞台表演艺术、非物质文化遗产、少儿双语、巴扎新风、文化集市、影视	互联网电视
武汉图书馆	2016年	CIBN	武汉图书馆互联网电视平台	健康·教育、旅游·休闲、环保·科技、城市·生活、人文·历史	互联网电视
宁波市图书馆[③]	2016年2月	宁波华数广电网络有限公司	宁波电视图书馆	天一阅读、天一展览、天一讲堂、天一音乐、少儿天地、特色资源、甬上风物、电子图书、读者空间	数字电视
济宁市图书馆[④]	2016年4月	山东有线济宁分公司	电视图书馆	经典名著、人文社科、经管理财、文学艺术、小说传记、亲子育儿	数字有线电视
枣庄市图书馆[⑤]	2016年4月	中广有线枣庄分公司	电视图书馆	枣图概览、枣庄风情、枣图资源、精彩讲座、尼山书院、阅读基地、新书推荐、听书频道、少儿天地、文化工程或共享工程	数字有线电视

---

① 黄佩芳. 我国电视图书馆理论研究与实践发展综述[J]. 图书馆学刊，2017，39（10）：112-117.

② 孙倩，历力. 基于互联网电视平台的新疆自治区图书馆服务实践[J]. 河南图书馆学刊，2016（01）：9-11.

③ 福建教育学院数字图书馆. 宁波市图书馆以读者需求为导向打造数字阅读服务新高地[EB/OL]. [2021-04-01].https://site.fjjyxy.com/tsg/xxdt/yjdt/content_34970.

④ 济宁新闻网. 全省首创国内领先！济宁市"电视图书馆"正式开通[EB/OL]. [2021-04-01]. http：//www.jnnews.tv/news/2016-04/22/cms519984article.shtml.

⑤ 枣庄日报数字报刊平台. 枣庄市电视图书馆开播 为山东省地市级首家[EB/OL]. [2021-04-01]. http：//epaper.632news.com/zzrb/html/2016-04-26/content_62192.htm.

续表

图书馆	开播时间	联建单位	服务名称	栏目设置	服务方式
菏泽市图书馆	2018年2月[1]	山东有线菏泽分公司	菏泽市电视图书馆	图书馆介绍、借阅信息、续借信息、视频资源、在线阅读、新书推荐、借阅排行、名作欣赏[2]	数字有线电视
重庆图书馆[3]	2018年8月	重庆有线电视网络股份有限公司	巴渝文化云	文墨书香、文化视频、文艺活动、文化场馆、文化旅游	数字有线电视
青岛市图书馆[4]	2018年10月	山东有线青岛分公司	电视图书馆	青图视窗、阅读活动、讲座展览、借阅排行、好书荐读、数字馆藏、电视课堂、扫码看书、有声读物、特色资源	数字有线电视
贵州省图书馆	2018年12月	贵州省广播电视信息网络股份有限公司	贵广通	民族文化、地方文献、期刊、儿童动漫、公开课、新三农、微学习、广播剧	数字有线电视

二、目前存在的问题

经过多年的发展，数字电视服务逐渐成为图书馆对外服务的品牌窗口，有利于促进图书馆服务新业态的形成。然而，由于业界缺乏统一的、有针对性的资源建设标准和流程规范，导致了在业务开展过程中出现了以下问题。

（一）资源建设效率低下，质量不可控

在数字电视资源建设方面，图书馆主要通过HTML页面组织并呈现多媒体内容，资源制作时需要人工逐个替换页面模板中的多媒体素材，通过代码对排版和格式进行调

---

[1] 桑丽艳. 好消息，菏泽市电视图书馆正式上线了！电视图书馆走入百姓家[EB/OL]. [2021-04-01]. http：//epaper.hezeribao.com/shtml/mdwb/20180213/396747.shtml.

[2] 鲁网·菏泽. "电视+图书馆"模式 市民在家中坐拥图书馆电子资源[EB/OL]. [2021-04-01]. http：//heze.sdnews.com.cn/xwzx/201804/t20180410_2374545.htm.

[3] 李珩，李行苓. "巴渝文化云"上线 将为市民提供便捷的公共文化服务[EB/OL].[2021-12-14]. https：//www.cqrb.cn/content/2018-08/04/content_162338.htm.

[4] 黄靖斐. 新鲜！打开电视看图书，市图推出"电视图书馆"十大板块项目正式上线[EB/OL]. [2021-04-01]. http：//yule.bandao.cn/a/132897.html.

整,并在页面中嵌入JavaScript来添加交互行为。[①]资源制作时间长、过程烦琐,且整体错误文件较多。资源制作好后需要将其复制到运营商的服务器中进行发布,效率低下。

(二)资源文件零碎,不利于存档和交换

为了实现多媒体内容的组织、展示和交互功能,一条数字电视资源通常包括若干个HTML文件、列表和内容图片、控件图标、JavaScript文件等,一个栏目往往有上百条资源,文件总数有上万个。所有不同条目的零碎文件都存放在同一目录下,不利于资源的组织与存档,而且栏目间重复文件(图标、JavaScript文件)多,占用空间大。

(三)平台和技术标准不统一,资源和服务难以共享

图书馆通过广电公司的运营平台进行内容发布与服务,由于不同平台的内容格式、技术参数和工作流程等缺乏统一的标准规范,导致资源的通用性较差,难以实现共建共享。此外,我国数字电视媒体附属于政府机构,造成了电视行业的地域划分和条块分割。与电信、移动、联通、网通等全国性网络相比,有线数字电视网络各自为政,一城一网,没有实现真正意义上的全国联网。这种封闭式网络也不利于各地图书馆数字电视服务的整合。

(四)服务方式较为落后,不适应互联网产业发展要求

我国公共图书馆开展电视服务多始于2015年前,距今已有数年时间,这期间,互联网内容产业和技术发展日新月异,在线文化娱乐内容更是百花齐放、异彩纷呈。互联网电视机已经成为市场主流,并在家庭中逐步普及。当前,我国除了少数几个图书馆通过互联网电视进行服务以外,大部分还是通过数字有线电视服务,平台技术已经落后于时代的发展,在内容的丰富性、功能的多样性和用户的体验上与互联网电视还有较大的差距。图书馆需要紧跟时代发展,转变思路,积极与互联网电视播控机构开展合作,将数字电视的文化资源内容转型到互联网电视平台上。同时,加快推进媒体融合,实现多屏互动和多终端互联,打造智能化的数字家庭文化空间,满足新技术环境下的民众需求。

---

① 汪非,郭军,左子端,等.有线数字电视图书馆的设计与实现[J].广播与电视技术,2011,38(08):101-106.

第二节 服务的改进与规划

一、互联网电视服务需求调研

受众是互联网电视传播的"目的地",是传播效果的"显示器",也是传播活动是否成功的评判者。通过对受众的收视习惯和收视行为进行调研分析,能够真正体现出互联网电视传播的效益,并指导互联网电视服务方向和模式。因此,国家图书馆联合专业在线问卷调查网站"问卷星在线"进行了全国公共图书馆电视服务用户调查,共有超过100名用户参与了网络问卷调查,分别对全国公共图书馆用户服务、基于互联网电视平台的数字家庭文化服务(家庭用户部分、公共图书馆部分、运营商部分)进行分析。

按照克劳斯的受众分类方法,受众的第一层次是能够接触到传媒信息的总人口;第二层次是对特定传媒或特定信息内容保持着定期接触的人;第三层次为在态度和行动上实际接受了媒介影响的人。[1]因此,目前互联网电视的最大受众范围就是网民,只有使用互联网的网民才有可能接触到互联网电视。另外,就互联网电视的受众定位与积累而言,在其发展之初,我们也应该将受众群锁定在网民的范围内,只有积累了一定的数量而且稳定、忠诚的受众群体,同时形成相对成熟的受众收视习惯,方可进一步提升受众的规模层次,将受众群延伸到网民之外,也就是吸引规模更庞大的传统电视受众,使其通过互联网电视收看电视节目。根据克劳斯的理论,我们将互联网电视的受众主要定位于在线收视、订阅互联网电视节目内容的网民,以及有望通过互联网进行电视节目收视的潜在受众。

(一)受众结构形态总体特征

收视群的培养首先必须了解用户群体的结构形态,因为它既是影响媒介使用的动态因素,也是研究受众收视和改进节目内容质量的基本前提。接受问卷调查的受众群体统计情况如表4-2所示。

---

[1] 郭庆光.传播学教程[M].2版.北京:中国人民大学出版社,2011.

表4-2 接受互联网电视问卷调查的受众群体统计情况

受众群体分类		构成比例
性别	男	34.15%
	女	65.85%
年龄	20岁以下	4.88%
	21—30岁	43.9%
	31—40岁	48.78%
	41—50岁	2.44%
	51岁以上	0%
学历	初中及初中以下	17.1%
	高中	34.2%
	大学专科、本科	42%
	硕士及以上	6.7%
职业	学生	36.7%
	机关事业单位工作人员	17.2%
	自由职业者	25.3%
	无业人员	10.0%
	其他	10.8%

根据对接受调研的受众数据进行分析，可以看出，学生占比超过三分之一，比例最高，符合被调研受众年轻化的特点。除学生外，受众职业还包括机关事业单位工作人员以及一定数量的自由职业者，具有一定的代表性。被调研受众学历以中高学历为主，接受过高等教育的人超过四成，具有较好的互联网应用技能，能够对本次调研内容给出较为真实客观的反馈。

（二）互联网电视服务需求分析

通过问卷调查，我们对网民的互联网电视服务需求进行了统计和分析，结论如下。

1.互联网电视不再陌生，超六成用户对互联网电视"有兴趣"

我国互联网电视的受众具有规模大、增长快的特点。互联网电视的最大特征是以宽带网络为载体，采用开放互联网方式连接电视机，不受地域限制，为所有互联网终端用户提供全方位OTT服务。关于是否收看过该形式的电视节目，调查结果如图4-1所示。

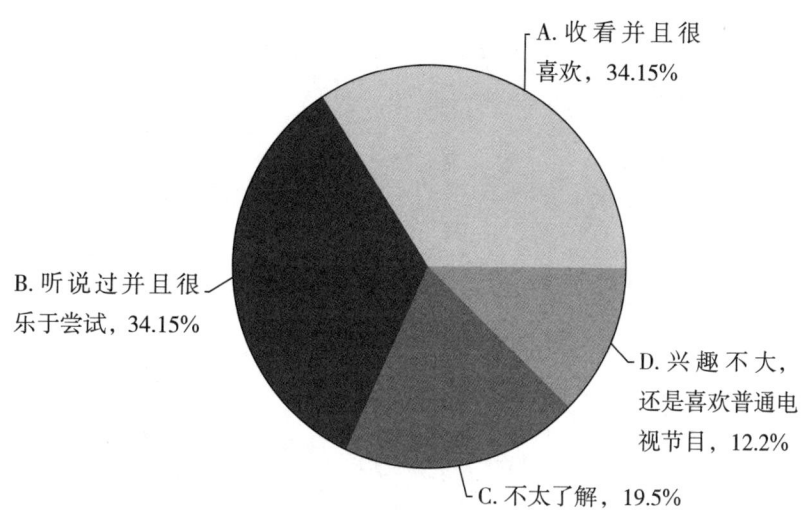

图 4-1 受众对互联网电视了解程度的调查

在参与调查的网友中，34.15%的被调查者称经常使用互联网电视并且很喜欢，34.15%的被调查者听说过并且乐于尝试，这也就意味着高达68.3%的调查对象对互联网电视有很大兴趣，仅有12.2%的被调查者表示对互联网电视兴趣不大。这组数据说明，互联网电视已经从最初的极客、小众产品逐渐走向更成熟的大众消费市场。

2.需求呈多样化趋势，对图书馆电视服务内容与形式创新提出更高要求

针对所在城市的图书馆是否已经开展了数字图书馆建设与服务的调查，有高达82.93%的被调查者表示所在城市已经开展了数字图书馆服务。关于希望通过互联网电视平台获取何种形式的图书馆公共文化服务，有75.61%的被调查者表示，更喜欢在互联网电视上看到音视频节目内容，这说明互联网电视依旧要聚焦电视的本质功能，重视音视频节目内容的制作，"纯粹的"电视内容的重要性，已经不言而喻。此外，三成的用户对于文化和资讯类的图文混排内容也有很大需求。（见图4-2）

同时应该看到，图书馆电视服务不是单纯的电视产品，而应有更多外延功能，如图书的预约续借、在线咨询等互动性服务，这也是图书馆拓展服务渠道，丰富服务形式的重要措施。

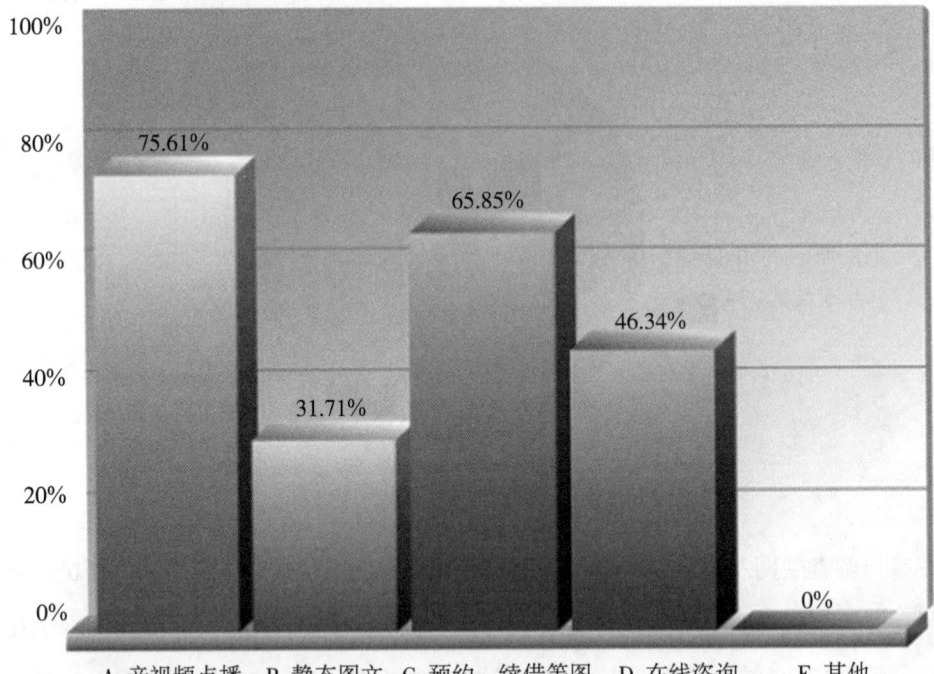

图4-2 关于图书馆互联网电视服务方式需求的调查分析

关于希望通过互联网电视平台获取何种方式的图书馆公共文化服务，有58.54%的被调查者认为应加强民族民俗、地方特色文化的展示；有56.1%的被调查者认为应提供更多培训、讲座视频的在线观看；有53.66%的被调查者认为应加强图书、杂志、报纸速递、排行及在线阅读功能。由此可见，图书馆互联网电视服务应通过挖掘文化内涵，对历史文化、民族宗教、文学艺术等资源融会贯通，将图书馆中的宝贵资源利用起来，使它们真正"活起来"。

（三）互联网电视受众的内容需求分析

基于互联网电视的文化服务重在内容建设，而用户对内容的需求和喜好则成为图书馆内容建设的出发点和方向。通过前期数字电视服务情况的调研，结合数字内容建设情况，以下总结了11类可供服务的内容种类，分别为：图书馆介绍、古籍珍品欣赏、经典文化展示、民族民俗及地方特色文化、文化信息资讯、书刊报推介及在线阅读、培训和讲座视频在线观看、少儿和益智类节目、图书查询与借阅等、在线参考咨询、政务信息查询等。通过调查问卷的方式，针对以上内容及服务种类，对用户需求进行了调研分析，结果如图4-3所示。

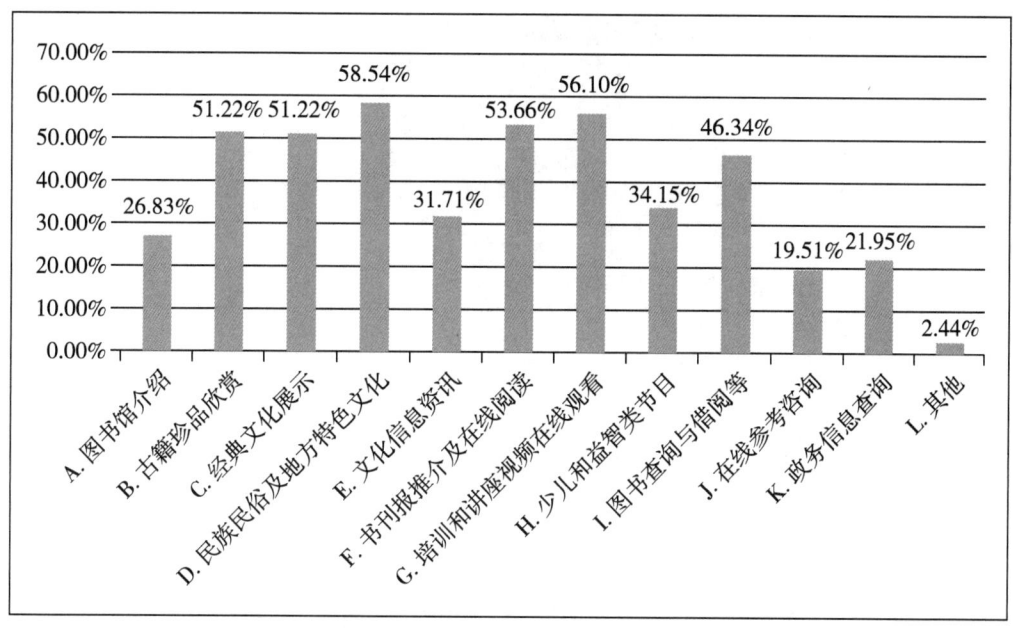

图4-3 用户希望图书馆提供的互联网电视节目类型统计

根据图4-3所示，超过一半调查数量的受调研用户希望图书馆提供以下栏目类型：古籍珍品欣赏、经典文化展示、民族民俗及地方特色文化、书刊报推介及在线阅读、培训和讲座视频在线观看等。可见，用户对图书馆特有的文化馆藏具有较高的兴趣，同时也希望互联网电视能够作为文化传播和教育平台实现在线阅读和学术讲座播放来提高自身的文化素养和知识水平。此外，用户也希望图书馆能够利用互联网电视来办理各项图书馆业务，避免到馆服务所造成的不便。

结合用户需求，图书馆需要在"服务社会"这个大原则的指导下，充分发挥文化引领作用，内容的设置和服务应当体现公众文化的导向作用。为此，国家图书馆在宏富馆藏的基础上，加大资源改造力度，开发并加工了多个电视栏目内容，主题广泛，图文和音视频并茂，知识性和趣味性并重，全方位、立体化呈现国家图书馆的资源及服务。国家图书馆电视栏目或应用的受欢迎程度（递减顺序）如图4-4所示。栏目排名状况也为图书馆资源建设方向和策略提供了重要的参考。

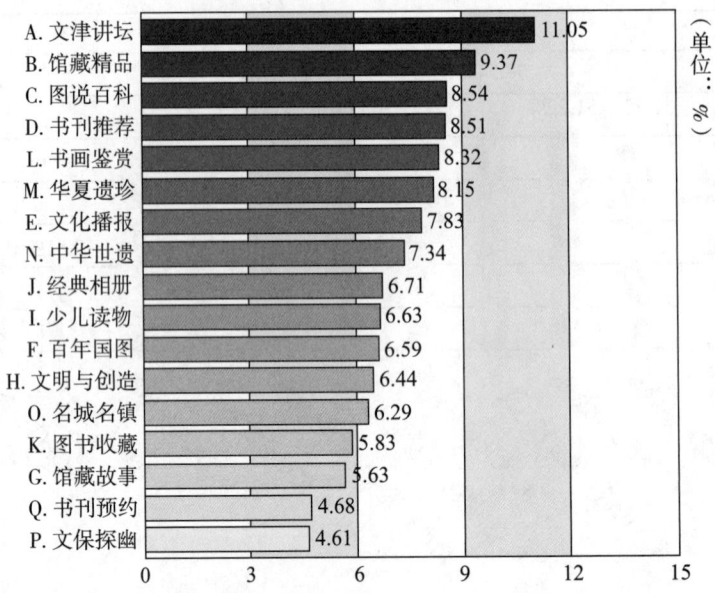

图4-4　用户对国家图书馆电视内容栏目喜爱程度分析

（四）运营商与图书馆的合作需求调研

目前互联网电视运营商的内容播控平台上集成了多家内容提供方的电视内容。被调研者所在地的公共文化类的内容来源如图4-5所示，图书馆、博物馆、档案馆等公共文化机构提供的资源占50%，是最大的内容提供方，其次是互联网电视公司的自建资源、商业性购入、其他商业公司提供的资源等。可见，公共文化机构在互联网电视资源的提供方面已具备一定优势，成为了内容提供的主力。

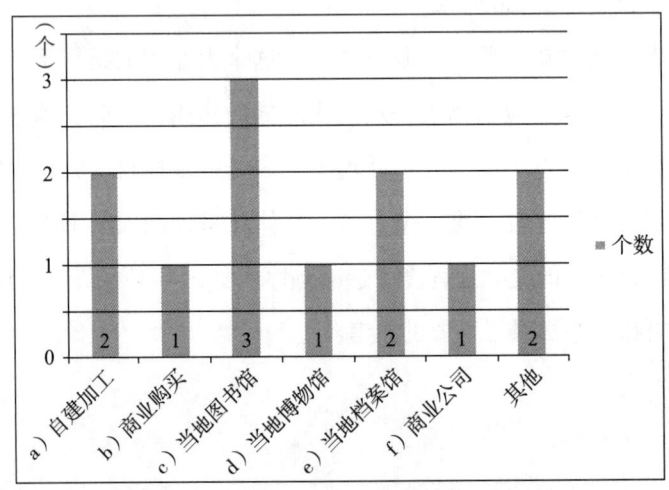

图4-5　互联网电视公益文化类资源来源统计

业务合作方面，运营商希望主要依靠图书馆提供成品内容资源，相关的互联网电视运营商只负责整合和发布，并不负责视频内容的制作，如图4-6所示。这种合作模式使得分工更加明确，既发挥了图书馆的资源优势，也可使图书馆更加专注于内容的创意和加工，节省技术研发和运营的人力和资金开支。

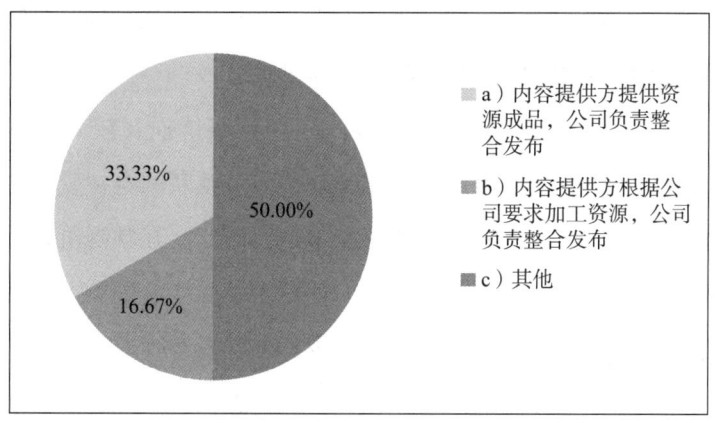

图4-6 互联网电视公司与内容提供方合作形式

二、互联网电视业务规划

鉴于目前存在的问题，结合用户需求，图书馆需要变革已有服务模式，通过加强技术创新开展互联网电视服务来突破数字有线电视的地域樊篱[①]，独立、灵活地发展各种基于开放互联网的内容及服务业务，以下对图书馆开展互联网电视业务提出几点建议。

（一）合理规划电视内容，实现内容建设规范化

根据互联网电视内容展示和使用特点，对馆藏多媒体素材进行加工改造，结合用户需求，合理规划和编排节目内容，推出主题丰富、富有观赏性和知识性的文化类图文和视频内容。针对由于缺乏内容建设标准而导致的资源建设效率低下、不易交换和共享，以及整合推广难度大等问题，为了提高资源的通用性，加强资源的共建共享，需要实现互联网电视多媒体内容格式的标准化设计，以便素材提供者和工具提供者能够以简易、通用的数据格式真实、准确地组织和表达多媒体内容，并且可以向多个发布或播放系统提供相同的内容，最大限度地保证发布播放系统之间的一致性。

（二）加强关键技术研发，自主高效推送资源

在统一的多媒体文档格式基础上，需要实现规范化的资源制作与服务流程，包括内容素材的准备、资源的加工与制作、资源的发布和展示等。同时，要研发加工工具实现内容制作和发布的批量化和自动化，提高工作效率。

---

① 傅琼.互联网电视时代传统电视媒体的应对策略[J].现代传播，2014，36（01）：11-13.

搭建互联网电视内容平台的硬软件环境，对资源进行有序组织和发布，开发平台管理系统，实现用户、内容和素材的有序管理。通过开展资源调动和服务逐步探索适合图书馆的互联网电视全周期内容生态链，同时要减少对外部技术的过度依赖和限制。

（三）创新内容服务模式，满足用户个性需求

对于受众而言，多数人对于互联网电视这一新兴媒体抱有较大兴趣，特别是40岁以下的青年和学生是互联网电视用户的主要受众群体。互联网电视受众的年轻化趋向也表明这一新媒体的使用需要较高的文化和技能水平。因此，互联网电视的UI设计、功能研发以及使用性方面要更加人性化和简易化，使更多不同年龄段和不同文化层次的用户都能够轻松便捷地使用互联网电视，享受其提供的各种内容和应用服务。在内容需求方面，大多数用户对文化讲座、特色文化展示、书刊推荐以及在线图书馆业务的需求较高，因此，图书馆的互联网电视资源建设要着重以特色文化为基础、视频讲座和图文介绍为手段，向用户提供丰富的文化内容和信息推介为目标，并重视图书馆的传统业务与互联网电视这一新媒体的融合，打造集知识性、趣味性、实用性于一体的新的文化传播平台。

（四）积极寻求业界合作，促进服务落地推广

在广泛调研国内外现有政策环境下的互联网电视内容服务基础上，基于用户需求和业务需要，制定运营和服务规范，实现业界资源共建与服务整合，并加大与各地文化服务单位的合作力度，推动内容和服务的落地和推广。在与运营商的合作方面，图书馆要做好职能定位，从内容提供方的角度打造出精品化内容品牌，为运营商提供丰富多样的公益文化内容。

第五章　图书馆互联网电视内容建设

数字内容建设是图书馆新媒体服务的重要组成部分。互联网电视作为新兴媒体不仅承载着图书馆创新的服务内容和服务方式，而且影响着图书馆的资源组织、内容发布和产业定位。本章阐述了图书馆互联网电视内容的建设思路和总体设计规划，对内容选题、分类、组织与应用等给出了建议，并对资源的制作加工标准、资源封装格式、资源保存管理等作了研究和探讨。

第一节　建设原则

互联网电视资源建设要以馆藏数字资源为基础，顺应互联网电视技术发展趋势，以用户需求为目标，针对不同终端形态，打造具有图书馆特色的、符合大众审美的优秀多媒体文化资源。同时，要注重资源制作与发布的规范性，促进业界资源和服务的整合与共享。互联网电视资源的建设有以下原则。

一、以馆藏特色资源为基础，建设文化精品内容

明确图书馆文化服务的定位，重点对自有版权资源进行加工和规范建设，将馆藏经典文化资源进行深度挖掘、开发、利用和弘扬。结合历史文化、社会生活知识对馆藏典籍资源进行专题化梳理，制作不同主题的馆藏精品数字化图文和音视频资源。选择性地加入现代化内容形成古今文化融合与对照，从不同角度、不同领域揭示馆藏资源的历史与文化价值。

二、突出文化主题建设，兼顾地方性文化特色

要做好资源分类与整合，建设专题化的文化栏目。以图文、音视频等多媒体形式向用户推送馆藏精品介绍、历史文化知识普及、文化资讯、文物古迹和民俗风貌欣赏等优秀文化内容。同时，资源选题既要符合广大民众对于经典文化的共性需求，也要兼顾地

方文化特色，要联合全国有电视服务基础和技术能力的地方图书馆开展资源联建，打造成国内有一定影响力的、具有图书馆特色的文化服务品牌，满足不同地域、不同群体的文化需求。

三、符合电视展示和播放要求，注重内容丰富性和交互性

根据电视传播在画面展示、功能交互、资源发布和更新频率等方面的特殊性，在资源建设过程中充分考虑电视用户对内容形态的多样性需求，避免对馆藏实体资源的单一数字化加工，采用更为灵活的表现形式，多方位、多角度提升图书馆资源在电视平台的吸引力和感染力。

四、重视资源建设的规范化，加强资源整合与共享

资源建设的规范化有助于资源内容的统一制作、发布与管理，从而保证服务质量。因此，在资源建设过程中，要注重标准规范的建立，使资源建设单位能够及时、准确地制作统一规格的资源内容。同时，要重视图书馆电视服务平台的构建，加强资源和服务的整合与共享。

五、跟进技术趋势，内容发布渠道多样化

信息技术的发展不断催生出多种电视形态。目前，我国数字电视已经全面代替模拟电视，多地已开展IPTV试点，互联网电视发展势头迅猛。电视资源的信息量增长迅速、种类丰富多样，电视功能更加注重人性化、互动化。因此，图书馆在互联网电视资源建设方面，要按照"一次建设，多终端适配"的要求，随时跟进技术变革趋势，从用户需求出发，设计并制作通用的、适合多种电视终端的资源内容，并通过广播电视网、通信网、互联网等多渠道传播文化资源。

第二节　主题与内容

一、主题范围

为保障内容的合法有效，确保电视节目的健康有序发展，根据国家广电总局下发

的《关于加强网络视听节目直播服务管理有关问题的通知》等文件要求，对互联网电视文化资源的主题和内容进行严格把控和审核。内容建设要牢牢把握正确的政治方向，强化价值引领。坚持以习近平新时代中国特色社会主义思想为指导，坚持"二为方向"、"双百方针"，着力营造清朗的文化环境和健康的精神空间，承担启迪思想、滋养心灵、涵育审美、成风化人的重要使命。节目制作要坚持讲品位、讲格调、讲责任，抵制低俗、庸俗、媚俗，大力弘扬社会主义核心价值观，传播正能量，坚守底线红线。各图书馆要始终坚持把社会效益放在首位，力争社会效益与经济效益相统一。

内容主题的规划方面，参照国家广电总局发布的行业标准《广播电视节目资料分类法》（GY/Z 199-2004），对内容领域进行划分。其中，适用于文化（广义）资源内容的选题范围可以参考表5-1所整理的内容。

表5-1 图书馆互联网电视内容主题参考分类（根据GY/Z 199-2004）

一级类	一级子类
G文化、教育、哲学、宗教	G12文化（G1213文化活动与交流，G1215广播、电影、电视，G1217新闻、出版，G1219网络文化，G1221图书馆与博物馆、档案事业，G1223群众文化，G1289外国文化）
J文学艺术	J12综合文艺，J14文学，J16音乐，J18舞蹈，J22戏曲，J24曲艺，J26歌剧，J28舞剧，J32歌舞剧，J34话剧，J36广播剧，J38电视剧，J42电视室内剧，J44电视艺术片，J46动画片，J48电影，J52杂技、魔术，J54绘画、书法、篆刻，J56摄影，J58工艺美术、雕塑，J62民间艺术，J64建筑艺术，J85其他
K历史、地理	K12中国历史，K19外国历史，K22中国地理，K26外国地理，K32中国风俗习惯，K39外国风俗习惯，K42文物考古
S社会生活与社会问题	S12恋爱、婚姻、家庭，S14社区服务，S16社会保险，S18社会救助，S22社会公益，S24优抚安置，S26抗灾救灾，S28社会风尚与伦理道德，S32青少年问题，S34中老年人问题，S36妇女问题，S38残疾人问题，S42消费者权益保护，S44社会不良现象，S46人才问题，S48就业、失业，S52人口与计划生育，S89外国社会生活与社会问题
T娱乐休闲	T12旅游，T14气象、交通信息，T16烹饪、饮食，T18家居，T22时尚服饰，T24收藏与拍卖，T26阅读欣赏，T28生活百科，T32才艺展示，T34游戏，T36极限挑战，T38汽车，T42宠物，T44花鸟鱼虫，T46小发明、手工制作，T89外国娱乐休闲

结合互联网电视节目主题内容层次浅、范围广的特点，当节目内容类别出现交叉或超出上述涵盖范围时，可不限于上述范围限定。

参照GY/Z 199-2004标准中关于以节目形式特征为依据的总论复分表，文化资源展示与服务的节目形式可包括：专题、简讯、消息、评论与欣赏、人物专访、介绍、谈话、知识问答、竞赛、比赛、评奖与颁奖、讲座、游戏竞猜等。

二、内容规划

公共图书馆馆藏宏富，是开展互联网电视资源建设的重要基础。作为国家和地方的总书库，公共图书馆不但保存有规模最大的中文现当代书籍，还收藏了古籍善本、舆图、方志、家谱、金石拓片、名家手稿、民国书刊、绘画、照片等珍贵历史文献。此外，公共图书馆举办的各类公益讲座、文化活动和展览等形成的影音资料和数字资料也保藏在库。开展互联网电视服务应深入挖掘馆藏资源的历史文化价值，重点建设以下形式的特色文化专题内容。

（一）讲座类内容

公共图书馆为履行社会教育职能会经常性举办社会公益讲座活动，讲座内容涉及文史政经、音乐舞蹈、书法绘画、文博考古等，演讲者均为国内相关领域的著名专家和学者。电视内容要以公共图书馆现有的讲座资源为基础进行内容精选和再加工，在保留原有版权内容核心精粹的基础上缩减讲座时长；增加相关背景知识和文化介绍以丰富讲座信息量；采用新技术表现手法和形式丰富画面观赏性，并对内容进行统一包装和定位。

（二）文化专题片

对悠久的中华文明和优秀传统文化进行挖掘、提炼与整理，选择具有典型的、特色的文明创造和成果，以专题纪录片的节目形式，通过声、光、电、影的运用，探寻文化痕迹、还原文明本身、记录文化背后的故事。

（三）文化信息类内容

通过电视机向用户推送当地的文化资讯，比如文化展览、讲座、演出信息等，让民众足不出户就可以尽揽文化动态。为引导读者阅读，可以通过电视向用户提供与书籍借阅相关的推荐类信息，包括：从馆藏新书及各类获奖图书中选取书刊进行推荐，将书籍封面配以相关出版信息及内容摘要进行展示，使用户了解最新出版动态，并可就其感兴趣的图书办理在线借阅；根据馆藏借阅统计数据及时为用户提供排行变化，为用户提供书籍导航性信息；将机顶盒与图书馆借阅系统连接，用户通过读者卡登录，可实现对书刊的预约和续借等。

（四）知识类图文内容

以图文并茂的形式，向用户提供美观和生动的知识性文化内容。具体如：利用图文形式将图书馆举办的众多展览和丰富馆藏精品以鲜活的视觉效果充分展示给电视观众；建设以优秀历史文化为代表的图文信息资源，内容涵盖我国文化、艺术、古籍知识、世界遗产、名城名镇、历史古迹等在内的多个领域。同时增加交互功能，可以使用户通过遥控器进行翻页、放大、检索等操作。

（五）少儿资源

针对广大少年儿童读者群体的特点，将国学启蒙典籍转化为轻松、有趣的动画形式，配以讲解和插图，以达到有效推广传统经典的目的。让更多少儿了解经典、喜欢经典、学习经典。

三、内容要求

为保证互联网电视资源制作的质量，促进资源建设的标准化和规范化，从而降低和杜绝工作中存在的差错，保证互联网电视终端所有节目内容的安全性，国家广电总局颁布的《互联网视听节目服务管理规定》等文件，对互联网电视资源的内容做出了规定。各内容提供方根据以上文件可以制作出符合平台要求的电视资源，有利于实现资源的有效整合和共享。

第三节　质量指标要求

图书馆开展数字电视（或互联网电视）服务的资源主要有视频和图文两种，其中视频资源以MP4、AVI、MPEG等为主，依据不同的电视播控平台要求，将某种格式的视频文件进行转码即可，必要时对帧率、分辨率、编码格式等进行调整，可以进行批量加工。与视频资源相比，图文资源有较大的复杂性，由于不同的播控平台技术所限，图文资源的模板差异性较大，需要针对不同的平台开发针对性的资源模板。模板的主要作用是提供基本的页面设计和资源组织方式，通过页面标签对图像、文字、表格等对象文件进行组织，提供简单的交互功能，如翻页、跳转等。以下对以数字电视设备显示的视频和图文资源的质量指标提出共性的建议，供资源建设时参考。

一、图文资源

目前，HTML图文资源是图书馆数字电视的基础图文格式，大多数图书馆仍使用HTML4.0作为图文资源建设标准。图文资源由文案、配图和HTML页面三类文件组成。由于电视显示和PC显示差别较大，为了更好符合用户的观看和使用习惯，HTML图文资源的制作流程和要求建议如下。

（一）文案

文案用于图文资源加工和发布，应随加工后的文件一并提交，以进行验收、发布和备份。

1.用于撰写文案的文字材料均来自于专业图书、学术型论文、国家相关机构官网资料及权威的专业知识库等，以保证内容的准确性。

2.文案标题应简洁明了，突出主题，控制在28个字符（14个汉字）内。

3.文案全篇应做到文字精练，语句通顺，无歧义句、错字和语法错误。

4.文案整体无常识性错误，所涉及知识点准确无误。

5.内容描述要全面、具体，不可出现缺漏。比如人物姓名、时间、地点、联系方式等。

6.涉及的名词格式要统一，比如全称、简称、别称等。

7.在同一批次提交的文案标题或内容不可重复。不同批次的文案标题或内容重复的按一条计算。

8.不同子栏目的信息不可交叉出现。

9.标点符号不能错用、多余或缺失，且使用中需遵循以下原则。

（1）成对的标点符号必须成对使用，不能缺失，如引号、括号等。

（2）列表页条目题目、内容页条目题目和内容中所包含的双引号应使用中文格式下的双引号，即""。

（3）破折号统一使用中文的"——"格式。

（4）省略号统一使用中文的"……"格式。

（5）英文名翻译成中文名之后的圆点统一使用"·"，比如"海伦·凯勒"。

（6）人物生卒年之间统一使用"–"，比如：齐白石（1863–1957）。

（7）书名号之间应用顿号隔开，如《》、《》、《》。

（8）时间统一使用"hh:mm"格式，比如："19:15"。

（9）加引号或书名号的并列名词之间需用顿号隔开。

10.特殊格式规范

（1）传统纪年格式：朝代年号纪年后加小括号，里面标明公元纪年（年份和年）。公元后不加公元，如：清光绪二十三年（1897年）；公元前要加公元前，如：汉武帝元鼎四年（公元前113年）。

（2）人物生卒年格式：秦始皇嬴政（公元前259-公元前210年），唐太宗李世民（599-649年）。

（3）计量单位格式：使用法定的计量单位，计量单位的名称为统一后的正式名称，传统名称要换成通用名称。如：市尺、公尺、公分等要统一成厘米、分米、米等。

（4）数字格式：说明顺序的用汉字，如"该鼎的重量在我国出土的青铜器中位列第二"，说明数量的一般用阿拉伯数字，如"出土各类文物167件"。

11.有可资证明的较完善的信息采集渠道，以保障信息来源的可靠、及时。

必要时对信息进行科学的二级分类及三级分类。

（二）配图

配图用于图文资源加工和发布，并与对应文案存放在同一级文件夹内，随加工后的文件一并提交，以进行验收、发布和备份。配图的格式需符合以下要求。

1.配图的来源包括专业画册、专业图书、作品集、国家相关机构官网图片及权威的专业知识库等。

2.配图应无任何其他组织和个人所属水印；如配图为图书馆自有版权馆藏资源的照片、扫描件等图片，需在配图上平铺图书馆Logo（标志）水印。

3.配图主题应与对应文案内容相符。

4.配图如另配独立说明文字，应在文案中加以注明。

5.图片无版权纠纷，像素清晰。

6.配图规格。格式：JPG格式。后缀：后缀应为小写.jpg。命名：使用小写英文字母、数字、下划线组合，文件名全长不超过26个字符。图片命名应简单易懂，便于分类且具有唯一性。

（三）HTML页面

1.HTML页面设计要求

HTML页面设计要求如表5-2所示。

表5-2　基于HTML4.0的数字电视图文页面设计要求

指标	技术要求
用户体验	根据观看电视的习惯，页面应尽量在屏幕上完整地显示，避免滚动
	页面的主体和背景的对比度高，整体视觉效果好
	字间距和行间距适中，使用的字体和字号应至少能在距用户2米左右的距离、在4∶3或16∶9比例的各种尺寸规格的电视机上清晰显示

续表

指标		技术要求
讯息呈现强调回馈性	视觉回馈	一般常见的手法则是瞬间改变色彩变化，使得视觉产生落差。例如采用JavaScript控制页面元素按下后的图片切换、反色等操作，但同时应避免误用过多的颜色而扰乱了使用者的操作显示
	声音回馈	在遥控器按下按键时，通过语言进行提示。例如采用JavaScript控制在遥控器按下"上""下""左""右""确定"等按键后会得到相应的语言提示等
	用户使用业务时，始终保持在同一个窗口内显示，页面上不应弹出新的提示窗口（例如通过调用JavaScript的alert、confirm方法弹出的确认窗口）	
	对于各种出错或异常状态应给予用户一个友好的提示和帮助，并提示用户出错或异常的原因	
	为页面制作帮助说明并能让用户很容易找到。务必避免选单太杂，切勿使用太多的隐喻或是难懂的设计隐喻	
操作逻辑	从业务首页到最后一级页面建议不要超过四级	
	在每个页面上设置默认焦点，以便用户能够在页面加载完毕后立即进行业务操作	
	页面建议使用单层平面结构，便于用户使用遥控器的"上""下""左""右"键从直觉上进行控制。当单层结构无法表达页面焦点逻辑时，也可以用分层结构	
	所有的界面结构要统一，便于用户可以从局部来推断出全局的操作方式	
	页面设计中应尽量避免用户进行遥控器输入，而采用选择的方式来完成操作，页面中如果需要用到特殊的遥控器按键，必须在该页面中进行操作说明的提示	
	界面设计应该一致地在类似的业务上使用相同的操作方式，以保证在业务呈现和用户体验上的一致性	

2.页面制作规格

（1）HTML文件建立

①每个页面都须设置左边距（leftmargin）和上边距（topmargin），数值为0：leftmargin="0" topmargin="0"。

②leftmargin="0" topmargin="0"必须写在<body>标签内，不能以CSS定义以免产生错位。

③页面中焦点为文字的，须在页面属性里设置链接颜色，如：text="#000000" link="#000000" vlink="#000000"。

（2）页面分辨率

电视页面需要在电视浏览器上居中显示，其分辨率如下：

①标清页面设计大小为640*530。

②高清页面设计大小为1280*720。

（3）用户界面

HTML用户界面设计规格如表5-3所示。

表5-3　HTML用户界面设计规格

指标	技术要求	
图形及显示区域	显示分辨率	严格控制在1180*670
	页面嵌入的视频窗显示比例	16：9
按钮类别	上一页	向上翻页
	下一页	向下翻页
	返回	返回上一页操作界面
	退出	退出到上一级页面
	主页	进入新媒体应用的交互主页
	首页	一级应用首页
	帮助	当前栏目的帮助信息
	各应用可通过"V+/V-"键选择音量大小，可通过"静音"键设置是否静音	
	如视频窗口内有"全屏"按钮，选中"全屏"后即可观看当前视频全屏播放画面，全屏状态时选择"返回"按钮则退回到当前的操作界面	
按钮排列	除主页外，每页需有"退出""主页""帮助"等按钮，其他按钮酌情增减	
	通常固定于页面下方较为显眼的位置，并按固定顺序排列	
	通常将"翻页"键排在最左端，"帮助"键排在最末端，其他按钮按照功能和使用频率从左至右	
	栏目按钮位置排列：水平对齐的默认方式是左对齐，垂直对齐的默认方式是中间对齐	
	功能按钮位置排列：水平对齐的默认方式是右对齐	

续表

指标	技术要求
操作逻辑	按钮选择逻辑：默认焦点按钮为从左上方算起的第一位按钮，根据具体排序标准上下左右选择，向其他按钮做选择时以最临近按钮为第一选择顺序
	应用首页无须添加"返回"按钮，原因是在首页中操作"返回""主页"键和"首页"键功能相同
	在内容多页显示的情况下，除最后一页以外的其他页面，焦点要落在"下一页"上；末页的焦点要落在"上一页"上，如果内容只有一页，焦点落在"返回"上，且页面无"上一页""下一页"按钮，使用"P+""P-"快捷键操作无效
	所有按钮都应可以用快捷键操作，也可以在选中按钮后进行操作
	每个页面进入和交互过程中必须有焦点存在，焦点必须明显（如用亮色边框框出），使浏览者明确自己操作遥控器在屏幕上的目标点，在一定时间内只能有一个焦点
	焦点要遵循"记忆定位"原则。例如：当从列表页A的"连接1"进入内容页B后，点击"返回"按钮，回到列表页A时，焦点仍需停留在"连接1"上

（4）元素位置

页面元素通过table、form等元素的排列不应超过显示要求的宽度及高度，否则页面会出现移动。

（5）文字与排版

HTML页面排版规格和文字使用规格如表5-4所示。

表5-4 HTML页面排版及文字使用规格

指标		技术要求
字体		黑体
字号	导航字号	标明当前用户所在位置的导航通常位于页面左上部，字号26px
	标题字号	32—50px
	正文字号	22—24px
	页码字号	24px，显示格式为第 □ X □ 页/共 □ X □ 页（"□"代表"空格"）
字间距		默认
行间距	默认行间距：45—50px
	如因页面设计需调整行间距，可在文字所在<td>标签中用CSS定义，如"lineheight:36px"，不可在<table>或<tr>中定义
	换行应使用 控制，不使用<p></p>

续表

指标	技术要求
排版	标题与正文间应空出适当距离以示区分
	每段开头空两格（中文全角空格），不可使用
	排版美观。不可出现参差不齐的情况，同一类型信息内容应当对齐。比如时间、地点、事件等
	每行第一字不能为标点符号
	文字不可嵌套在图片中，需插入文本框单独编辑
	图文混排时应注意插入图片的水平和垂直边距，可通过CSS控制：padding-right、padding-left、padding-top、padding-bottom，具体数值根据页面情况灵活设置

（6）线条的使用

为防止单像素宽成为线或点，线条的宽度至少为2px。

（7）颜色的使用

①同一个栏目颜色使用应统一。

②交互按钮的颜色应采用与页面背景反差较大的颜色，如页面背景为浅色，则交互按钮应使用黑色等深色。

③文本链接焦点颜色应与交互按钮颜色一致，同时避免文本焦点颜色与文本颜色冲突。

④应注意文本颜色和背景颜色的搭配，以免造成显示闪烁。

（8）页面代码

HTML页面代码的技术要求见表5-5。

表5-5　HTML页面代码要求

指标	技术要求
文本样式	用CSS定义文本样式时，应在页面<head>标签内进行定义，并在文本所在<td>中用class属性调用，不可直接在<td>中使用<span></span>标签定义
<table>的使用	<table>大小应控制在页面安全区内（页面安全边距为上下左右各20px），避免因表格过大产生滚屏现象
	<table>嵌套不宜多于3层，以免影响页面响应速度
	<table>进行拆分/合并后，须及时设定对应td和table的长宽，以免显示错位

续表

指标	技术要求
DIV的使用	DIV的style属性要写在<div>标签内，不可外部调用
	要控制DIV层中元素属性，该层须在页面载入时可见
	参考代码：<div style=" position:absolute; left:0px; top:400px; width:640px; height:480px; visibility:visible;" >
CSS的使用	CSS样式尽量写在页面中，不宜外部调用
	同一页面内的CSS尽量简洁，不宜过多，以免影响页面响应速度
JavaScript的使用	JavaScript可直接写在页面内
	如同一栏目下存在多个页面使用同一段JavaScript代码情况，可将该部分JavaScript代码单独保存成js文件，并在页面中进行外部调用
frame的使用	一个页面中不可嵌套2个以上frame、iframe页面
	为避免页面滚屏，需设置scrolling="no" border="0" frameborder="0"
	嵌套的iframe页面中不宜使用3张以上图片
	嵌套的iframe页面应与其父页面存放在同一级目录中
页面跳转	当需要控制浏览器进行页面跳转时，指向页面的URL地址长度最长不超过2048字节
Cookie的使用	所持的Cookie总数为30个，在同一个域下尽量避免使用超过5个Cookie。若同一个域中设置的Cookie超过5个或者Cookie总数超过30个时，浏览器将自动删除最早的Cookie
	单个Cookie或一次设置的多个Cookie的最大尺寸为4Kbytes

二、视频资源

（一）视频转码

1.裁剪，对于采用信箱模式制作的容器为4：3，实际内容为16：9的节目需要裁剪信箱模式的上下黑边（和通常DVD格式存在左右两边的8像素黑边），释放出原始的16：9内容。如果影片中包含硬压的字幕，但是字幕是压制在了底部黑边上的情况，需要裁剪上方的黑边，下方字幕涵盖的黑边需要做适当的保留。

2.缩放，根据目标画幅和码率转码工作需要对转码的视频进行缩放，转码输出的画幅高度需要能够根据目标画幅宽度设置自适应高度输出，缩放算法需采用双立方或兰克泽斯等高质量缩放算法。

3.隔行处理，转码工作需要根据待转码的视频的隔行扫描方式进行恰当的去隔行操作，保障高质量输出逐行编码视频。

4.音频处理，转码工作需要对音频做Normalize调整音量增益，保证编码时音量峰值介于-6dBFS左右，避免不同节目之间音量大小不统一。

5.转码工作视频编码采用H.264 2pass编码，码流峰值波动应小于15%。

6.所有视频一次转码MP4或M4V，两次封装TS、FLV。

7.标清和高清视频转码参数MP4、M4V、FLV、TS，见表5-6。

表5-6 标清和高清视频转码参数

分类	参数项	参数值
标清视频	编码标准	H.264
	H.264 Profile	main@L3.0
	参考帧ReFrames	2-4
	B frame	2-4
	CABAC	yes
	Deblocking	yes
	VBV-Buffer size	500
	VBV Max Bitrate	1400
	Birate	1400k
	关键帧间隔	1.2秒至2.0秒
	宽高比	4：3的标清内容如果显示在16：9的高清屏幕上将会出现黑边，这时需要对标清内容进行裁剪以适应16：9的显示要求，如果原视频内容的字幕正好处于裁剪范围，这时需要注意保留字幕内容
	分辨率	宽度为640，高度自适应，保持画面原始比例
	帧率	源一样
	运动估算模式	Uneven Multi-Hexagon
	色彩空间	YUV 4:2:0
	编码次数	2-pass
	扫描方式	Progressive
	音频码率	96k
	Profile	AAC Low Complexity
	声道	2
	采样率	44.1KHZ/48KHZ

续表

分类	参数项	参数值
高清视频	编码标准	H.264
	H.264 Profile	high@L4.0
	参考帧ReFrames	3-4
	B frame	3-4
	CABAC	yes
	Deblocking	yes
	VBV-Buffer size	500
	VBV Max Bitrate	1400
	Birate	1400k
	关键帧间隔	1.2秒至2.0秒
	宽高比	16∶9
	分辨率	宽度为1280，高度自适应，保持画面原始比例
	帧率	源一样
	运动估算模式	Uneven Multi-Hexagon
	色彩空间	YUV 4∶2∶0
	编码次数	2-pass
	扫描方式	Progressive
	音频码率	96k
	Profile	AAC Low Complexity
	声道	2
	采样率	44.1KHZ/48KHZ

（二）节目完整性

1.故事片、纪录片、科教片、专题片等系列性质的剧集，片头片尾应完整。电视剧首集片头片尾应完整。其他集可无片头，片尾完整（如整体素材无片尾，也可），有集数字幕（并应审核集数字幕是否与文件名相符），片头前片尾后不应有多余黑场。

2.片头、片尾、片花不能重叠出现，同一节目不能连续出现多次片头、片尾或片花。

3.故事情节不应有因剪辑错误而出现重复。

（三）画面质量

1.画面质量完好，图像无中断、马赛克、抖动、扭曲、模糊、切屏、黑屏、红屏等非正常现象，图像边缘无毛刺和闪烁现象。不得出现画面过暗、明显偏色，清晰度较差不符合广电级别播出节目标准的现象。

2.节目中不得出现Logo、字幕广告、字幕信息等宣传性文字及图片（如有品牌合作相关要求并得到领导小组确认的情况除外）。

3.声画不对位，图像提前或声音提前，应进行修改（一秒以内的声画不对位，如10帧以内，审核组和制作组商讨后，在不影响观看的原则下，可不做修改）。

4.画面中无凝帧、坏帧、画面损伤等现象。坏帧：包括花屏、白屏、马赛克、视频杂讯等，应进行修改。节目坏帧过高，且贯彻全片（暂定标准为每分钟出现2个以上坏帧，或连续出现3个以上坏帧）的，做打回处理。

5.节目画面应清晰，质量完好，图像无中断。全片画面虚、信号差、清晰度严重不符合播出要求的应做打回处理。

6.节目尺幅比例应为4∶3或16∶9，如为特殊尺幅，则需修改（节目中的老影像资料或者有意特殊处理过的画面效果除外）。

（四）字幕要求

1.中文和外文字幕翻译应准确规范，字幕错字率按0.1%掌握，建议一集45分钟左右的电视剧错字不应超过5个；一部90分钟左右的电影错字不应超过10个。

2.常规节目字幕应为中文或中文外文混排，必须为简体中文，位置在屏幕下方，如翻译字幕出现暂时性的位移（如位移至屏幕上方或者画面中间），此种情况在同一影片中出现频率较低且确实存在实际意义的，可视为正常（如演职员表、地名、特有名词解释等字幕）。同一影片台词字幕位置应规范，不得出现轻微的上下或左右偏移现象；整体字幕不得超出画面安全位置以致显示不全，字幕字体应统一、清晰、规范。

3.字幕出现时间点应与配音保持一致（不影响观看效果的两秒钟以内的字幕与声画不对位可忽略），不符合此规范的应填入审核单进行修改，视具体情况而定，无法修改的情节严重者可打回。

4.外语影片的字幕规范

（1）有中文配音。在有普通话配音的情况下可不要中文字幕，有中文字幕的影片，编辑应审核字幕，若字幕与配音严重不一致，做打回处理。

（2）无中文配音。在无中文配音情况下要审核字幕是否为中文，字幕与配音出现的时间应一致，意思应明确规范，不符合规范的应进行修改。若字幕与配音严重不一致，做打回处理。

（3）如有特殊需要，如外语类教学节目或者英文专区节目，可无中文或外文字幕，须经领导组确认方可。

（4）字幕不得出现多余介绍信息（如翻译组汉化组宣传字样、时间轴、校对人员姓名等信息），占用画面，影响视频播出效果，字幕标点符号应规范，不得漏翻、错翻或者出现专有名词和常规词汇翻译不规范现象。

（五）声音要求

1.影片声音不能过大或过小，全片音量保持一致；声音要求清晰，如声音失真、噪音干扰、音乐和配音混合比例不当（音乐明显高于配音导致无法听清配音）等，应进行修改。

2.节目中的背景音乐不能高于节目中的实况声或配音，实况声、解说词不能出现隔断、吃字、语言不完整的现象。节目无声、声音中断、吃字，应进行修改。

3.全片配音的一致性。影片配音不能两种或多种语言交替出现（如情节需要必须使用土语或当地方言的除外），如出现两种以上语言，两种语言都与内容情节相关，需要观众理解，则原则上都需有中文字幕翻译，本条视情节而定。

如译制片中文配音水平太差时，需要同时具备原声和中文字幕，否则做打回处理。

4.全片声音失真、有噪音干扰、音乐和配音混合比例不当的，做打回处理。

5.不能出现爆音、声音失真、无声等现象。

6.节目声音应为双声道，单声道应注明修改。

第四节　互联网电视资源格式规范

图书馆用于互联网电视服务的资源类型主要有图文资源和视频资源两种。图文资源用于电视机静态展示，以图文混排方式向用户提供具有视觉美感和鲜活生动的文化主题类内容。视频资源以录像或动画的方式向用户提供讲座类或知识百科类信息。本节在阐述目前我国图书馆主要采用的电视多媒体内容格式和建设方式基础上，针对存在的问题及图书馆的实际需求，设计了面向互联网电视的多媒体内容格式规范，为资源建设和封装的标准化、提高资源制作和封装效率、促进资源交换和共享奠定基础。

一、图文内容格式规范

（一）图文内容建设现状

图文内容是图书馆互联网电视服务的重要内容类型之一，通过图文并茂的形式以生动形象的图片、通俗易懂的文字语言，向观众展示我国丰富多彩的历史文化。作为内容提供方，将馆藏多媒体素材加工成符合互联网电视展示与交互需要的多媒体文档是图书馆图文内容建设的重要工作。目前，国内图书馆主要通过基于HTML4.0的Web页面组织并呈现图文内容，通过标签的设置和运用能够建立文本与图片相结合的复杂页面（基于HTML4.0的图文内容建设规范详见第五章第三节所述）。

由于HTML4.0是一种描述性语言，因此对页面控件的操作和交互需通过在HTML页面上插入Java脚本来实现，多个页面使用相同Java代码可将代码单独保存成.js文件并在页面中进行外部调用。HTML4.0具有良好的通用性，其建立的多媒体文档能够展示在包括数字电视、互联网电视、计算机、智能移动终端等在内的广泛的平台上。[1]然而，HTML4.0的置标是固定的，不能随意增加置标，因而灵活性较差，难以对多媒体内容做出较为全面的元数据描述。

为了减少对第三方插件和脚本编写的需求以支持更多的网络应用，以及为了更为灵活美观地制作页面，W3C对HTML4.0进行了重大改进，推出了全新的标准HTML5。[2]这个版本与前一版本的主要区别在于：一是增加了更多语义化的标签以强化Web页面的表现性能。二是追加了本地数据库等Web应用功能。三是通过<audio>和<video>标签支持音视频在网页上的播放，从而减少Flash等插件的使用。这些改进有助于提高多媒体文档页面制作的灵活性和互动性，并增强用户体验感。

XHTML1.0是一种在HTML4.0基础上用XML的规则进行优化和扩展的Web描述语言。[3]相比HTML4.0，XHTML1.0语法要求更为严格，能够更好地展示多媒体文档结构，在标签的定义和使用方面也更加灵活，是互联网电视厂商和国际行业组织广泛采用的技术标准。如：美国消费电子协会制定的远程用户界面规范CEA-2014-B采用CE-HTML框架，通过XHTML1.0定义用户界面并显示在不同分辨率和尺寸的终端屏幕上，同时兼容

---

[1] ASSCHE S V, HENDRICKX F, OORTS N, et al. Multi-channel Publishing of Interactive Multimedia Presentations[J]. Computers & Graphics, 2004,28（2）：193-206.

[2] MITROVIC D, IVANOVIC M, BUDIMAC Z, et al. Radigost: Interoperable Web-based Multi-agent Platform[J]. Journal of Systems and Software, 2014（90）：167-178.

[3] MARQUES M C, CELSO N, SANTOS C A S. Story To Code: A New Model for Specification of Convergent Interactive Digital TV Applications[J]. Journal of the Brazilian Computer Society, 2010（16）：215-227.

广泛的家庭网络和互联网现有标准。[①]日本无线工业及商贸联合会制定的ARIB-BML标准主要由XHTML1.0、CSS/DOM和扩展的JavaScript组成，目的是将多个媒体格式、结构化要素、事件、动作、关系、导航、用户交互功能进行同步和时空关联。[②]开放IPTV论坛制定的广播—宽带混合电视标准被欧洲广电公司广泛采用。[③]HbbTV以包括CEA-2014-B和W3C等在内的现有标准和网络技术作为基本架构，支持HTML、XHTML、JavaScript、CSS、XML和多种媒体文件格式，以满足通过广播电视网和宽带互联网进行内容服务的需求。

以上基于HTML和XHTML标准的多媒体文档格式已成为目前数字电视和互联网电视行业主流的技术规范，从而使得内容呈现更加精美、交互功能更加丰富的多媒体页面和用户界面的设计和实现成为可能。然而HTML和XHTML主要满足在不同平台浏览器的显示需要，置标更关注信息内容呈现的细节，对多媒体文档整体的元数据描述和对多媒体对象的组织结构表述则不够清晰和理想，在信息的交换上，无法支持精确查询。[④]由于需要通过复杂的置标来组织和呈现多媒体内容，图书馆在资源制作过程中需要人工逐个替换页面模板中的多媒体素材，并对排版和格式进行调整，对多媒体的操作和交互则需要在页面中嵌入Java脚本来实现，资源制作时间长、过程烦琐，难以满足大批量多媒体内容的高效制作与发布需求。制作完成后的一条数字电视资源通常包括若干个HTML页面文件、列表和内容图片、控件图标、JavaScript文件等，在拥有上百条资源的一个栏目下，文件总数往往达到上万个，所有不同条目的零碎文件都存放在同一目录下，不利于资源的组织与存档，而且栏目间重复文件（图标、JavaScript文件）多，占用空间大。

此外，各地的公共图书馆通过当地广电公司的运营平台进行内容发布与服务，由于不同平台具体采用的电视技术标准不一致，导致资源难以在不同平台上使用，不利于业界资源的共建共享和服务整合。

---

① ANSI/CEA-2014-B, Web-based Protocol and Framework for Remote User Interface on UPnPTM Networks and the Internet (Web4CE) [S].

② SONG H Y, PARK J. Design of An Interoperable Middleware Architecture for Digital Data Broadcasting[J]. IEEE Transactions on Consumer Electronics, 2006,52（4）：1433-1441.

③ LUKAC Z, RADONJIC M, MLIKOTA B, et al. An Approach to Complex Software System Design Evaluated on the HbbTV Software Stack[C]. In: Proceedings of the 2011 IEEE International Conference on Consumer Electronics. Berlin: IEEE, 2011: 112-114.

④ 王汉元. 置标语言以及SGML、HTML和XML的关系[J]. 情报杂志，2005（03）：67-68.

（二）图文内容建设需求

与其他的电视内容提供方相比，图书馆的多媒体内容有其自身的特点，主要通过图片和介绍性文字的编排向用户展示具有文化意义的古籍、文物和文化类资讯，根据需要会在页面中插入音视频类的讲座或解说。总体而言，图书馆多媒体内容的呈现比较简洁，不需要过多的细节性表现和复杂的排版，页面交互也比较简单，只需要支持内容的播放和翻页即可。显然，基于HTML和XHTML的页面技术在批量化的资源制作中效率较低。

对内容较为全面的描述和精确检索是图书馆资源建设需要考虑的重点，因此多媒体文档的设计需要实现对内容较为详细的元数据描述。通过对多媒体对象的结构化组织和统一封装有利于资源的存档、交换与发布。为了改善用户体验，多媒体文档格式中需要增加内容版式信息和用户交互功能。

多媒体文档格式要能为图书馆和多媒体内容工具设计者提供简易的、通用的指南，图书馆使用遵循了该文档格式的各种多媒体内容处理工具，就可以向多个发布或播放系统提供相同的内容，并且可以最大限度地保证发布播放系统之间表现的一致性。并且格式的设计要能体现与系统和平台的无关性，确保不同多媒体播放系统能够真实、准确、易存取并且令人满意地表达多媒体内容。

结合上述需求，本节设计出一种基于XML的简易多媒体文档格式规范——ZDS（ZDS-Easy Multimedia Document Structure）。XML能够实现标签的自定义，是一种有效的独立于平台和应用的结构化数据。[1]通过对XML元素的设计，定义了一种把一个多媒体内容的各个构成要素组织在一起的机制，并且提供了针对多媒体内容发布的附加结构和语义。

在统一的多媒体文档格式基础上，需要制定规范化的资源封装与发布流程，包括内容素材的准备、资源的加工与制作、资源的发布和展示等，可以通过程序编制的工具实现内容制作和发布的批量化和自动化，提高工作效率。

（三）图文内容格式规范设计

1.ZDS文档的格式与构成

图文内容是将图片、文字及音视频（少数情况下）按照一定的排版呈现给读者的一种媒体形式。本书通过ZDS文档来定义一个多媒体资源，并做出如下设计。

（1）为了应用和管理需要，多媒体内容拥有唯一标识符（UID）、对象元数据、图片清单、排版格式、功能交互等信息。通过zds.xml文件对以上信息和文字内容进行结构

---

[1] 孔令波，唐世渭，杨冬青，等.XML数据的查询技术[J].软件学报，2007（06）：1400-1418.

化处理，从而能够使zds.xml文件中包括的内容和信息在内容制作方、服务运营方、终端设备之间进行传输和解析，实现动态内容的生成。

（2）多媒体内容除了以上信息和文字以外，还包含了封面图片、内容图片和音视频等内容。其中，音视频内容通过在zds.xml文件的子元素<text>里添加超链接来实现，而图片对象文件则需要与zds.xml文件位于同一个文件夹子目录中，并由zds.xml文件对图片对象文件信息进行描述与说明。

（3）为了便于资源的存档与交换，所有的图片对象文件和zds.xml文件需要封装成ZIP格式的压缩文件，文件名称与多媒体资源题名相同，同时以扩展名.zds来标明该文件是遵从ZDS规范的ZDS文档。具体的ZDS文档的构成如图5-1所示。

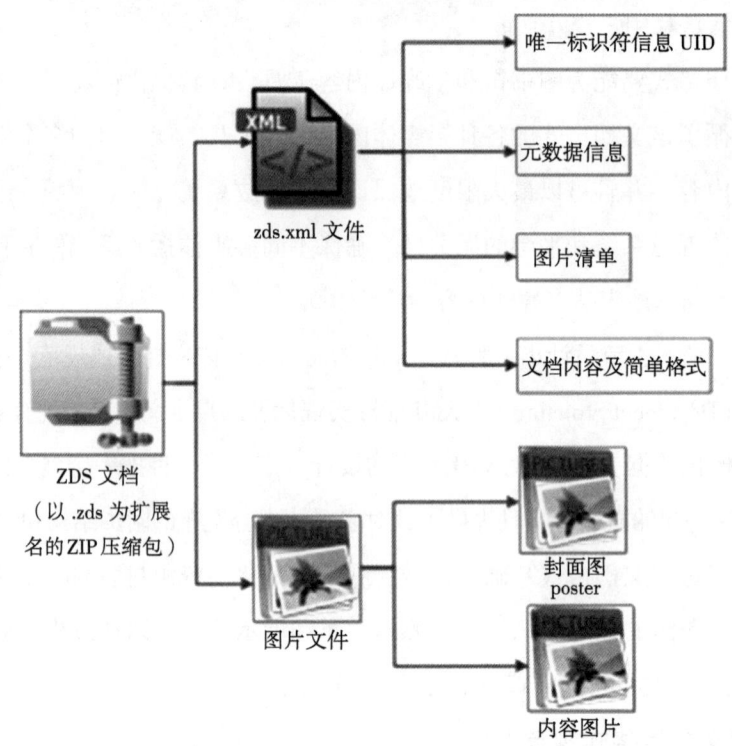

图5-1　ZDS文档的构成

2.zds.xml的设计

zds.xml文件是符合W3C制定的XML标准[①]的元数据描述文件，根元素<zds>标识一个ZDS文档，属性[uid]标识是该多媒体内容的唯一标识符。根元素下包含<metadata>、<images>和<text>三个子元素，分别定义了多媒体文档内容的元数据信息、图片对象信息

---

① W3C. Extensible Markup Language (XML) [EB/OL]. [2021-04-02]. https：//www.w3.org/XML/.

和文档的正文。一个完整的zds.xml文件结构如下所示。

<?xml version="1.0" encoding="utf-8"?>

<zds version="1.0"

uid="TW002-4-1"

xmlns="http://dlib.org.cn/zbo/1.0/ "

xmlns:dc="http://purl.org/dc/elements/1.0/">

<metadata></ metadata >

<images></images>

<text></text>

</zds>

其中，对<zds>的子元素进行如下设计。

（1）元素<metadata>

本元素定义了多媒体文档的元数据信息。与其他元数据格式相比，DC[①]包含的15个核心元素较为简单，对于多媒体文档的制作、发布与管理来说足够使用，而且根据DC的可选择原则，可以简化著录项目。因此，根据多媒体内容的发布和展示需要，选择了4个DC元素作为<metadata>的子元素。

①<dc:title>：标识内容的题名。

②<dc:creator>：标识内容的创建者（作者）。

③<dc:source>：标识内容素材的来源。

④<dc:date>：标识内容的日期。

（2）元素<images>

如果多媒体文档中包含图片，则通过本元素列出所有图片的清单并对图片对象进行说明。其中，一个<images>元素包含了若干个<image>子元素，分别对应不同的图片文件，每个图片文件通过<image>的属性进行描述。

根据应用的需要，每个<image>子元素设计有以下属性。

①属性[name]：用于标识图片在多媒体文档中的显示顺序，并用来统计文档中图片文件的数量，从1开始顺序标识。

---

① PHELPS T E. An Evaluation of Metadata and Dublin Core Use in Web-Based Resources[J]. Libri: International Journal of Libraries & Information Services, 2012,62（4）：326-335.

②属性[file]：标识图片对象的物理文件名称，以便根据相对路径对存档的图片文件进行定位，使得客户端能够找到该图片并进行展示。

③属性[size]：标识图片对象所占字节空间。

④属性[usage]：用于标识图片文件的用途。如果值为"poster"，则该图片用于封面的展示；如果值为"text"，则用于文档正文内容；如果值为"poster/text"，则表示图片同时作为文档的封面和用于正文内容。

为了增加对图片对象的详细描述，元素<image>设计有两个可缺省的DC子元素<dc:title>和<dc:description>，分别用于标识图片的题名和对图片做出说明。

（3）元素<text>

本元素用于定义多媒体文档的正文内容。为了实现对正文内容进行排版和功能定义的同时，简化显示的代码，提高资源的制作效率，本书通过一个高度简化的类HTML标签集来作为该元素的内容架构，并执行严格的XML语法。

根据正文内容在高清电视屏幕上的展示和操作需要，为元素<text>设计了以下几种标签，制作资源时可根据实际应用选择使用。

①文字和样式标签

通过标签<b>和<i>标识文字的粗体或斜体。

②段落标签

用<p>表示一个段落，<text>可以包含多个段落。通过与图片标签<img>的组合确定文档中文字和图片的显示顺序。

③列表标签

包括编号列表标签<ol>和无编号列表标签<ul>，可以包含多个列表项<li>。

④功能标签

标签<a>通过文字说明指示一个操作，通过下划线突出显示。该标签有3个功能。

超链接：多媒体内容中的音频和视频内容通过超链接实现，超链接地址由属性[href]确定。

快捷键功能：通过属性[key]实现，值可以为red、green、yellow、blue、0-9、*、#等，分别对应遥控器上的色键、数字键、*和#键等。如果定义了该值，用户则可以直接使用遥控器按键就可执行相关操作，而不用移动焦点。在正文显示时，需要在文字提示前显示键标识。

交互功能：通过属性[target]实现，值可以为browser、play、op。其中，"browser"

表示通过href地址直接启动浏览器。"play"表示传递一个内容对象标识进行显示或播放。"op"表示向服务器端调用一个操作，须与href联合使用，其href操作码编码为href="002"。操作URL是base-url+"/op"，并通过文档的唯一标识符定位资源。这样不编程也可在显示端实现多种交互操作。

二、视频内容格式规范

（一）技术综述

在网络上传输视频内容，主要有下载和流式传输两种方式。视频文件一般较大，所需要的存储量也较大，通常由于网络带宽的限制，下载常常需要花费较多的时间，过多的延时也限制了视频内容的传播和服务的开展。随着互联网技术的发展，人们对通过网络观看视频内容的要求越来越高，早先的直接下载到本地机器上播放视频的技术已经无法满足人们即时观看的要求，流式传输技术则为人们观看视频内容提供了新的技术解决方案。

流媒体技术利用流式技术通过视频服务器把视频当成数据包传输到互联网上，用户接收到数据包后通过解压设备对其进行解压，视频节目就会按照预定的顺序进行播放。由于数据包容量小，客户端可以一边下载一边观看，播放的流畅性得到很大提升。近些年，互联网视频迅猛发展，视频内容的流量已占到整个互联网流量的一半，正是流媒体技术的发展促进了互联网视频的广泛传播和应用。

传统的流媒体技术主要有两大类，一类是以RTSP/RTP（Real Time Streaming Protocol/Real Time Transfer Protocol，实时流传输协议）为代表的面向连接的流媒体技术，另一类是目前主流的采用无连接的HTTP渐进式下载技术。

（1）RTSP/RTP流媒体技术

RTSP是一种传统的流媒体控制协议，其具有状态性的特点意味着从一个客户端开始连接至服务器端一直到连接中断的整个过程，服务器端会一直监听客户端的状态。客户端通过RTSP协议向服务器传达控制命令，如播放、暂停或中断等。

RTP/RTCP（Real Time Transfer Control Protocol，实时传输控制协议）是端对端基于组播的应用层协议。其中，RTP用于数据传输，RTCP用于统计、管理和控制RTP传输，两者协同工作，能够显著提高网络实时数据的传输效率。

基于此架构的流媒体技术方案如图5-2所示。服务器端和客户端之间建立连接之后，服务器开始持续不断地发送媒体数据包，媒体数据包采用RTP进行封装，客户端控制信息通过RTSP信息包以UDP或TCP的方式传送。

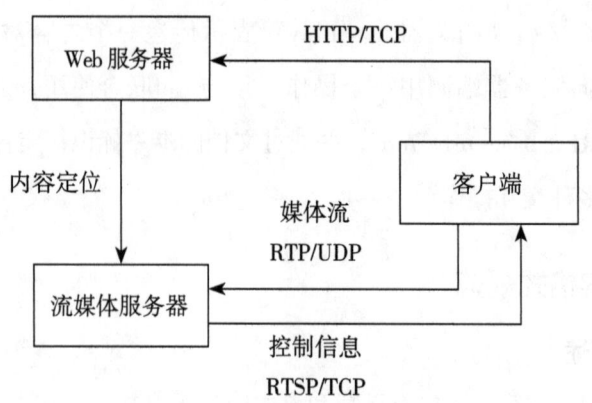

图5-2　RTSP流媒体技术方案

另外，类似的流媒体协议还有Adobe的RTMP（Real Time Messaging Protocol，实时消息协议）及Real公司的RTSP over RDTP（Real Data Transport Protocol，实时数据传输协议）等。

基于RTSP/RTP的流媒体系统在实际部署中存在有以下问题。

（1）与Web服务器相比，流媒体服务器的安装、配置和维护都比较复杂，特别是对于已经建有CDN（内容分发网络）等基础设施的运营商来说，重新安装配置支持该协议的流媒体服务器工作量很大。

（2）RTSP/RTP协议栈的逻辑实现较为复杂，与HTTP相比支持该协议的客户端软硬件实现难度较大。

（3）RTSP协议使用的网络端口号（554）可能被部分用户的网络防火墙和NAT等封堵，导致无法使用。

2.HTTP渐进式下载

HTTP渐进式下载技术与有状态的RTSP/RTP技术相比，采用了无状态的HTTP协议。当HTTP客户端向前端请求数据时，服务器端将请求的数据下发给客户端，但是服务器端并不会记录客户端的状态，每次HTTP请求都是一个一次性独立的会话。渐进式下载即终端播放器可以在整个媒体文件被下载完成之前即可开始媒体的播放，作为最简单和原始的流媒体解决方案，HTTP渐进式下载的显著优点在于它仅需要维护一个标准的Web服务器，其安装和维护的工作量和复杂性比专门的流媒体服务器要简单容易得多。然而该协议也存在以下不足之处。

（1）带宽容易浪费。当一个用户在开始下载观看一个内容之后选择停止观看，那么下载完成的内容则是一种浪费。

（2）基于HTTP渐进式下载仅适用于点播内容，而不支持直播内容。

（3）此方式缺乏灵活的会话控制功能和智能流量调节机制。

（二）方案的选择与确定

根据对流媒体协议的调研和分析，基于HTTP的动态流媒体技术HAS（HTTP Adaptive Streaming）相对来说具有较大的优势和可行性。

HAS流媒体技术方案如图5-3所示，媒体分块存储在HTTP Web服务器中，客户端以线性的方式向Web服务器请求媒体分块，并以传统的HTTP方式进行媒体分块下载，当媒体分块下载至客户端时，客户端按照顺序播放这一系列媒体分块。由于这些媒体分块按照约定的规则进行编码，各个媒体分块之间没有内容的重叠或不连续，对于用户来说则是看到一个无缝平滑的播放效果。若一份内容在编码输出时已提供了多种码率，则内容切片模块会将其切割成多种码率的媒体分块。因为Web服务器传输数据是尽可能地利用网络带宽来进行内容的下载，没有流量的控制机制，客户端可以很容易地检测到Web服务器到客户端的可用网络带宽，从而决定下载更大或更小的媒体分块，实现码率的自适应。

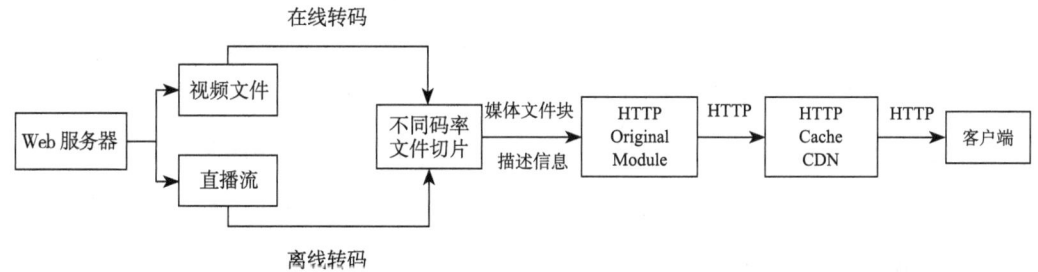

图5-3　HAS流媒体技术方案

HAS方案与传统流媒体技术相比具有以下优势。

1.Web服务器更容易部署。由于HAS技术采用了通用的HTTP协议，传统的HTTP缓存/代理、防火墙等网络设备可以完美兼容。

2.提供了更好的兼容性和到达率，可根据最后接入网的带宽大小动态调整码率，实现内容的分发。

3.用户体验更好。不需要业务提供者去考虑收看用户的带宽。用户等待时间更短，可以快速实现播放——客户端初始化默认选择低码率，开始播放后逐步向高码率进行切换，服务质量在可用带宽范围内不断进行调整和优化。不需要大的缓存，不间断地播放，没有抖动的平滑视频播放体验。

4.客户端不需要下载超过它实际消耗的内容。

通过对不同组织和企业制订的HAS方案进行对比，本书选择了Apple公司的HTTP直播流媒体协议HLS（HTTP Live Streaming）作为互联网流媒体建设的技术方案。

HLS协议是Apple公司的HAS整体解决方案，该协议的设计目标是通过普通的Web服务器将直播内容或点播内容推送至Apple的终端设备、PC及互联网电视上。其工作原理如图5-4所示。

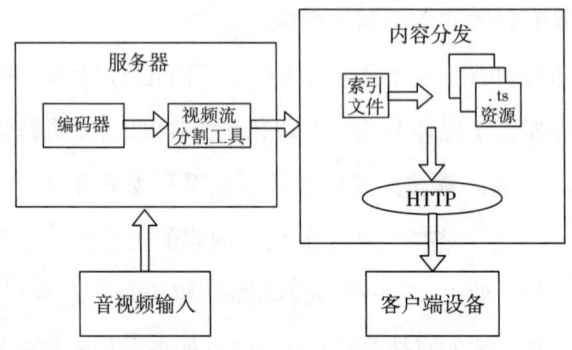

图5-4　HLS工作原理

据图5-4所示，HLS协议主要由三部分组成：服务器组件、分发组件和客户端。首先，编码器接收音视频输入，并采用H.264编码技术，输出MPEG-2 TS流，然后利用切片软件按设定的时间间隔对TS码流进行切割，并保存为若干个TS视频文件。这些TS文件部署在Web服务器上，切片软件同时还创建了包含这些TS文件相关信息的索引文件。索引文件的URL在Web服务器上发布，客户端读取索引文件，然后按顺序向服务器请求媒体文件并无停顿地播放它们。按照HLS协议，索引文件被保存为.m3u8文件，并支持实时广播会话和视频点播会话两种应用场景。

随着互联网技术的快速推进，利用互联网传输渠道提供视频服务已成为趋势。所有的网络视听产业的参与者都在积极打造各自的新媒体服务平台，以OTT的形式将内容分发到电视屏、PC屏、PAD屏和手机屏。HLS协议为面向多终端的网络视频服务平台提供了一个极佳的解决方案，能够满足目前互联网电视视频内容建设和服务的需求。

在图书馆服务中，为了对视频内容进行有效描述和组织，实现视频内容建设的规范化，提高资源建设效率，还需要设计相应的多媒体播放格式规范，通过搭建视频内容分发平台，提高资源发布和服务效益。

（三）视频内容的设计

本书针对影视资源的制作、发布与展示，将影视资源的类型设定为ZMP影视资源。ZMP（ZMP-Easy Multimedia Play Structure），即简易多媒体播放格式，是针对数字电视影像内容而开发的一种简易的多媒体内容发布结构，以适应多媒体内容创建、分发与存档。

一个ZMP影视资源由ZMP对象文件和HLS流媒体资源构成：ZMP对象文件包括一个带有元数据信息和播放信息的zmp.xml文件和一个封面图片。HLS流媒体资源由每集对应的视频文件生成的TS切片和m3u8播放文件组成。

每种ZMP影视资源有一个唯一的UID标识，如果该ZMP影视资源有多集，则每集由一个对象内容标识符（PID）标识，并且每集需要生成对应的HLS流媒体资源（即HLS流媒体资源以UID-PID标识）。

ZMP影视资源的构成如图5-5所示。

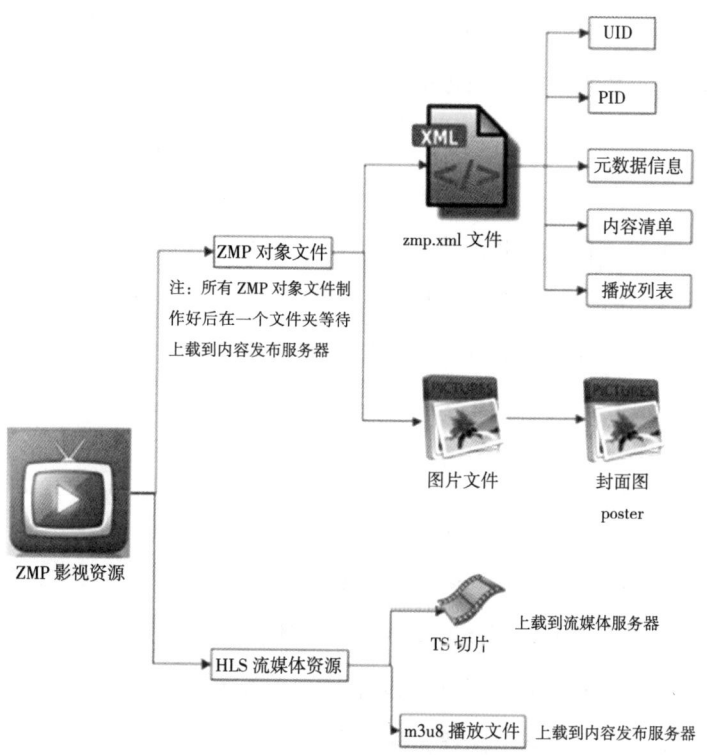

图5-5　ZMP影视资源的构成

具体地，zmp.xml的设计如下。

根元素<zmp>标识一个ZMP影视资源，属性[uid]标识该多媒体内容的唯一标识符。根元素下包含<metadata>、<manifest>和<playlist>三个子元素，分别定义了多媒体内容的元数据信息、内容文件清单和内容播放列表。一个完整的zmp.xml文件结构如下所示。

<?xml version="1.0" encoding="utf-8"?>

<zmp version="1.0"

uid="V0002-4-1"

xmlns="http://mlib.me/zmp/1.0/ "

xmlns:dc="http://purl.org/dc/elements/1.0/">

<metadata></ metadata >

<manifest></manifest>

<playlist></playlist>

</zmp>

其中，对<zmp>的子元素进行如下设计。

1.元素<metadata>

本元素定义了视频内容的元数据信息。这里借鉴了ZDS规范的设计，选用DC作为视频内容的描述元数据，根据视频内容的发布和展示需要，选择了5个DC元素作为<metadata>的子元素。

（1）<dc:title>：标识视频内容的题名。

（2）<dc:creator>：标识视频内容的创建者（作者）。

（3）<dc:description>：标识视频内容简介。

（4）<dc:format>：标识视频内容的原始素材格式。

（5）<dc:type>：标识内容的类型，这里为"视频"。

2.元素<manifest>

如果视频内容中包含多个视频文件，则通过本元素列出所有视频文件并对每个视频对象进行说明。其中，一个<manifest>元素包含了若干个<file>子元素，分别对应不同的视频文件，每个视频文件通过<file>的属性进行描述。

根据应用的需要，每个<file>子元素设计有以下属性。

（1）属性[name]：用于标识视频文件的物理名称，便于视频对象的定位。

（2）属性[pid]：标识视频文件的局部标识，与UID一起构成了获得这一文件的唯一标识，一般来说，多集节目中，第几集就用数字几来进行标识。

（3）属性[media-type]：指出了视频对象的MIME TYPE，如"video/wmv"。

（4）属性[usage]：用于标识文件对象的用途值为"play"或"poster"。视频文件对象为"play"，表示用于播放；图片文件对象为"poster"，表示用于海报图/封面图展示。

（5）属性[size]：标识视频对象所占字节空间。

3.元素<playlist>

该元素列出了该视频内容需要播放的所有视频文件对象清单，其中，每个视频文件对象通过子元素<item>进行简要说明。<item>的属性主要有以下4种。

（1）属性[label]：标识本播放对象的简短名称。

（2）属性[pid]：本播放对象的实体标记。

（3）属性[medie-type]：本播放对象的媒体类型，采用MIME TYPE格式。

（4）属性[timecount]：标明播放本文件需要的时间，采用"hh:mm:ss"形式。

为了增加对播放对象的详细描述，元素<playlist>设计有5个可缺省的DC子元素<dc:title><dc:creator><dc:description><dc:format><dc:type>，其说明见元素<metadata>。

第五节 互联网电视内容建设与发布

为了便于业务的规范化管理，提高服务效益，本书在统一的多媒体内容格式基础上，制定了规范化的资源制作与发布流程，包括内容素材的准备、资源的加工与制作、资源的发布和展示等。各项业务可以通过编制程序工具实现内容制作和发布的批量化和自动化，提高工作效率。本节分别针对图文混排内容和视频内容，介绍相应的内容建设规范。

一、图文资源建设与发布

针对图文内容的制作、发布与展示，本书制定了一套规范化的ZDS文档加工与发布操作流程指南，旨在使用户更好理解ZDS文档模型；在已有图文素材基础上，提供加工和发布流程指导用户快速批量制作并发布ZDS文档。用户按照本指南能够更好地、快速地、批量地制作ZDS文档，并将其发布到互联网电视平台上。

（一）ZDS文档的展示

ZDS文档可以根据用途有各种各样的展示方式，本指南设定ZDS文档的展示均是基于高清电视屏幕（分辨率：1920×1080）。

1. 电视屏幕安全区域的规定

电视机制造商需要在电视屏幕上留有一定的安全边距，安全边距之内的范围为安全区域（safearea/overscan area），安全区域之外的屏幕不可显示电视内容。不同的设备安全边距不尽相同，这里建议电视屏幕的安全边距为屏幕横纵总像素的各10%，如图5-6所示。

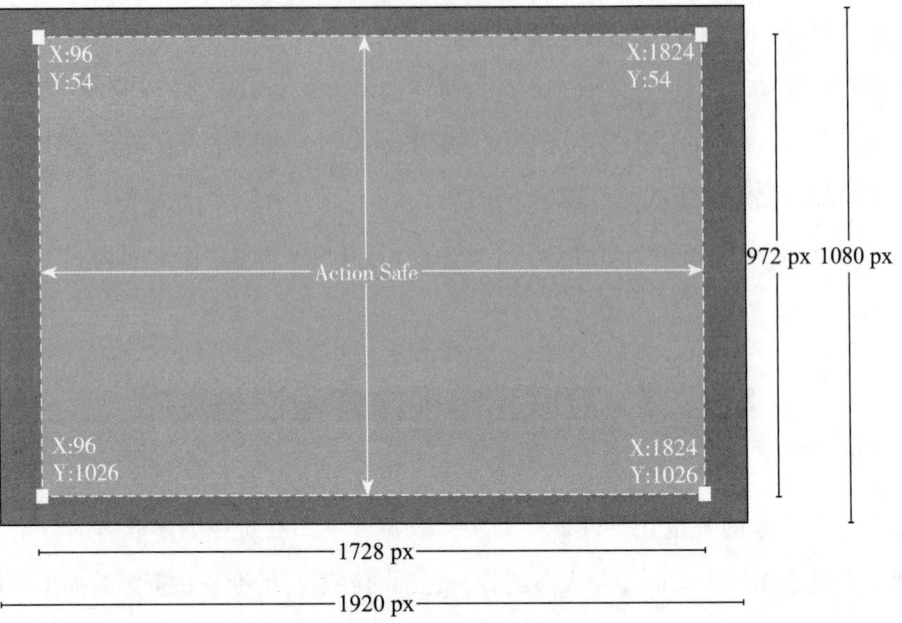

图5-6 高清电视安全区域示意图

2.为了ZDS文档在电视机上展示的美观与实用，其展示原则如下

（1）图文混排时，应做到版面排版美观大方。

（2）栏目页横线采用双排，每排四个内容，每个内容展示封面图，封面图大小的宽×高为352px×288px，点击封面图则进入内容页面，效果见图5-7。

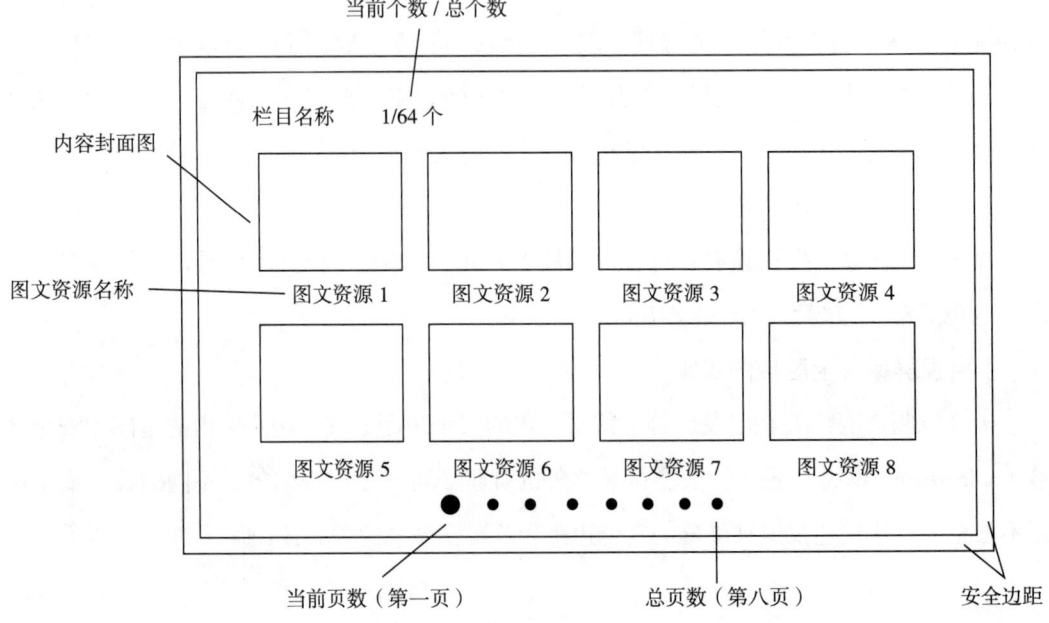

图5-7 图文栏目页面排版效果

（3）整体图文内容的布局采用两栏排版，栏宽720px，栏间距：100px。横向内容图片规格为：宽等于720px，高可变。推荐：宽×高为720px×576px。纵向内容图片规格为：宽、高在不超出显示范围内均为可变。效果见图5-8。

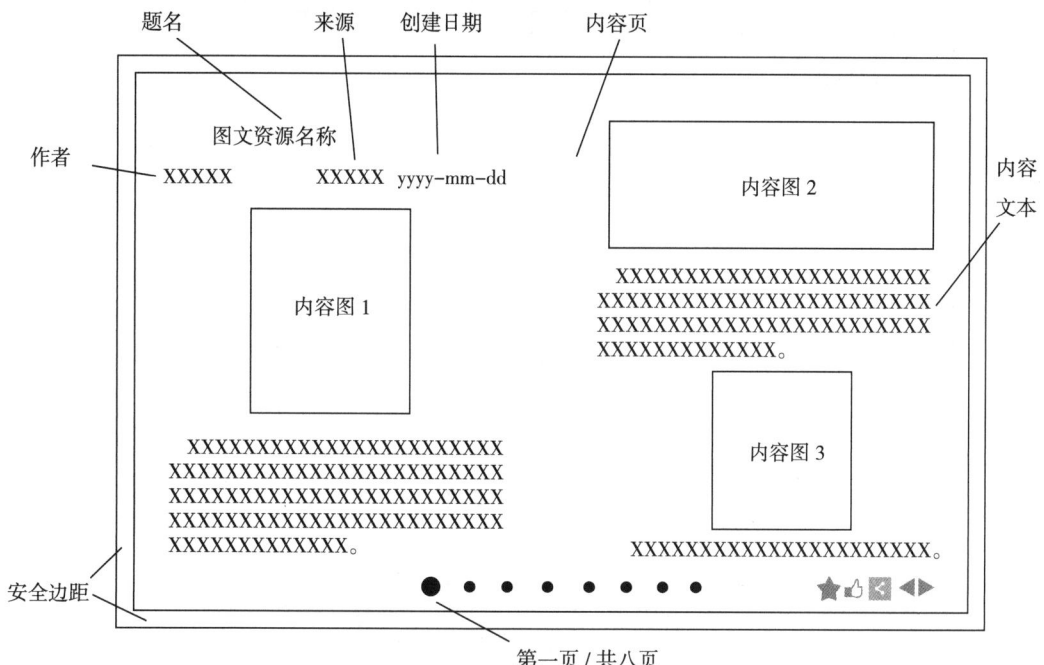

图5-8　图文内容页面双栏排版效果

（4）用户点击图文页面中的某个图片会弹出该图片的满屏放大图，显示如下。

①图片横纵比超过1.7∶1，则显示横向填充满，纵向居中按图片原比例显示，纵向除图片外的上下区域显示黑色。

②图片横纵比小于1.7∶1，则显示纵向填充满，横向居中按图片原比例显示，横向除图片外的左右区域显示黑色。满屏显示效果见图5-9。

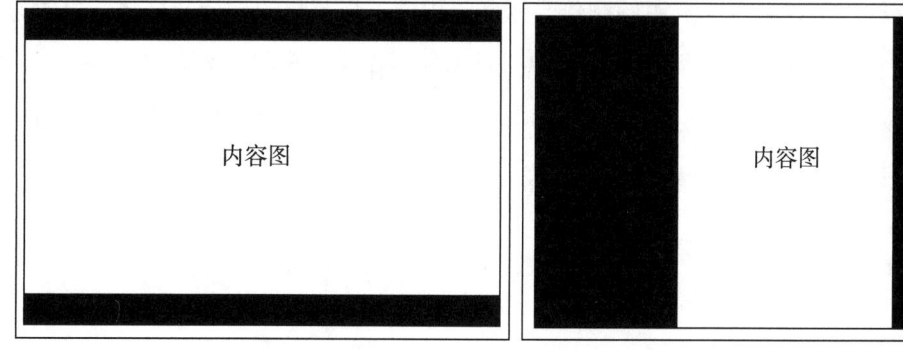

图5-9　内容图片满屏显示效果图（左为横向图片显示，右为纵向图片显示）

（5）特殊情况下（如新闻推荐、展览、单独介绍的内容等）或者需要展示的图片宽度超过720px时,宽高比超过一定比例，排版时应采用单栏排版，图片居中展示。如图5-10所示。

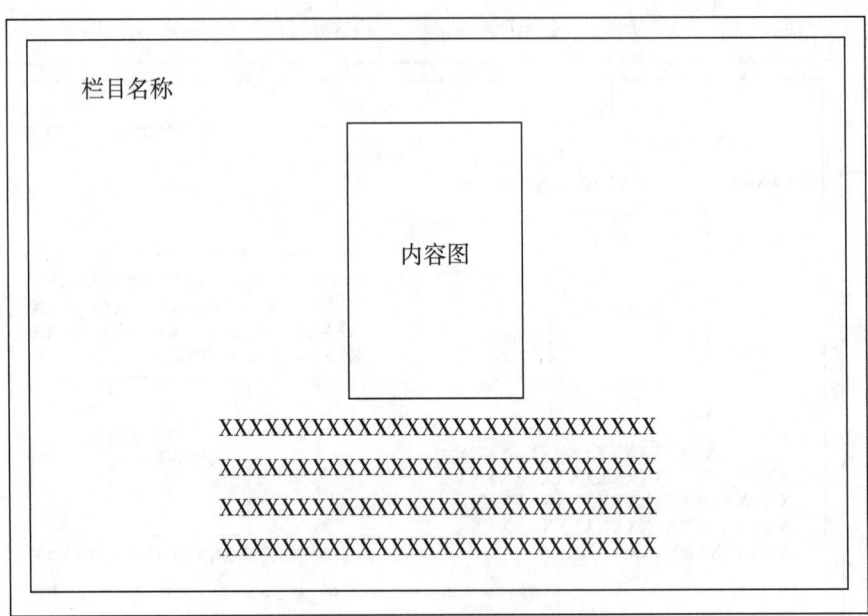

图5-10　图文内容页面单栏排版效果

（6）内容文字和标题文字之间要空出距离以区分"标题"和"内容"。

（7）显示时，需要在标题后面以浅色小字显示以下元数据信息：creator（作者）、source（来源）、date（日期）。

（8）每段内容开头要空两格（全角空格），每行内容的第一个字不能显示为标点符号。

（9）文字不可嵌套在图片中。

（二）ZDS文档的制作和发布流程

本书对互联网电视多媒体资源的制作与服务流程做了规范化的设计与构建，以便通过程序工具进行批量化处理，提高工作效率。具体的工作流程包括：素材的准备、ZDS文档的制作、ZDS文档的发布与展示，如图5-11所示。其中，ZDS文档的制作、发布与展示的工具可通过Python等计算机编程语言开发。

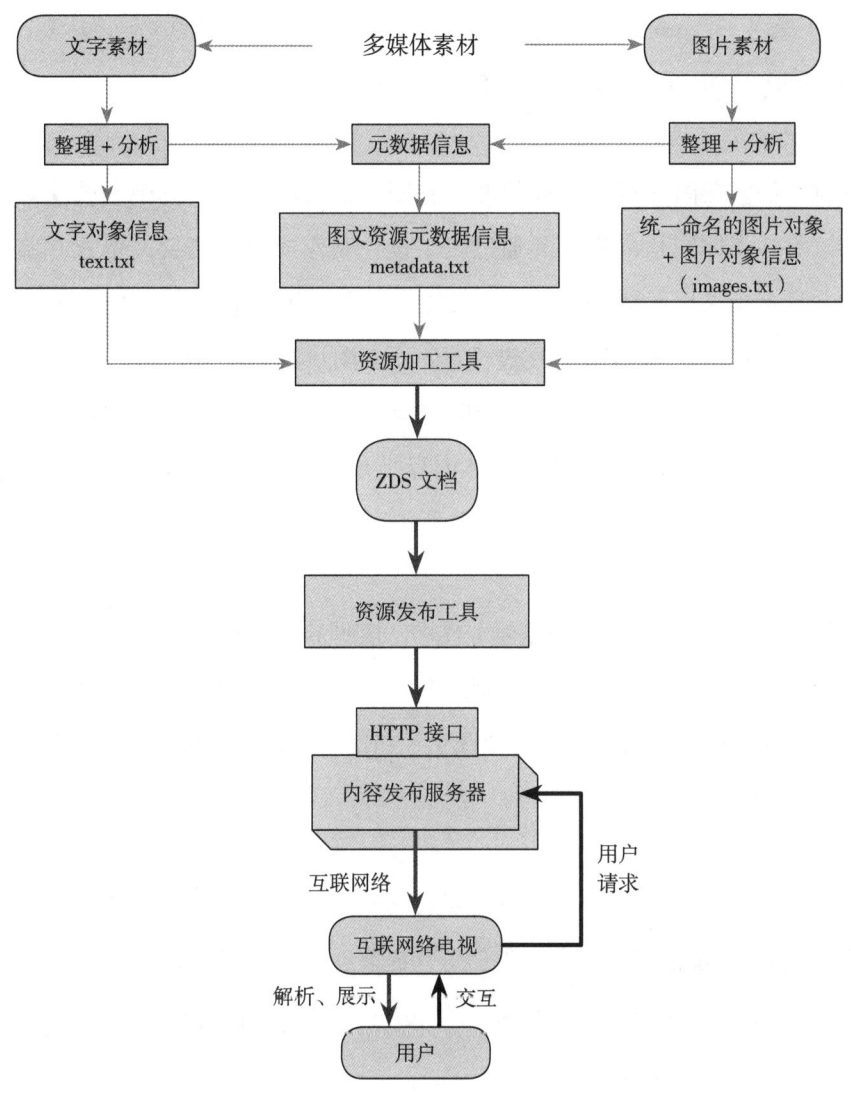

图5-11 互联网电视资源制作与服务流程图

1.素材的准备

多媒体内容素材是制作ZDS文档的基础,包括元数据和对象文件两部分。其中,对象文件由多媒体内容的封面图片、对象图片和正文组成。为了便于使用程序工具批量地生成ZDS文档,需要用户提供有着统一组织结构的多媒体内容素材。同一种资源的所有素材存储在同一目录下,不同种类资源的素材所在目录具有一定的规律性,以便程序能够按顺序批量生成ZDS文档。

(1)元数据的准备

由配置文件metadata.txt列出多媒体内容的所有元数据信息,该文件须为UTF-8编码,内容信息以"元数据标识:元数据值"的格式逐行排列,具体包括:UID(唯一标识符）、title（题名）、creator（创建者/作者）、source（内容来源）、date（日期，格式为yyyy-mm-dd）。如"date: 2015-03-25"等。

（2）图片的准备

图片的准备包括图片对象文件的准备和图片信息的准备。其中，图片对象文件选用图书馆馆藏多媒体图片内容，并通过美工设计制作成符合需要的格式。鉴于高清电视的整体内容布局采用两栏排版（栏宽720px，栏间距100px），约定封面图的规格为352px×288px，且内容图片宽度不超过栏宽。所有图片均为JPG格式。

图片信息由配置文件images.txt（UTF-8编码）提供，按照图片在内容中显示的顺序，在images.txt中逐行依次列明该多媒体内容所有图片对象文件的信息：picname（图片文件名）、usage（图片用途）、size（图片所占字节数）。

（3）正文的准备

正文由配置文件text.txt（UTF-8编码）提供，按照本书制定的ZDS规范构建完整的<text>元素，通过相关标签对文字和图片的排列顺序、文字样式、排版格式等信息进行说明，如果多媒体内容中包含音视频文件、快捷键或交互功能时，则由功能标签<a>做出标注。

2.ZDS文档的制作

（1）信息的获取

进入多媒体内容素材所在的文件夹路径，分别提取配置文件metadata.txt的元数据信息、配置文件images.txt的图片对象文件信息，提取后的数据格式如下：

file_metadata[{'title':'内容标题','creator':'内容创建者','source':'素材来源','date':'内容的日期'}]

images[{'name':'图片标识','file':'图片文件名称','usage':'图片用途','size':'图片大小'}]

（2）zds.xml文件的生成

通过XML处理组件，如Python自带的xml.dom.minidom模块生成zds.xml文件。首先，创建符合ZDS规范的根元素<zds>，并对根元素的属性进行赋值，代码示例如下：

impl = xml.dom.minidom.getDOMImplementation（）

dom = impl.createDocument（None,'zds',None）

root = dom.documentElement

root.setAttribute（'version','1.0'）

root.setAttribute（'uid',UID）

root.setAttribute（'xmlns'，'http://dlib.org.cn/zbo/1.0/'）

root.setAttribute（'xmlns:dc'，'http://purl.org/dc/elements/1.0/'）

通过dom.createElement（'子元素名称'）和root.AppendChild（）方法在根元素对象root下分别添加子元素对象<metadata>和<images>，并使用相同的方法分别在元素<metadata>和<images>下添加各自的DC子元素和<image>子元素。结合获取到的file_metadata、images中的信息对DC子元素和<image>子元素进行属性的赋值。

完成添加<metadata>和<images>后，将配置文件text.txt的正文内容写入到zds.xml根节点结束标志</zds>之前。

（3）ZDS文档的生成

遍历多媒体内容所在文件夹中的JPG格式图片和zds.xml文件，调用Python自带的zipfile模块的zipfile.ZipFile（）函数将上述所有文件打包成以多媒体资源题名为名称（由列表file_metadata提供）、以.zds为扩展名的ZIP压缩文件，这样就生成了一个完整的ZDS文档。然后将生成的ZDS文档复制到指定路径下进行保存。

3.ZDS文档的发布与展示

内容发布服务器接收到ZDS文档后需要根据其格式类型和所属栏目进行存储与管理，因此，约定ZDS文档的发布参数为：

（1）Files: ZDS文档列表

（2）Mtype: ZDS文档的格式类型，值为"zds"

（3）Column: ZDS文档所属栏目标识

调用pycurl模块，利用pycurl的post方式，指定以上参数模拟表单上传，实现ZDS文档向内容发布服务器的发布。

用户通过与互联网电视的交互向内容发布服务器发送请求，内容发布服务器根据用户请求解析ZDS文档中zds.xml所含图文对象信息、元数据信息和排版信息，并将定位好的图文对象文件通过互联网传送到电视终端上进行展示。

二、影视资源建设与发布

针对互联网电视视频内容的制作、发布与展示，本书制定了一套规范化的ZMP影视资源加工与发布操作流程，用户按照本指南能够更好地快速、批量地制作并发布影视资源，主要内容有：说明了ZMP影视资源的构成，以及影视素材，包括封面图和视频素材的规格和准备方法；给出了zmp.xml的制作方法，以及发布ZMP对象文件（包括封面图和

zmp.xml文件）和HLS流媒体资源（包括TS切片和m3u8播放文件）的方法。

（一）ZMP影视资源的显示

本书设定影视资源的显示均是基于高清电视屏幕（分辨率：1920×1080）。

图5-12是某视频栏目列表图，每个图表示某个视频资源的缩略图，点击则进入视频详情页，见图5-13。其中，缩略图可以通过将封面图poster.jpg缩放到统一规格大小而得到。

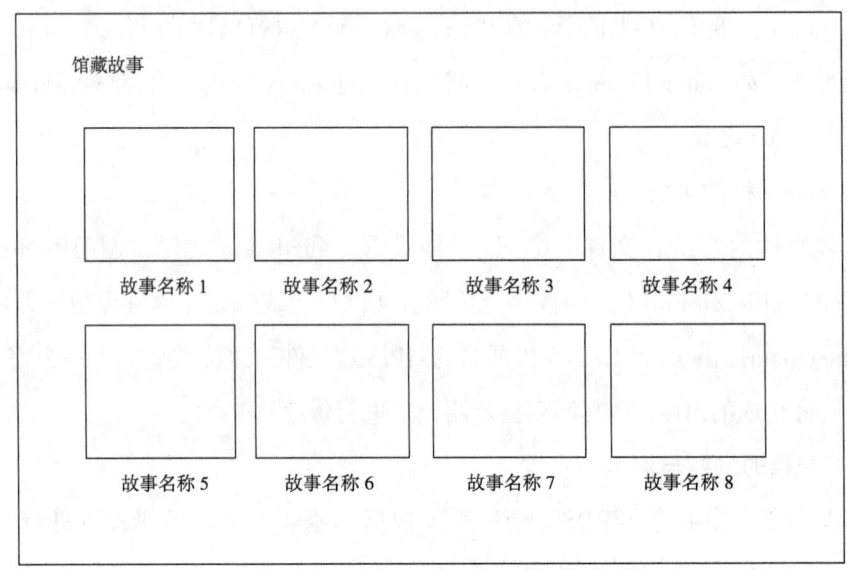

图5-12　视频栏目列表图

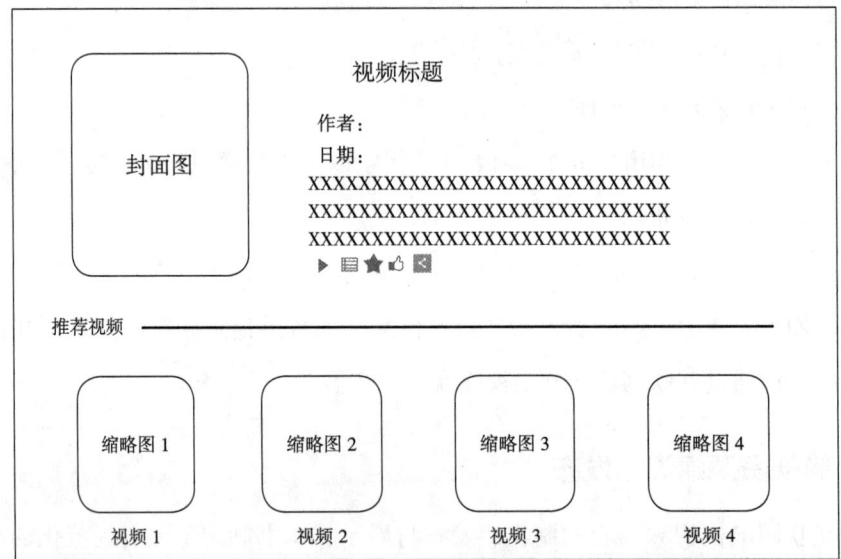

图5-13　视频详情页

视频详情页的右上方显示某个视频的详情，左上方显示视频海报图（封面图poster.jpg），下方是该栏目其他推荐视频的缩略图。

（二）ZMP影视资源的制作和发布流程

互联网电视影视资源制作与发布的工作流程主要包括ZMP影视资源的制作、ZMP影视资源的发布、ZMP影视资源的展示与播放，如图5-14所示。其中，ZMP影视资源的制作与发布的工具可通过Python等计算机编程语言进行开发。

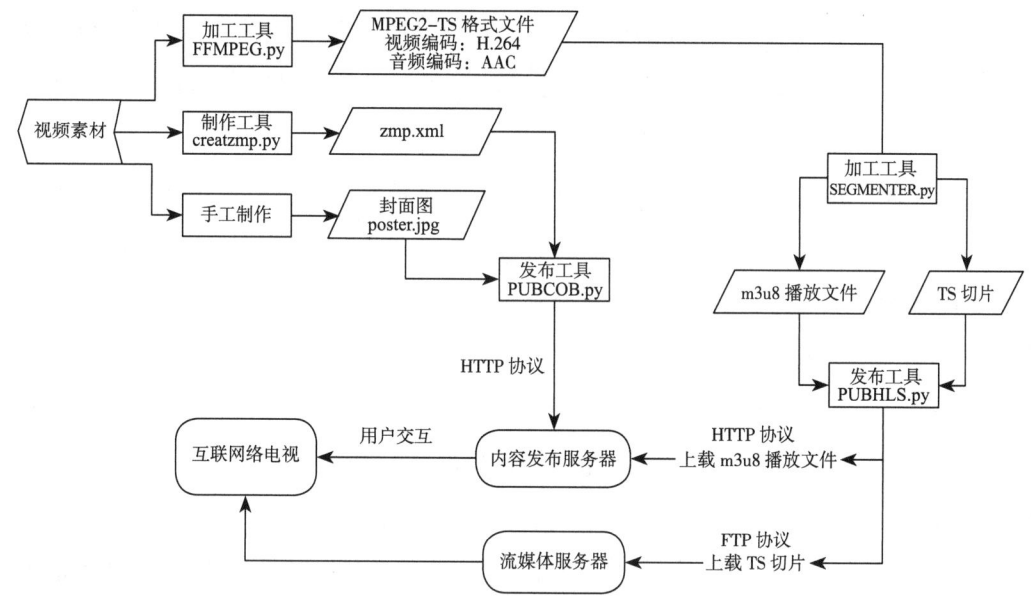

图5-14　ZMP影视资源制作与发布流程图

1.ZMP影视资源的制作

将原始影视素材按照规定的步骤加工，生成互联网电视服务所需的HLS流媒体资源和ZMP对象文件。为了便于使用程序工具批量地生成ZMP影视资源，需要用户提供有着统一组织结构的视频内容素材和配置文件。同一种资源的所有素材存储在同一目录下，不同种类资源的素材所在目录具有一定的规律性以便程序能够按顺序批量生成ZMP影视资源。影视资源制作分为视频加工和制作ZMP对象文件两部分。

（1）视频加工

①格式转换

本书建议的视频文件需要符合统一的格式：MPEG2-TS格式。其中，视频编码为H.264，音频编码为AAC。如果视频格式不符合要求则需要使用开源工具"FFMPEG"进行统一转换。

②制作TS切片文件和m3u8播放文件

需要通过开源工具"SEGMENTER"将统一格式的视频文件自动批量加工成符合HLS规范的流媒体资源：TS切片和m3u8播放文件。

（2）制作ZMP对象文件

主要包括生成zmp.xml文件和图片对象文件（如封面图poster.jpg）。图片对象文件可按照图5-12规格进行制作。zmp.xml文件制作过程如下。

①配置信息的准备

由配置文件metadata.txt列出多媒体内容的所有元数据信息，该文件须为UTF-8编码，内容信息以"元数据标识: 元数据值"的格式逐行排列，具体包括UID、title、creator、source、date。如"date: 2015-03-25"等。

由配置文件manifest.txt列出该影视资源的所有播放文件信息，该文件须为UTF-8编码，内容信息以"属性: 属性值"的格式逐行排列，具体包括filename（文件名）、pid（对象内容标识符）、media-type（视频文件的MIME TYPE）、usage（对象文件的用途）、size（文件占用的字节数）、timecount（视频文件播放时长，格式：hh:mm:ss）。

②zmp.xml文件的生成

相关技术与zds.xml的生成类似，主要过程为：进入配置文件所在路径，分别提取配置文件metadata.txt的元数据信息、配置文件manifest.txt的播放文件信息，通过Python的xml.dom.minidom模块生成zds.xml文件，创建符合ZMP规范的根元素<zmp>，并对根元素的属性进行赋值，通过dom.createElement（'子元素名称'）和root.AppendChild（）方法在根元素对象root下分别添加子元素对象<metadata><manifest><playlist>，并使用相同的方法分别在元素<metadata><manifest><playlist>下添加各自的DC子元素、<file>子元素和<item>子元素。结合获取到的配置信息对各子元素进行属性的赋值。

2.ZMP影视资源的发布

ZMP影视资源的发布分为两个环节。

首先是对象文件的发布，与ZDS文档的发布方式类似，调用Python的pycurl模块，利用pycurl的post方式，指定相关参数模拟表单上传，实现zmp.xml和m3u8文件向内容发布服务器的发布。

其次是TS切片文件的发布，通过FTP协议将影视资源的所有TS切片文件上传到流媒体服务器上的指定目录下，同一类视频的TS文件存于以"UID"命名的文件夹下，各集视频的TS切片存于以"PID"命名的子文件夹下。

3.ZMP影视资源的播放

用户通过与互联网电视的交互向内容发布服务器发送请求，内容发布服务器根据用户请求解析zmp.xml所含视频内容元数据信息和播放文件信息，并对m3u8文件进行定位，将找到的m3u8文件通过互联网传送到电视终端上进行播放，播放器根据m3u8文件描述的视频切片文件的URL找到流媒体服务器上存放的切片文件并进行顺序播放。

第六节　业务管理

一、资源保存

（一）资源的存储介质

资源的存储介质需要同时在移动硬盘和光盘上备份资源。其中，移动硬盘保存资源一套，光盘上保存相同的资源两套。

（二）光盘的命名

1.资源光盘名

资源光盘名由6位数字和字母组成：流水号（4位）、资源加工级别（1位）、光盘复本号（1位）。

流水号为4位数字0001—9999，加工级别为档案典藏级（A）或发布服务级（B），光盘复本号为第一套（1）或第二套（2）。

例：档案典藏级光盘第一套：0001A1。

档案典藏级光盘第二套：0001A2。

2.说明文件光盘名

说明文件光盘名由6位数字和字母组成：流水号（4位）、光盘内容（1位）、光盘复本号（1位）。

流水号为4位数字0001—9999，光盘内容为光盘说明文件（D），光盘复本号为第一套（1）或第二套（2）。

例：说明文件光盘第一套：0001D1。

说明文件光盘第二套：0001D2。

（三）资源的存储结构

资源的存储路径为：加工年、总项目号\子项目号\栏目号。

其中，一级目录为加工年（4位）、总项目号（1位）；二级目录为子项目号（2位）；三级目录为栏目号（2位）。

资源存储结构示意图如下：
├──加工年、总项目号
│ ├───子项目号
│ │ ├──栏目号
│ │ │ ├──资源1
│ │ │ ├──资源2……
│ │ │
│ │ ├──栏目号
│ │ │ ├──资源3
│ │ │ ├──资源4……
│ │ └──……
│ │
│ └──子项目号
│   ├──栏目号
│ └──栏目号……
│
├──加工年、总项目号
│ ├───子项目号
│ └───子项目号……
│
└──加工年、总项目号……

例：以书画鉴赏（视频）中的《五马图》为例说明资源的存储结构。

加工年为2012年，总项目号为1；子项目号为02；栏目号为01。

├──20121
│ ├──02
│ │ ├──01
│ │ │ └──2012102010001

资源存储路径为：20121\02\01\

二、版权管理

互联网电视资源版权管理基于互联网电视的文化资源展示与服务，涉及资源提供方和媒体运营方对文化资源的数字内容进行版权管理。节目内容选取和制作过程中，应严格遵守《中华人民共和国著作权法》和《信息网络传播权保护条例》等相关法律法规。节目上线前，资源提供方须提供符合要求的节目版权文件，包括节目授权书、授权片单、节目版权文件等符合国家相关法律、广电规定的授权文件。由媒体运营方负责版权审核的人员进行审核、存档、管理，只有符合版权要求的节目才能进入审编播流程。当节目进入媒体运营方的媒资系统后，运营方可通过在版权管理模块中设置节目的版权信息关联、到期提醒等对节目进行版权内容的管理，确保到期节目按时下线。

互联网电视资源版权保护是指资源提供方和媒体运营方均须通过技术手段对文化资源的数字内容进行版权保护。包括：资源建设单位可采用数字版权管理（DRM）技术，阻止非法用户的使用及合法用户的非法再分发，对基于不同传输方式的数字电视系统中节目内容进行版权保护和管理。DRM分为两类：一类是多媒体保护，例如加密电影、音乐、音视频、流媒体文件。另外一类是加密文档，例如Word、Excel、PDF等。数字版权管理与保护手段主要包括密码技术、数字水印技术、身份认证、密钥管理、权限管理技术和防篡改软硬件。媒体运营方可采用条件接收系统（CAS），使拥有授权的用户合法地使用某一项业务，而未经授权的用户不能使用这一业务。在文字资源的展示与服务过程中，采用条件接收系统的多项技术，如系统管理技术、网络技术、加解密技术、加解扰技术、数字编解码技术、数字复用技术、接收技术、智能卡技术等确保内容版权安全，此外还可通过用户管理、节目管理、收费管理等信息管理功能对用户群体进行分级管理。

三、流程管理

互联网电视项目工作管理流程图如图5-15所示。

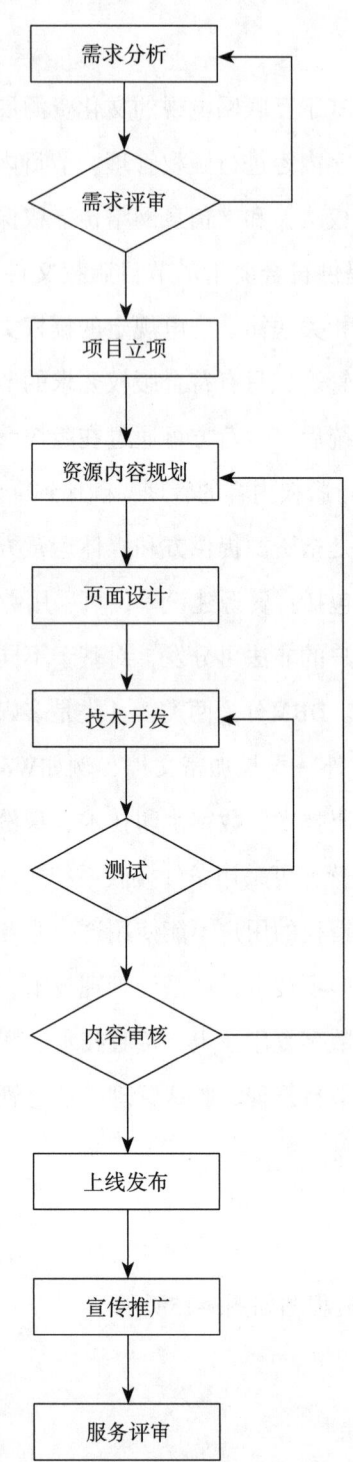

图 5-15 互联网电视项目管理流程

（一）需求分析

根据资源提供方和媒体运营方的协商结果，对相关文化资源服务与展示进行具体的业务需求规划并形成业务需求文档。业务需求文档中须将资源服务展示的基本结构、布局、功能、页面流转结构图形化展示出来，并进行相应的文字说明。

（二）需求评审

由媒体运营方组织相关部门讨论业务需求，对展示与应用功能及功能实现方式进行评审。根据评审结果对业务需求文档进行相应修改。

（三）项目立项

文化资源服务与展示项目立项须准备好项目立项资料，并由资源提供方与媒体运营方双方审核通过并备案。

（四）资源内容规划

资源提供方负责资源内容服务的栏目设置与规划，并确保文化资源服务与展示内容的数量与质量。在进行栏目设置与规划时，资源提供方应坚持弘扬中华传统优秀文化的原则，并在此基础上依据媒体运营方的意见需求进行相应调整，以保证服务展示效果与收视率。

（五）页面设计

双方协商确认页面设计责任方，并协调页面设计人员进行页面设计，包括确立栏目架构、各级内容页的展现、页面风格及色调呈现等工作。

（六）技术开发

媒体运营方项目负责人将业务需求文档及制作完成的页面提交至相关技术部门，协调技术支持部门进行展示与应用功能的开发工作。在具体功能开发阶段对整体进度进行把控，确认项目开发进度时间表，确保按时完成。

（七）测试

运营商技术部门将开发完成的展示与应用部署在测试后台，资源提供方工作人员及媒体运营方测试人员共同对交互应用进行测试，包括功能性测试和稳定性测试。将测试中页面展示、功能实现、操作逻辑出现的问题记录备案，并及时反馈媒体运营方技术部门进行修改、调整与完善。

（八）内容审核及上传

媒体运营方负责协调相关部门完成内容格式的测试、节目内容的审核及上传工作，并告知资源提供方。

（九）上线发布

对展示与应用功能及内容资源进行最后核查，在保证内容、功能完整并获得双方认可后，进行整体上线。媒体运营方确定该项展示与应用项目用户手册的撰写、制作、测试、上传、发布工作，资源提供方可辅助完成。双方协商建立服务上线的效果反馈渠道，并定期对收视率或点击率进行评估。

（十）宣传推广

制订服务上线的宣传方案，利用资源提供方和媒体运营方的自有渠道及合作单位宣传渠道对该项服务进行宣传推广。如资源提供方可利用宣传册、展示会及其他宣传活动进行推广；媒体运营方可利用媒体交互平台的开机滚动字幕、主页宣传位等宣传方式进行推广。

（十一）服务评审

媒体运营方就服务项目成果定期总结评审，并将工作进展和工作成果形成文字稿报送合作单位。

四、运行管理

（一）资源加工

资源提供方经过调研论证，确定服务与展示内容，并根据展示需求提供相应的文本、图片、视频、应用等资源展示形式。在资源加工提供过程中，应与媒体运营方平台技术标准保持一致，保证资源数量与质量。

（二）技术支持

媒体运营方提供文化服务资源展示项目的媒体平台，为适用于该媒体平台的文化资源内容展示提供技术研发力量和维护保障。

（三）服务渠道

文化资源内容可通过互联网电视平台提供服务与展示，并确保内容的及时更新与维护。

（四）资源联建共享

为丰富文化资源内容，打造资源特色，可联合多家公益文化机构实施资源联建，通过资源共建、交换、购买等方式深化服务与展示效果。

（五）运营数据分析

媒体运营方根据服务展示应用核心功能设定统计数据指标，建立运营数据统计系统。根据交互应用运营数据进行定性及定量分析，评估服务与展示应用的用户认可度，为服务与展示项目的进一步优化及调整提供依据。

（六）运营方案调整

根据用户使用行为及时进行运营方案的调整，可通过加大宣传推广力度、丰富内容、优化功能等方式提高用户关注度与使用率，以保证应用长期稳定、可持续发展。

（七）制订交互应用优化方案

根据服务项目的实际运行情况制订服务项目的优化方案，可包含以下方式：功能优化、内容优化、页面优化、合作方式优化等。

（八）应用退出方案

因服务与展示应用无法达到预期效果或资源供应无法保证时，可考虑部分栏目或功能应用下线。栏目或功能应用下线须由合作双方协商下线方案、栏目或功能应用补充方案，并由相关技术部门进行测试，确认其可行性。

五、维护管理

（一）系统维护

服务与展示应用上线之后，需要媒体运营方技术部门对系统进行维护，确保系统正常运转。依据项目的合作模式不同，可由以下单位进行项目的系统维护。

媒体运营方。由媒体运营方协调第三方技术公司开发的项目将由第三方公司进行维护，媒体运营方项目负责人协调第三方公司进行问题的排查及解决。

资源提供方。由资源提供方自行研制开发的系统由资源提供方进行维护。如有系统运行问题，媒体运营方技术部门进行问题的排查，资源提供方项目负责人协调单位技术部门配合解决系统问题。

（二）内容维护

应用上线后须进行定期的内容更新，以提升用户黏度。

数据接口方面，通过数据接口进行更新的内容须进行关键字过滤，资源提供方与媒体运营方负责内容上线的相关负责人须进行关键字的排查及内容上传工作。如遇敏感内容或特殊字符，双方项目负责人协商解决。

图文、视频内容上传方面，收到资源提供方更新的内容后，媒体运营方项目负责人填写《互联网电视平台上线发布需求单》，将内容提交至内容上传负责人进行审核，通过后上传发布。

（三）设备维护

文化资源服务与展示的相关设备主要包括资源加工制作、传输与播出展示三个方面。

资源提供方在转码、技术开发、资源备份过程中所涉及的电脑、服务器等相关硬件，由本单位相关技术人员负责日常检查和维护工作。

媒体运营方负责该服务项目传输与播出环节的服务器、传输设备、机顶盒与播出终端等软硬件设备的检查与维护。

服务与展示项目中其他共享软硬件，由合作双方协商确定设备维护人，进行日常检查与维护。

（四）用户咨询及投诉响应

根据媒体运营方客服中心转接至项目联系人的咨询及投诉内容，可分为以下两类。

咨询：媒体运营方客服中心无法向用户说明某项功能或指导用户正确进行应用操作时，将咨询转至相关业务部门联系人，由业务部门联系人转至对应项目负责人。须告知客服中心人员该功能及操作方法，并更新用户手册及客服答复口径内容。

投诉：客服中心接到用户关于系统错误、应用上线的投诉后，将与相关业务部门联系人联系，由业务部门联系人转至对应项目负责人。项目负责人定位问题后，协调技术部门或合作单位进行问题的处理，并对处理结果进行跟踪。

（五）用户反馈

为不断完善互联网电视服务、保障服务功能应用与内容提供等各个环节的良好运转，互联网电视服务需要建立全面的服务信息反馈渠道。目前，我国图书馆的互联网电视内容与服务建设还处于探索阶段，只有通过及时了解用户使用互联网电视的体验感受，根据用户实际需求和使用情况，才能达到推动互联网电视内容服务走向成熟的目的。鉴于此，获取服务反馈必须做到：定期进行用户群体的行为习惯与兴趣调查及用户使用反馈调查，重视反馈数据的收集，设置合理的时间隔段与选择范围。通过对反馈数据的分析，对互联网电视内容设置与服务方式进行规划调整。此外，还须确保服务反馈的渠道畅通，在为观众用户提供畅通的内容服务同时，还需要建立多种形式的服务反馈渠道，甚至可以利用互联网电视服务界面为用户提供反馈渠道，以便及时有效地获得用户使用的意见和建议，为互联网电视服务建设助力。

第六章　基于互联网电视平台的播控开发

国家图书馆变革新媒体服务方式，积极寻求社会合作，以推动互联网电视文化服务的开展。经过前期的调研和项目论证，结合业务发展和技术条件，选择了国广东方网络（北京）有限公司作为共建机构，采用其开发的CIBN互联网电视播控平台进行文化内容的推送与发布。

CIBN互联网电视播控系统是以新一代多屏互动、融合服务为理念的全新互联网电视平台。该平台符合国家广电总局关于互联网电视内容服务平台和集成播控平台的相关规定，达到了平台可管可控的要求。CIBN互联网电视播控平台采用开放的、模块化的设计以支持业务的扩展，为各系统和各模块间互联互通、外部业务的接入与平台本身业务的接出提供技术保障。

CIBN互联网电视播控平台提供完整的、运营级的端到端解决方案。平台支持丰富的业务和应用，除了直播、点播、时移、回看基本业务功能外，还支持众多增值应用。平台具备强大的运营管理功能，支持运营商对用户和节目内容的灵活管理、对访问权限的灵活控制、对系统运行和访问情况的全程监控。

CIBN互联网电视播控平台采用高效的媒体存储和分发技术，支持海量的可扩展存储，支持全球范围内的多地域的业务覆盖。CIBN互联网播控电视平台能够为用户提供三屏互动服务，用互联网电视终端、移动终端、PC终端覆盖用户业务使用的全过程，提供"以用户为中心的用户体验设计"。平台支持智能EPG模板，分级EPG风格，充分满足客户个性化的EPG视觉及操控要求。本章所涉及的图表和内容资料由国广东方网络（北京）有限公司提供。

第一节　CIBN业务平台整体架构

CIBN致力于打造一套满足OTT业务发展需要的中央集成播控总平台（全国集中统一建设），负责全国性的内容管理、产品管理、EPG管理和运营数据统计。中央集成播控总平台可对接全国内容服务提供商，接收其提供的内容；对接集控平台，分发内容、产品、EPG信息，并收集OTT业务的运营数据。系统整体架构介绍如下。

一、内容集成播控

系统层级图如图6-1所示。

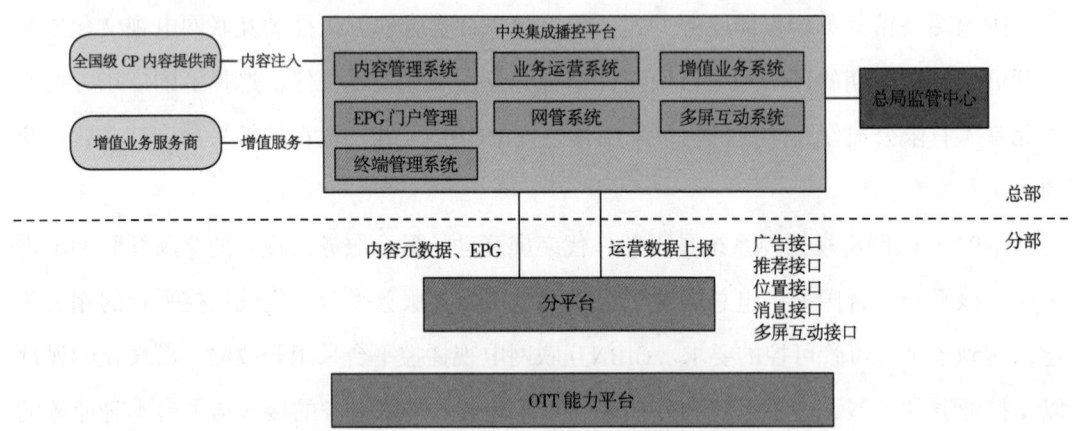

图6-1　CIBN集成播控平台系统层级图

中央设立集成播控总平台，各省设立集成播控分平台，按照"统一规划、统一标准、统一建设、统一运营、统一管理、分级部署"的原则实施，思路如下。

1.统一网络：实现全国内容统一管理、统一分发。

2.二级架构：各司其职，中央播控平台侧重运营监管，分平台侧重对接和能力服务。通过中央平台对全国OTT TV进行监管，对全国直播、点播、栏目和增值业务等上线进行审批和控制，根据需要随时进行上线或者下线调整。各省分平台侧重BOSS对接及提供门户服务能力。

3.三条主线。内容主线：所有上线的影视节目都是在播控平台经过审核的。经营主线：用户的消费行为都是有记录、终端行为是可统计、可分析的。管控主线：所有栏目、EPG、业务上线都需要在播控平台进行审批、所有节目可以根据需要随时强制下线。

二、系统内部关系

CIBN中央播控平台内部包括节目服务平台、集成播控平台、传输服务网络、CDN接口和终端应用服务几个部分组成。主要结构与流转流程如图6-2所示。

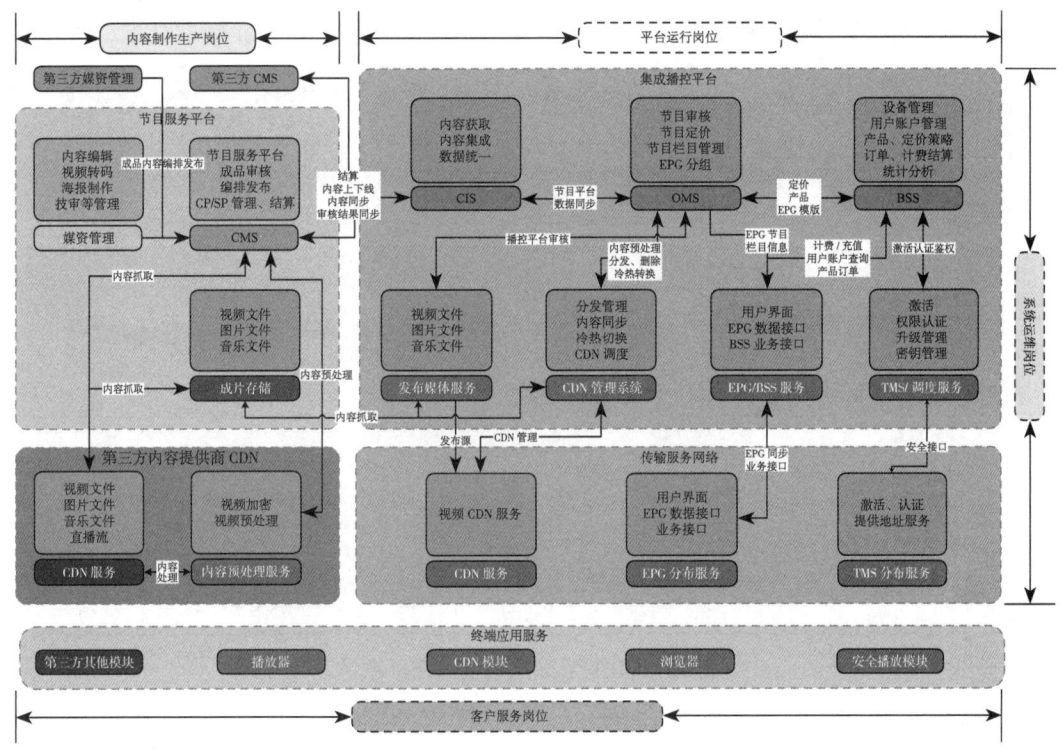

图6-2 CIBN播控平台系统主要逻辑与流转结构

1.节目服务平台：主要由媒资管理、媒资制作、媒资管理系统与成片管理系统组成。

2.集成播控平台：主要由内容集成系统CIS、运营管理系统OMS、业务支撑系统BSS三大主要模块组成。另外，为了支持业务系统的运行，还包括内容发布媒体服务、CDN管理系统、EPG管理服务、终端管理TMS服务几个模块。

3.传输服务网络：该部分包括CDN网络的接口、EPG分发服务系统和终端管理分布式系统几个模块。

4.第三方内容服务CDN：包括CDN分发网络和CDN预发布处理系统等。

5.终端应用服务：该部分为运行在机顶盒终端内的主要模块，包括业务APK（安卓应用程序包）、播放器、CDN模块、业务中间件等。

第二节 播控平台主要子系统

CIBN互联网电视播控系统主要包含内容集成系统、运营管理系统、业务支撑系统、媒资管理系统、EPG门户等。

系统体系结构示意图如图6-3所示。

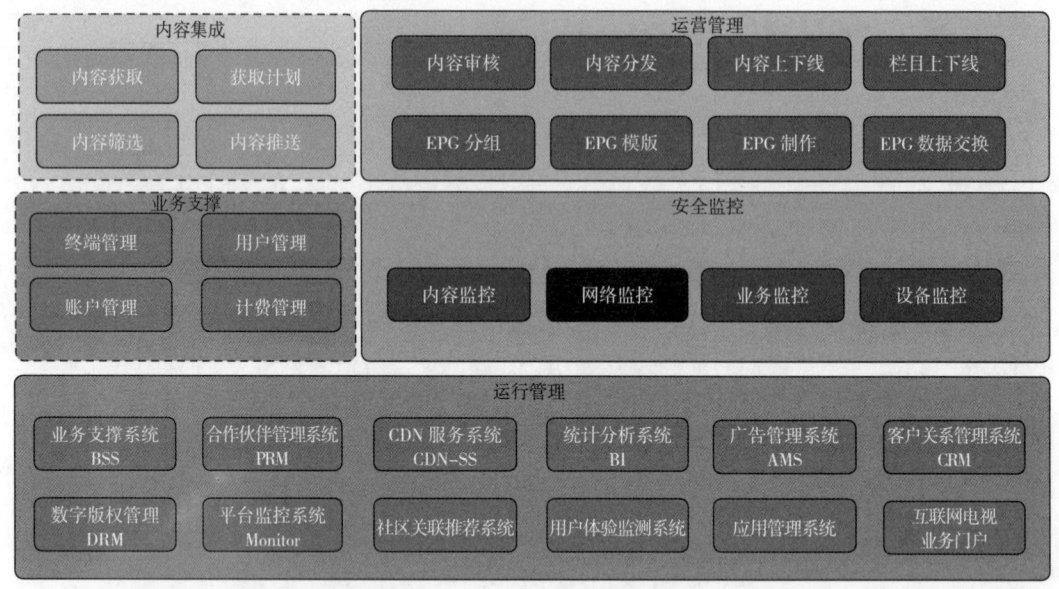

图6-3　CIBN互联网电视播控子系统

一、内容集成系统

内容引入是对自有的媒资管理系统（CMS）或第三方节目服务平台内容进行集成、统一格式，推送至运营管理系统进行审核发布。处理过程包括手动和自动两种方式，可对内容按一定规则进行过滤。

内容引入是集成播控平台对接、聚合、管理各个节目服务平台所提供内容的中间系统。内容引入的范围包括对节目服务平台内容管理系统CMS的接口，海量内容存储和处理系统，以及对运营管理系统的接口。内容引入包括内容获取、内容筛选、内容推送等。

二、运营管理系统

运营管理系统主要包含内容审核、内容分发、内容上下线、栏目管理、栏目维护上下线管理、EPG分组管理、EPG模板管理、EPG制作管理、EPG元数据管理等。

运营管理主要负责内容的审核、组织、打包、上下线审核等工作。

三、业务支撑系统

业务支撑系统包括终端管理、用户管理、账户管理、产品打包、定价策略、综合套餐等。在这样一种运营环境下，为了满足对互联网电视更丰富业务的支持，更精细化运营的需要，在核心播控系统外围可以选择性建设一系列的扩展运营系统，提升CIBN互联网电视业务运营能力和运营水平。

四、媒资管理系统

媒资管理是对节目生产环节产生的节目进行统一管理，涉及节目管理、存储管理、检索、统计、日志、配置、权限及工作流的系统化管理。媒资管理系统包括内容管理、存储管理、统计管理、检索管理、日志管理、工作流管理、配置管理等。

五、EPG门户管理

EPG系统的目的是通过EPG将节目信息展现给最终用户，以便最终用户可以方便地搜索、选择和浏览需要的节目，提高用户与平台的交互特性。因此EPG系统应提供全部内容、产品、服务的元数据信息统一管理。为向不同的使用人群提供不同的EPG样式，向特定的用户展示不同的EPG内容能力，同时还需要提供EPG模版管理功能和用户与系统交互的功能。

第三节 核心播控系统

集成播控平台是CIBN建设的安全、可靠、可管、可控的系统平台，其实现了内容节目的安全有效的播出控制管理、相关的运营支撑功能、对平台的增值业务接入与应用的管理控制。

集成播控平台是实现业务有序运营、安全播控保障的重要部分。所有经过CIBN互联网电视集成播控平台发布，或者由第三方（合作方）推送到边缘节点的流文件，一定要加上CIBN互联网电视私有信道加密或者容器，只有CIBN互联网电视客户端系统可以解开这个私有信道加密或者容器。

CIBN互联网电视集成播控平台架构如图6-4所示，其主要功能如下。

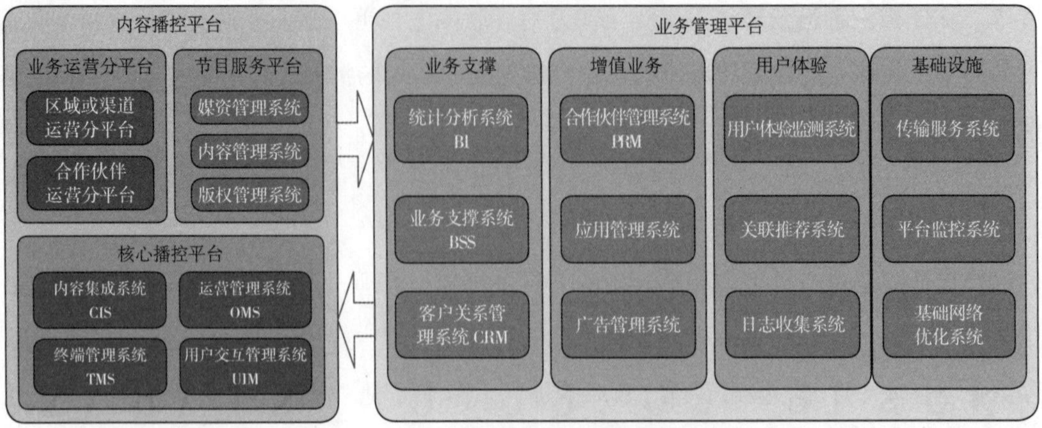

图6-4　CIBN互联网电视集成播控平台

一、节目审核发布

节目审核发布流程如下（见图6-5）。

1.内容从节目服务平台或内容管理系统引入后，首先进入节目初审流程，节目初审流程对节目的视频内容、编目信息、海报图片等内容相关文字、图片、视频信息进行审核。

2.审核通过以后进行节目组织过程，在运营管理系统可以根据需要对节目服务平台的节目与频道的组织关系进行调整。

3.节目定价过程对节目的价格进行设置，根据业务支撑系统定义的产品包和价格计划进行节目价格设置。

4.节目预处理过程调用内容加密与预处理子系统的流程，根据分配的密钥信息进行内容加密和预处理，返回已经加密完成的内容文件。

5.节目分发根据内容分发规划，调用各传输服务网络的分发接口，对内容进行网络分发，返回节目内容分发完成以后的网络地址。

6.以上流程进行完毕后，对节目进行预发布，发布到终审服务器，可以在终端上看到内容实际呈现和播放的效果，进行内容终审。终审不通过则返回节目审核流程。

7.审核通过则进行EPG发布，将节目内容的EPG信息发布到终端。

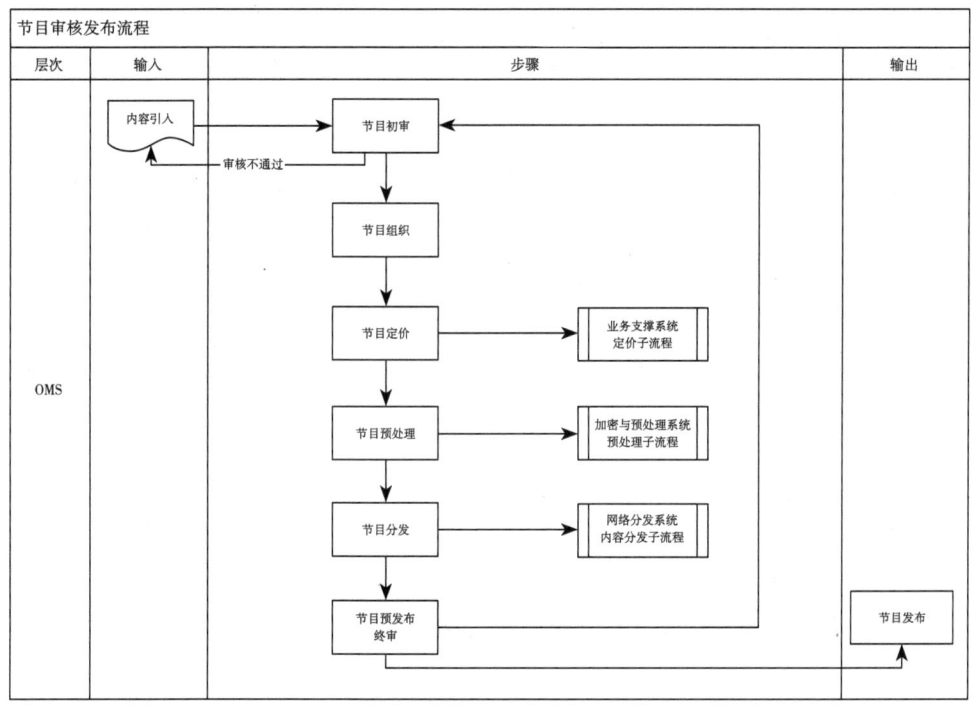

图6-5 节目审核发布流程

二、频道审核发布

频道审核发布流程如下（见图6-6）。

1.频道从节目服务平台或内容管理系统引入后，首先进入频道审核流程，频道审核流程对频道的内容规划、名称信息、海报图片、所属频道等内容相关文字、图片、视频信息进行审核。

2.审核通过以后进行频道组织过程，在运营管理系统可以根据需要对节目服务平台的频道的上下级组织关系进行调整。

3.以上流程进行完毕后，对频道进行预发布，发布到终审服务器，可以在终端上看到频道实际呈现效果，进行频道终审。终审不通过则返回频道审核流程。

4.审核通过则进行EPG发布，将频道的EPG信息发布到终端。

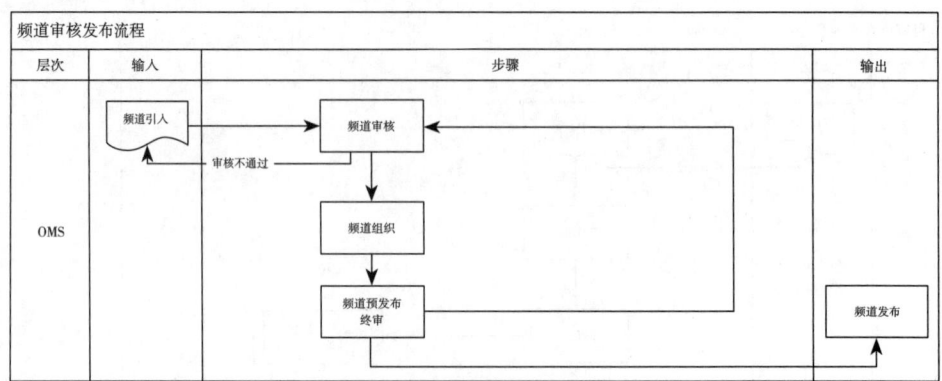

图6-6 频道审核发布流程

三、内容应急上下线

内容应急上下线流程如下（见图6-7）。

1.根据需要上下线的节目与频道在运营管理系统中进行选择，对节目与频道进行上下线处理。

2.节目与频道上下线处理需要与全网的EPG系统服务进行同步，处理失败则返回上一个流程，查看处理异常信息。

3.全网EPG同步完成以后，上下线处理完成。

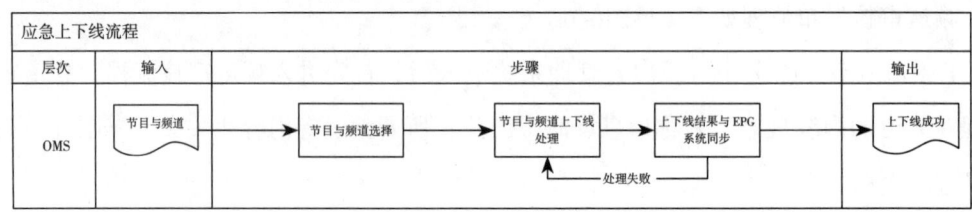

图6-7 内容应急上下线流程

四、内容分发

内容分发流程如下（见图6-8）。

1.根据分发规则将需要分发的内容实体文件地址引入到分发流程中。

2.对实体文件分发进行流程管理，调用传输服务网络的分发服务进行内容分发，并等待分发结果。

3.内容分发系统全网CDN分发成功以后，向运营管理系统回传内容分发成功消息与CDN文件地址。

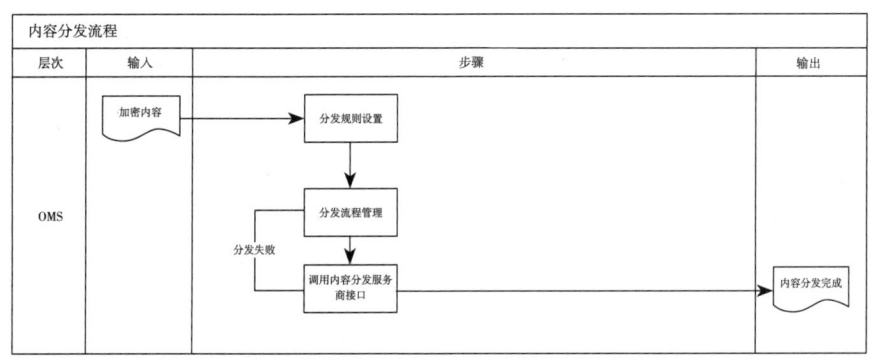

图6-8 内容分发流程

五、终端认证

终端认证流程如下（见图6-9）。

1.根据http消息获取请求终端的MAC值。

2.根据终端串号查找合法的终端设备信息，如果无法找到设备信息，终端认证流程结束。

3.如果终端设备信息存在，根据终端设备信息中的MAC属性验证获取的MAC值是否正确，如果MAC不正确，终端认证流程结束。

4.如果MAC正确，根据终端设备信息中的设备型号属性验证设备型号是否正确，如果型号不正确，终端认证流程结束。

5.终端认证流程结束。

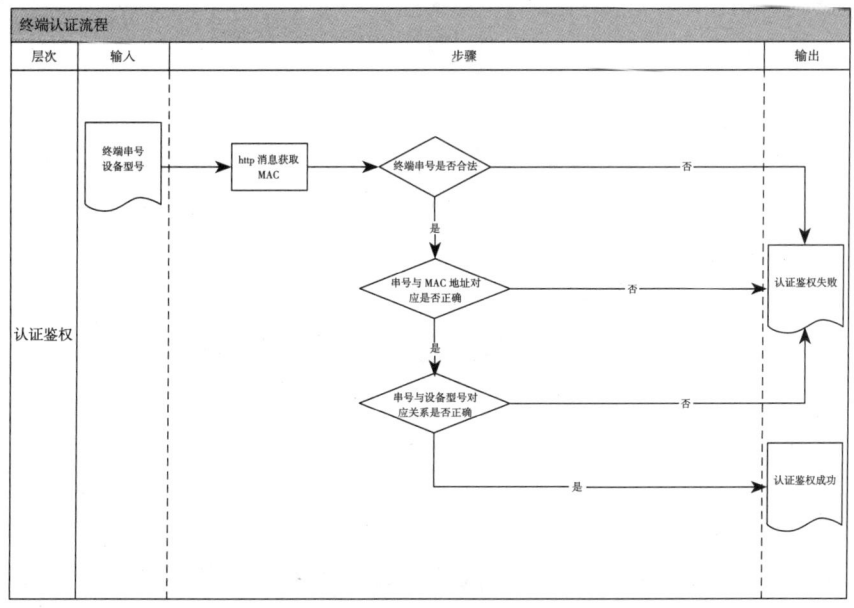

图6-9 终端认证流程

六、用户认证

用户认证流程如下（见图6-10）。

1.解密认证的登录名和登录密码信息。

2.根据登录名查找合法的用户信息，如果无法找到用户信息，认证流程结束。

3.如果用户信息存在，根据用户信息中的密码属性验证密码是否正确，如果密码不正确，认证流程结束。

4.如果密码正确，根据用户信息相关属性关联查找用户的EPG模板，返回用户EPG模板。

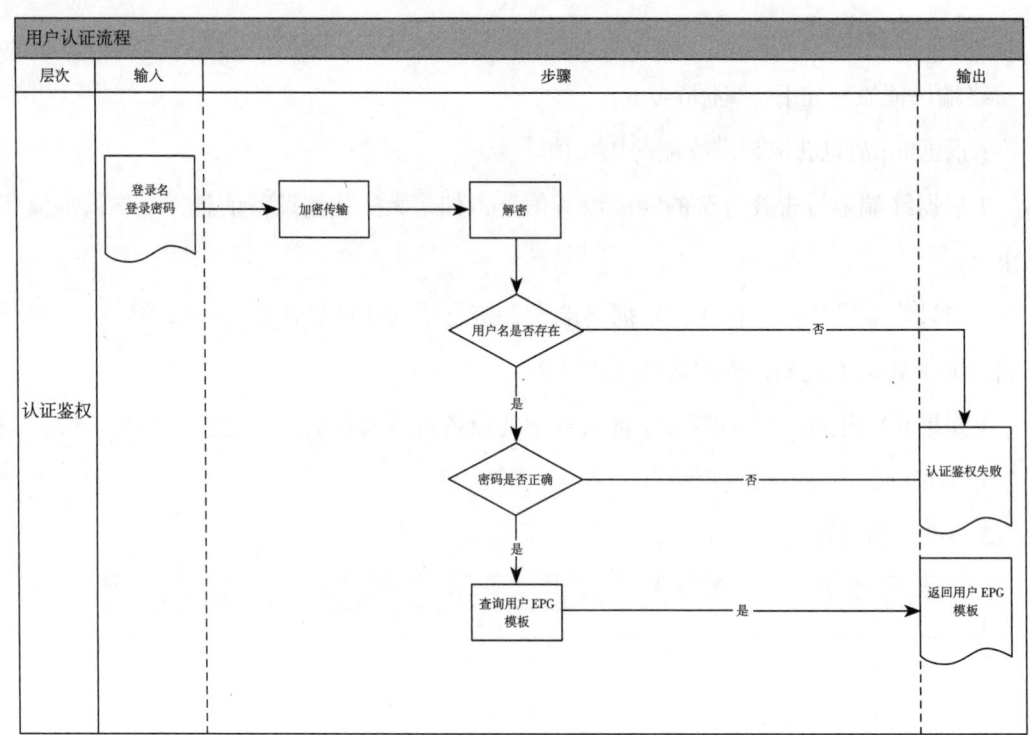

图6-10　用户认证流程

第四节　EPG与桌面管理系统

一、EPG分组管理

功能描述：针对用户的多种属性（区域/终端类型/CP区域等）进行分组管理，实现

向不同属性的用户展示不同的EPG内容。（图6-11）

图6-11　EPG分组管理界面

（一）EPG应用场景信息管理功能

EPG应用场景信息管理具有添加、删除、修改等功能。添加后生成EPG版本的头条信息。该功能可以为区域性版权节目提供不同的EPG，即某些节目只能限定在某些区域播放。终端类型的支持上，可以为特定的厂商的终端提供不同的EPG，并且可以为特定类型的终端设备提供不同的EPG。

（二）EPG权限分配

中心播控管理系统可以为驻地创建对应的栏目（驻地栏目）。驻地播控系统的管理人员只能管理驻地栏目下的内容（包括节目的组织和上下线等）。中心播控系统管理人员可以管理所有栏目。驻地播控系统向其所管辖区域的终端用户推送所有的EPG信息。

二、EPG模板管理

功能描述：对不同应用对象EPG模板的版本信息进行管理。EPG模板类型分为专题和频道两部分。该模块可以发布新的EPG模板、生成新的EPG模板版本号、上载EPG模板文件到EPG模板文件服务器、发布EPG接口文件到EPG应用服务器、保存EPG模板发布信息。该模块还可以进行对以往EPG模板版本信息管理，对已经发布过的EPG模板信息进行查询、统计、删除等操作。

三、EPG制作管理

功能描述：EPG的制作包括EPG模板制作与EPG数据访问接口制作。EPG模板制作包括设计、制作、测试、审核功能。EPG数据访问接口制作包括定义输入参数、定义输出的文件格式、编写接口程序与测试功能。

（一）EPG模板制作功能

1.定义模板结构：首页、栏目页、服务页、列表页、详细页等。

2.EPG模板设计：由美工人员完成，技术人员设计用户操作流程。

3.EPG模板制作：制作人员将设计图制作成符合模板语言的文件。在文件中加入数据访问接口地址，数据交互接口与广告位代码引用。

4.EPG模板测试

（1）PC端测试：根据模板需要的访问地址与文件格式制作出测试数据文件，EPG模板加载这些文件测试EPG模板显示的正确性。以上过程测试人员可以通过PC端模拟器测试。

（2）测试终端测试：用指定的终端设备（测试组设备）使用测试EPG模板加载未发布数据接口文件（测试服务器上）进行组合测试。检测EPG在终端设备上展现是否正确。

（二）EPG数据访问接口制作

1.定义接口名称与输入参数。

2.定义接口返回文件格式。

3.编写接口程序。

4.数据访问接口测试：通过访问工具携带参数访问接口地址，检测返回数据结构与内容。

（三）EPG模板审核功能

根据EPG测试的结果（模拟器上显示解图与测试终端设备显示解图）审核模板是否满足对外发布要求。通过审核的EPG（模板+数据访问接口）进入EPG版本管理流程进行EPG的发布。未通过审核的EPG要记录理由。

四、EPG元数据管理

功能描述：管理其他数据库与EPG数据库的信息同步，组织规划不同EPG应有对象的栏目与内容。

（一）数据的同步功能

EPG显示的数据都是由集成播控平台的其他系统产生，即EPG数据库有一个内容信息数据库的镜像，其他数据库变化时EPG数据库也随之变化。

（二）自定义栏目功能

由于EPG可能在不同地域有不同的显示设定，因此不同EPG模板都可以按自己的要求显示数据。即根据内容信息的数据分类规划适合本身的数据显示分类（如在内容信息数据库中的栏目分类有A、B、C 3种，而在EPG上要在一个栏目D上包含A、B、C栏目下所有内容）。这样就需要EPG管理具有重新分化栏目和内容选择的功能（内容获取条件语言）。

五、EPG数据交互管理

功能描述：用户在EPG页面访问时信息提交与相应处理。包括数据访问交互功能，根据用户提交的信息返回满足格式要求的数据、定义接口名称、接口功能、接收参数、返回参数。

六、EPG服务器信息管理

功能描述：提供对EPG服务器基本信息的管理。

（一）EPG模板服务器信息管理功能

对EPG模板服务器的信息进行管理，包括服务器地址、访问口令、存在的模板信息、为EPG模板下载提供支持。

（二）EPG应用服务器信息管理功能

对EPG数据接口文件的信息进行管理，包括服务器地址、访问口令、存在的数据文件信息、为EPG数据请求提供支持。

第五节　业务运营管理系统

一、CP/SP（内容提供商/服务提供商）管理

（一）CP/SP信息管理

业务管理平台管理的CP/SP信息包括以下9个方面。

1. CP/SP编号。

2. CP/SP的自然属性：如公司名称、营业执照号、税务登记号、银行账号、所在地

址、联系方式、电话等。

3.CP/SP提供的业务类型。

4.CP/SP信用度级别：高、中、低等。

5.CP/SP登录安全信息：登录名，密码、业务主机位置、业务主机域名等信息。

6.CP/SP维护权限管理：SP操作员、操作员密码、操作员权限等。

7.CP/SP服务时间：服务开始时间，服务结束时间。

8.CP/SP状态：包括正常、暂停、停止、待激活、申请销户、已销户。

9.CP/SP积分信息。

（二）CP/SP生命周期管理

业务管理平台应能对CP/SP的生命周期进行管理，CP/SP的生命周期包括创建、审批、正式运营、暂停、恢复、待注销、注销、修改等。

（三）CP/SP信用控制管理

对于CP/SP信用度的管理主要采用分级管理的方式，业务管理平台根据CP/SP的用户投诉次数、违规操作次数、事故发生次数产生SP的信用度综合评价，并提供对CP/SP业务信用度的配置功能。

CP/SP信用度管理是指业务管理平台对CP/SP某个业务的信用度进行管理，业务管理平台将CP/SP业务的信用度分为高级信用度、中级信用度、低级信用度3种类别。根据业务信用度级别的高低，采取不同的管理策略。

二、用户管理

（一）用户分组

根据渠道商划分不同用户分组，不同用户分组呈现不同的业务。

（二）基本信息管理

业务管理平台应具有用户管理的功能，用户管理应包括以下属性。

1.业务账号（User ID）。

2.用户密码。

3.区域代码：用户所属区域的区号，以0开头。

4.姓名。

5.联系电话。

6.家庭住址。

7.用户类别：具体类型系统可配置。

8.门户分组：用户所属的门户分组类别。

9.用户状态，包括：正常、暂停、待激活、停机、申请销户、已销户、黑名单。

10.终端序列号（STBID）。

11.SNM。

12.计费账号（Account ID）。

13.用户支付方式，包括：后付费、预付费、外部代收费。

14.用户在线状态，包括：离线、在线。

15.用户在线IP地址。

16.用户上线时间。

17.用户下线时间。

18.用户最近一次操作时间。

19.用户积分信息。

三、认证鉴权

业务管理平台应具有认证鉴权的功能，认证鉴权功能主要包括用户终端软件启动登录时的认证鉴权和用户业务访问时的认证鉴权。

（一）用户认证

用户终端软件启动登录时的认证鉴权主要包括以下几部分的工作。

1.根据终端上传的设备MAC地址及终端类型验证终端合法性。

2.终端验证合法后进行终端和业务账号绑定，成功后下发任务入口地址并使用业务。

3.对用户的在线状态进行管理，设置用户的活动状态为在线状态，并记录相应IP地址。

（二）业务鉴权

对于用户提交的业务使用请求，业务管理平台先要判断该用户是否订购过该项业务，如果用户已经订购过该业务，则业务管理平台允许用户使用该项业务。如果用户未订购过该业务，则业务管理平台首先需要对CP/SP进行鉴权，验证该CP/SP的合法性，其次需要对服务进行鉴权，当CP/SP鉴权、服务鉴权均通过后，业务管理平台将根据该服务向用户显示相应的产品信息，并要求用户进行产品的购买。

四、业务管理

业务管理采用三级结构：内容管理、产品管理、套餐包管理。

（一）内容管理

单个视听节目称为内容，内容可以包括一个点播的片源、一个直播的频道等。一个内容均有一个唯一的Content ID。

内容管理的信息包括：直播、点播内容。点播内容包含电影、电视剧、电视剧剧集。

（二）产品管理

CP/SP提供的业务称为服务产品，服务为一个或多个视听节目的组合，是电信和CP/SP的界面。

产品管理是指支持产品基本信息及特性信息数据的定义/增加/修改/删除/查询。运营商管理员通过将内容绑定一种定价策略后发布为一种产品，一个内容可以发布成多种产品，产品编码由平台生成，支持运营商管理员对产品基本信息及特性信息数据的定义/增加/修改/删除/查询，并由管理员维护产品的其他信息（如产品状态等）。

OTT TV业务管理平台应能对产品的生命周期进行管理，产品的生命周期包括申请、变更、待审批、审批、待测试、测试、正常、停止、待激活、激活、删除。

（三）套餐包管理

套餐包是产品的组合。套餐包管理是指运营商管理员根据业务发展需要定义产品组合包为套餐包。

五、计费管理

（一）计费模式

业务管理平台应能够根据计费方式、计费单位、计费周期、优惠策略进行计费。

1.计费方式

主要包括以下3种：①免费。②按次计费：包括按流量、按时长等各种按用户使用量来计费的计费方式。③包月：用户支付特定费用后，可以无限量地使用业务服务。

2.计费单位

主要包括：按使用次数计费、按项目计费。业务管理平台应至少支持按使用次数计费。

3.计费周期

主要包括：按天计费（天数可配置）、按月计费、按季度计费、按半年计费、按年计费。业务管理平台应至少支持按月、按季度、按半年、按年计费。

4.优惠策略主要包括按时间段优惠折扣优惠。

（二）存活期管理

对于按次计费的业务，订购关系存活期应可以配置，一般情况下，应为24小时。在存活期内，如果用户再次点播同一内容，则不再向用户收取费用。

1.计费批价流程

流程描述（见图6-12）：

（1）对使用事件属性进行有效性规则检查，如时长或流量的超长、超短等错误检查。

（2）根据事件属性，找出使用事件类型、业务、号段归属、用户资料等信息，并对属性做标准化如号码规整等操作。

（3）未能通过有效性检查和信息查找及标准化的使用事件被抛出成为异常事件。

（4）根据用户号码归属信息进行判断。如果不是本省用户，则进入漫游用户使用事件处理流程。

（5）对本省用户查找，有用户资料的进入本省用户使用事件处理流程，无用户资料的进入无主使用事件处理流程。

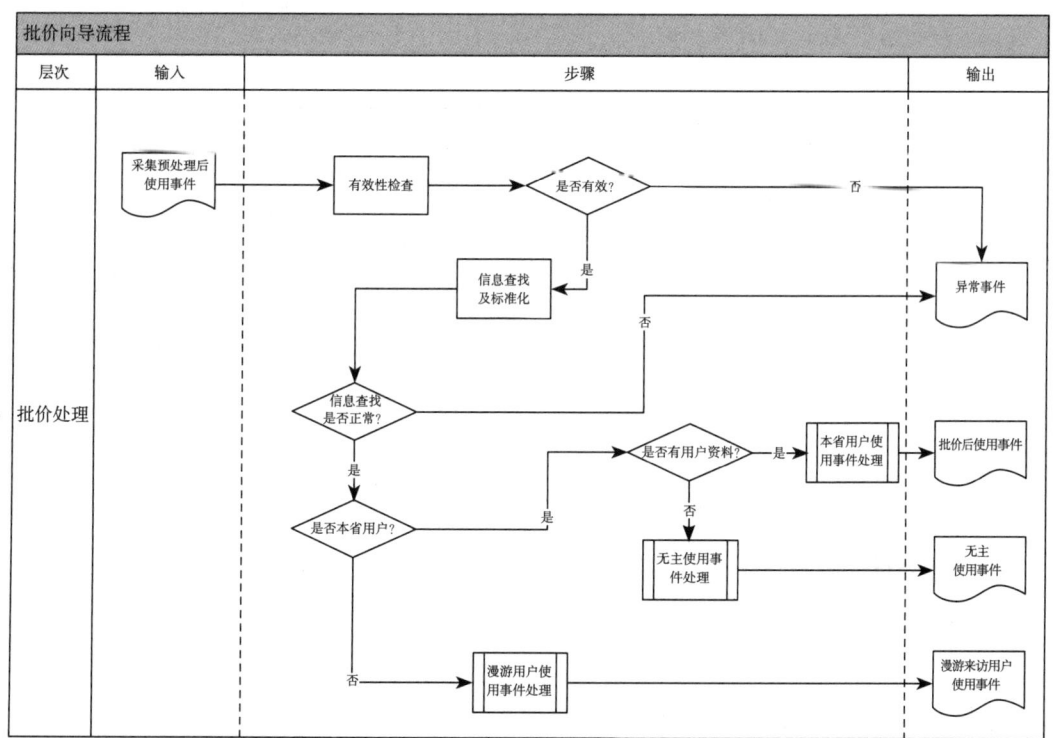

图6-12 计费批价流程

2.用户计费批价处理流程

流程描述（见图6-13）：

（1）根据事件相关属性如设备号码，查找该事件的订购实例。无法找到订购实例则判为异常事件。

（2）根据订购实例，找出使用事件所对应的产品。无法找到对应产品则判为异常事件。

（3）根据使用事件对应的产品和业务，找出使用事件的定价策略。无法找到资费计划则判为异常事件。

（4）根据事件属性及资费计划，计算出使用事件费用；费用计算结束后，使用事件进入账务处理流程。

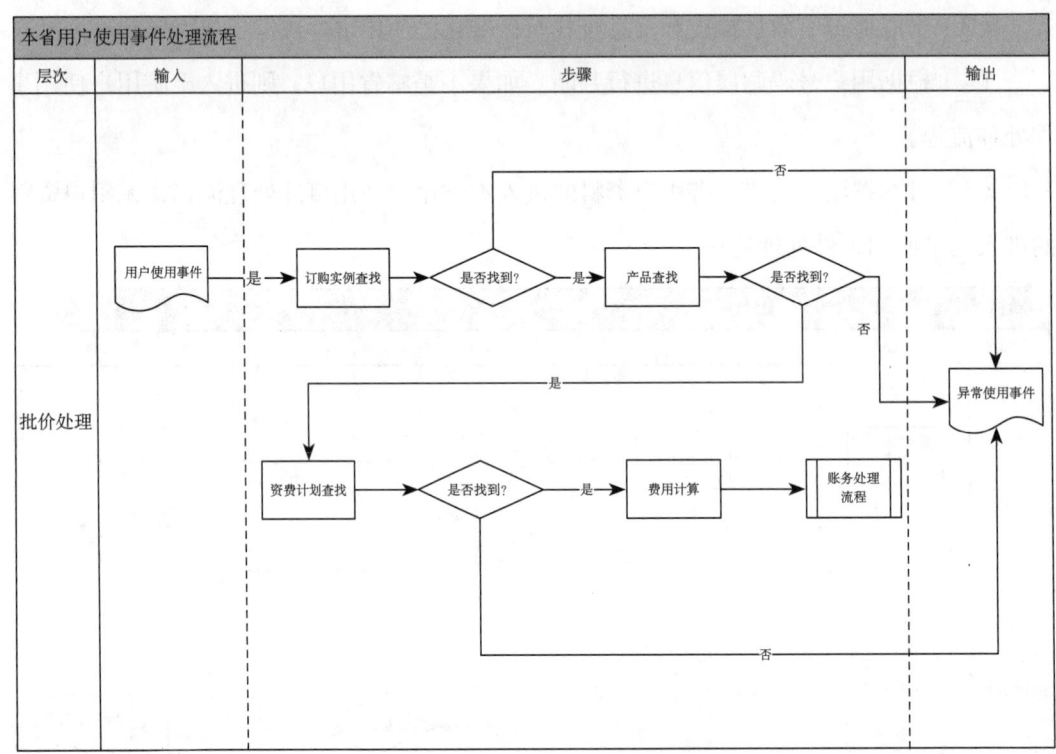

图6-13 用户计费批价处理流程

3.优惠处理流程

流程描述（见图6-14）：

（1）根据优惠处理事件中相关业务属性（如设备号码等）关联用户资料查找和定位用户已经订购的优惠计划。

（2）判断用户和用户订购的产品是否有匹配的优惠计划。

（3）如果没有相匹配的优惠计划则对输入事件进行格式化输出，优惠处理流程结束。

（4）如果对输入事件匹配到相应的优惠计划，根据优惠计划中的优惠规则解析优惠处理需要优惠参考对象。

（5）判断优惠参考对象是否需要进行累计，如需累计则依据规则对优惠参考对象进行累计。

（6）进行优惠条件规则判断，分析输入事件是否达到了优惠条件。

（7）如果没有达到优惠条件则不进行优惠计算，直接将事件格式化处理后输出。

（8）如果符合优惠条件则根据优惠的计算规则计算出各种优惠对象的优惠金额，或者使用优惠资源对优惠对象进行优惠抵扣。同时，优惠计算根据规则计算出用户能够获得的优惠资源。

（9）优惠处理结束。

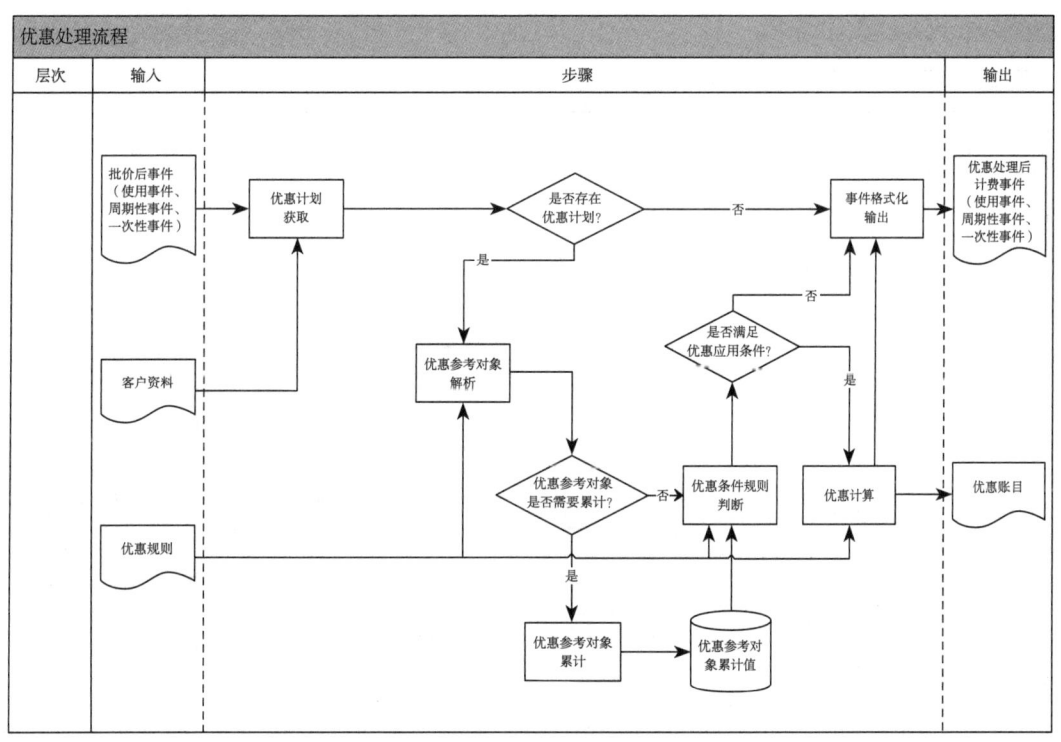

图6-14 优惠处理流程

六、账务管理

计费处理模块完成计费批价后，将用户所有访问多媒体应用业务平台业务的账务详单入库存储。账务期末，由账务模块完成对客户的出账及其他相关的账务处理。

流程描述（见图6-15）：

1.计费批价处理模块对输入的用户使用事件进行批价处理，计算出使用事件的费用。

2.优惠处理对批价后的使用事件、一次性和周期性费用进行优惠计算。

3.对优惠处理后的使用事件记录、一次性和周期性费用按照账目累计规则进行实时账目费用累计，并为出账处理流程提供出账数据。

4.当用户实时话费发生变化时将触发信控流程，判定对用户进行停开机处理或者催缴处理。

5.将优惠处理后的使用事件进行格式化处理，根据业务需求可进行入库处理或生成使用事件记录文件。

6.根据规则定时触发或由客户服务代表触发出账流程，对客户应缴纳费用进行计算，生成账单数据。

7.账务处理流程结束。

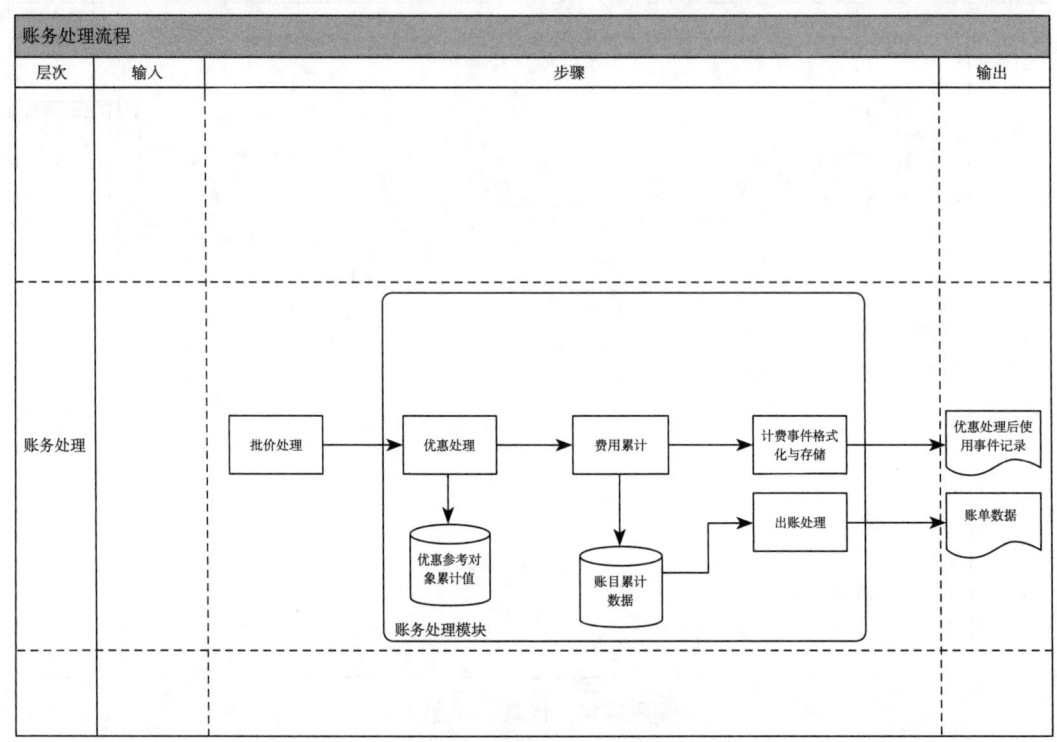

图6-15　账务管理流程

七、客服管理

为了平台更好地运营，主要进行投诉建议管理、用户终端解绑、用户订购信息管理等。

（1）投诉建议管理

收集用户的投诉建议，对投诉建议进行分类、关联、整合，提交客服部门待进一步处理。

（2）用户终端解绑

根据用户投诉建议的信息进行登记查询，核实有硬件问题后对用户终端进行解绑。

（3）用户订购信息管理

为客户管理人员查询用户订购关系等提供支持。

八、门户管理

（一）用户自服务门户

用户自服务门户提供Web、终端等方式让用户进行自助管理，包括查询订购关系、定制业务、取消业务、修改个人信息、投诉等功能。

1.Web 方式

用户自服务门户应为用户提供Web界面，用户输入账号和密码通过认证后，进行相应的自助管理。

2.终端方式

用户自服务门户应提供终端的专用界面，用户可以通过终端进行用户的自服务。

（二）SP自服务门户

1. SP业务申请

SP自服务门户应为SP提供Web界面，SP通过Web界面进行新业务的申请（系统支持手工输入和批量导入两种方式）。SP也可以通过Web界面查询业务申请的进展情况。

2. SP业务修改

SP自服务门户应为SP提供业务修改功能。对于申请状态下的业务，SP可以直接修改，对于其他状态下的业务，SP需要提交业务修改申请，由运营商负责修改。

3. SP信息发布

SP自服务门户为SP业务发布提供了公告栏、留言板、SP投诉区等。

（1）SP投诉信息管理：SP自服务门户提供SP发布投诉信息的功能。

（2）用户投诉信息管理：SP自服务门户提供SP查询、答复用户发布的投诉信息。

（三）运营商门户
1. 服务的流程管理
运营商门户应能分配3种管理员权限对服务流程进行管理。（见图6-16）

（1）服务管理员职能

①发布SP申请的服务

运营商门户应能发布SP的服务申请，服务发布后进入待审批状态。

②服务申请审批

运营商门户应能具有服务申请的审批功能。如果审批通过，服务进入待测试状态；如果审批不通过且管理员需要SP修改，则服务返回申请状态，由SP修改后重新申请审批；如果管理员完全否决了该服务，则服务进入停止状态；如果服务严重违规，管理员也可以直接删除该服务。在审批过程中，运营商门户应能通过E-mail（电子邮件）或者短信方式将审批结果通知SP。

③服务测试审批

运营商门户应能具有服务测试的审批功能。服务管理员根据测试人员的测试结论，决定该服务是否可以通过审批。如果审批通过，服务进入正常运营状态；如果审批不通过，服务转到申请待批准状态；如果管理员完全否决了该服务，则服务进入停止状态；如果服务严重违规，管理员也可以直接删除该服务。

④服务删除申请

运营商门户应具有申请删除服务的功能。

⑤服务修改

运营商门户应能对SP的服务信息进行修改。

（2）运营管理员的职能

①服务去激活

运营商门户应具有去激活服务的功能，服务去激活后停止向用户服务。

②服务激活

运营商门户应具有激活服务的功能，服务激活后可向用户提供服务。

③服务停止

运营商门户应具有停止服务的功能，服务停止后无法再次启动，仅留待备份或等待删除。

④服务删除审批

运营商门户应具有服务删除的审批功能。

（3）服务测试管理员职能

运营商门户应具有服务测试通知接收、服务测试实施、服务测试反馈功能。

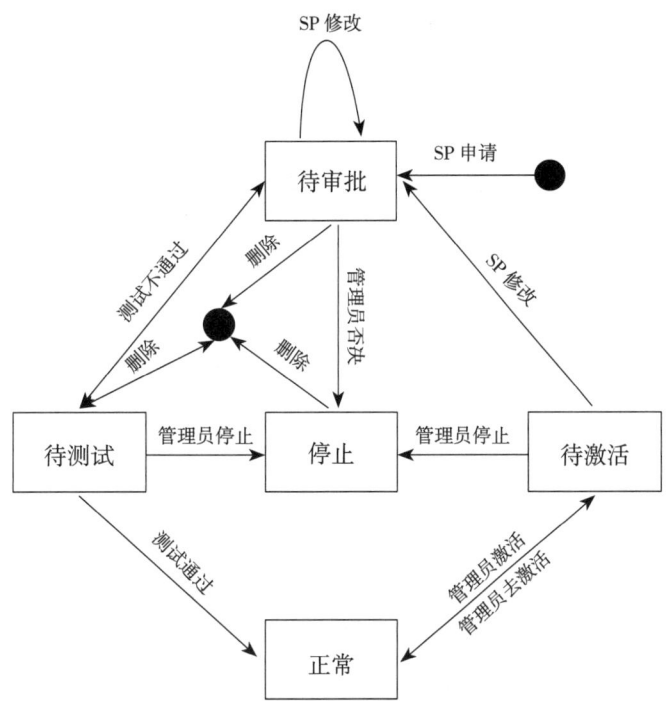

图6-16　服务生命周期示意图

2.产品的流程管理

运营商门户应能分配3种管理员权限对产品流程进行管理。（见图6-17）

（1）产品管理员职能

①发布产品

运营商门户应能进行新产品的发布，产品发布后进入待审批状态。

②产品申请审批

运营商门户应能具有产品申请的审批功能。如果审批通过，产品进入待测试状态；如果审批不通过且需要修改，则产品返回申请状态，修改后重新申请审批；如果管理员完全否决该产品，则产品进入停止状态；如果产品严重违规，管理员也可以直接删除该产品。在审批过程中，运营商门户应能通过E-mail或者短信方式将审批结果通知产品的申请者。

③产品测试审批

运营商门户应能具有产品测试的审批功能。产品管理员根据测试人员的测试结论，决定该产品是否可以通过审批。如果审批通过且产品设置了推广期,则产品进入推广状态;如果审批通过且产品未设置推广期,则产品直接进入正常商用状态;如果审批不通过,产品转到申请状态。

④产品推广期

运营商门户应能配置产品推广期的时间和推广期期间的费率信息,以及产品推广期过后产品自动变为商用申请状态。

⑤产品商用申请

运营商门户应具有产品商用申请的功能。推广期状态的产品由管理员提交申请后转到商用申请状态。

⑥产品删除申请

运营商门户应具有申请删除产品的功能。

⑦产品修改

运营商门户应能对产品信息进行修改。

(2)运营管理员的职能

①产品商用审批

运营商门户应具有产品商用申请的审批功能。如果审批通过,产品进入正式商用状态;如果审批不通过,产品仍处于推广期状态。

②产品去激活

运营商门户应具有去激活产品的功能,产品去激活后停止向用户服务。

③产品激活

运营商门户应具有激活产品的功能,产品激活后可向用户提供服务。

④产品停止

运营商门户应具有停止产品的功能,产品停止后无法再次启动,仅留待备份或等待删除。

⑤产品删除审批

运营商门户应具有产品删除的审批功能。

(3)产品测试管理员职能

运营商门户应具有产品测试通知接收、产品测试实施、产品测试反馈功能。

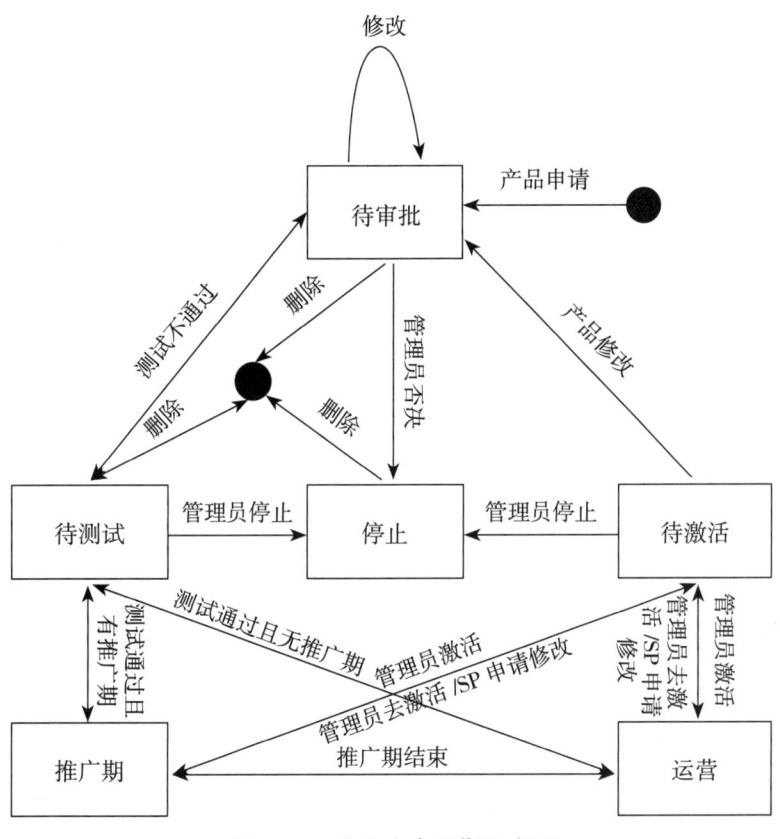

图6-17 产品生命周期示意图

(四)门户

1.初装人员门户

初装人员门户提供给上门安装客户端的员工(简称初装人员),其可以登录初装人员门户下载客户端初装文件和生成高级配置密码。

初装人员门户必须提供页面录入和批量导入STBID方式输入用户信息,为初装人员查找并导出初装文件。并支持高级管理员密码的打印。

2.管理门户

管理门户的服务对象是省份管理员和业务人员。管理门户提供终端管理服务,包括对客户端固件升级策略管理、参数配置策略管理、客户端参数管理、统计分析、系统管理等的交互界面。

3.客服门户

客服门户服务对象是平台客服人员,客服人员登录终端管理系统,可对用户进行如下操作:客户端参数配置功能,客服人员可以选择为用户客户端配置的参数名,并将正确配置发送给用户。查询客户端信息,查询客户端厂商、型号、能力。

九、系统管理

系统管理包括如下功能。

（一）系统菜单管理

系统菜单可以新增修改、删除、启用、停用，方便系统模块的维护。

（二）角色管理

角色管理主要是将权限组分配给角色，根据不同的角色，分配不同的权限组。然后将不同的角色分配给不同的管理员。分配不同访问的菜单，分配不同的操作权限。

（三）管理员管理

1. 管理员管理

系统初始化自动产生一个超级操作员（也称管理员），超级管理员可以操作系统的全部操作。可以实现对操作员信息的添加、查询、修改，以及权限配置。

2. 管理员权限管理

系统的权限细化到系统的每个操作。

（四）区域管理

对地区信息进行管理，地区包括以下基本信息：编码、地区名、地区描述。地区信息将配合用户类型推送不同的EPG，以及导航到不同的本地频道，从而可以快速地融入各个地区本地化的内容。

（五）商家管理

提供终端商家的管理。

（六）日志管理

提供对系统日志的查询，包括以下几类日志：管理员操作日志、管理员登录日志、用户在线日志、点播日志、栏目日志、终端解绑日志、订购日志、退订日志。

十、统计分析

（一）数据要求

具体来说，统计数据应包括以下内容。

1. 基础统计数据

包括：注册用户（某时刻点）、累计注册用户数（某时刻段）、休眠用户数（某时刻点）、新增注册用户数（某时间段）、在线（活跃）用户数（某时间点）、计费用户数（某时间段）、定制用户数（某时刻点）、新增定制用户数（某时间段）、退订用户数（某时间段）、定制人次（某时间段）、退订人次（某时间段）、访问量、收入、新增的点播内容数（某时间段）、中止的点播内容数（某时间段）、新增的直播频道数（某时间段）、中止的直播频道数（某时间段）、新增的产品数（某时间段）、删除的产品数（某时间段）、新增的服务数（某时间段）、删除的服务数（某时间段）、某点播内容的点击次数（某时间段）、某点播内容的实际提供服务次数（某时间段）、某直播频道的使用次数。

2.综合统计数据的值

包括：收入/累计用户数（某时刻点）、收入/在线（使用）用户数（某时间段）、收入/计费用户数（某时间段）、收入/定制用户数（某时刻点）、访问量/累计用户数（某时刻点）、访问量/在线（使用）用户数（某时间段）、访问量/计费用户数（某时间段）、访问量/定制用户数（某时刻点）、累计用户数增长率（某时刻点）、（累计用户数－前一时刻累计用户数）/前一时刻累计用户数×100%、新增用户数增长率（某时间段）、在线（使用）用户数增长率（某时间段）、计费用户数增长率（某时间段）、定制用户数增长率（某时刻点）、新增定制用户数变化率（某时间段）、退订用户数变化率（某时间段）、访问量增长率、收入增长率、点播成功率。

3.其他统计数据的值

包括：开通产品、服务数量（某时刻）、新开通产品、服务数量（某时间段）、中止（包括暂停）产品、服务数量（某时间段）、开通的内容数量（某时刻）、新开通内容数量（某时间段）、中止（包括暂停）内容数量（某时间段）、SP数量（某时刻）、新增SP数量（某时间段）、注销SP数量（某时间段）、开通业务数量（某时刻）、新开通业务数量（某时间段）、中止（包括暂停）业务数量（某时间段）。

（二）统计报表维护功能

1.自定义报表模板功能：用户可以自定义操作维护报表显示模板，选取需要的统计项目，产生满足用户需要的报表。

2.例行报表功能：用户可以自定义例行操作维护任务执行周期（日/周/月/季度/年）、设定例行任务起始、结束时间等条件来建立例行操作维护报表任务，并能对这些任务进行维护。系统会自动定时输出这些任务的例行报表，操作员可以直接从Web浏览器下看到已经生成的例行操作维护报表。

3.历史报表浏览功能：系统自动将各报表分类，并在历史报表列表中给出各报表简要描述，供用户选择进行浏览、维护等工作。

4.支持报表手工调整功能。

（三）报表统计输出

1.支持报表输出到HTML、文本、EXCEL、PDF、XML文件格式。

2.报表统计输出能用图形化友好操作界面显示结果，生成柱状图、折线图、饼图、点状图、曲线图等。

3.支持异常统计实时通知管理员功能，如每日话务量异常实时短信通知管理员。

第六节 终端管理系统

一、终端本地管理

机顶盒必须支持以下的本地配置和查看，即可在开机状态下通过遥控器跳转至本地配置界面，进行本地参数的配置与查看。

（一）系统信息查看

1.设备信息：可查看该机顶盒厂家名称、设备型号、终端序列号等。

2.版本信息：可查看该机顶盒软件版本、硬件版本等。

3.网络信息：可查看该机顶盒MAC、IP、子网掩码、默认网关、DNS服务器、无线信号状态及强度等。

（二）网络设置

1.连接方式：可查看并修改网络连接方式为"有线连接"或"无线连接"。

2.接入方式：可查看并修改启用IPv6（可选）、可支持3种网络连接方式。

（三）高级设置

1.画面设置：设置机顶盒显示输出的缩放比例、调整显示画面的位置。

2.时间设置：调整机顶盒内置的日期和时间。

3.声音设置：调整系统默认的声音大小。

4.语言设置：对系统的语言、文字大小和输入法进行调整。

（四）恢复系统默认配置

默认设置是指在机顶盒出厂时完成的对于机顶盒部分参数的预先配置。通过"恢复默认设置"即可将机顶盒已配置的参数恢复为出厂时的配置。

二、终端远程管理

要求机顶盒必须支持TR-069网管协议，支持通过终端管理平台实现对于机顶盒的远程管理，功能主要包括固件升级、Launcher升级、APK升级、参数读取和配置、重启、恢复出厂设置、故障诊断等。

机顶盒支持通过与终端管理平台的连接实现开机自动升级或由终端管理平台控制的强制升级。在固件升级过程中，机顶盒应在图形界面以图文及动态进度条的方式显示升级进度状态的变化，其中应至少包含以下几个状态：版本检查、APK下载、Laucher升级、固件下载、固件安装等。

机顶盒支持通过与播控后台终端管理平台的连接实现应用软件的远程安装、卸载和版本升级。

各机顶盒厂商应根据播控后台终端管理平台的管理要求，进行机顶盒底层程序接口的开发和调整，保证终端管理平台对各型号机顶盒实现远程管理要求。

在播控后台终端管理平台建设完成之前，或厂商短期内不能按要求进行接口开发调整，应免费提供能够管理自有各型号机顶盒的终端管理平台，满足过渡期的要求。

三、终端安全功能

机顶盒安全相关功能主要是防止非法性质的对机顶盒的软件和固件状态进行修改的安全防御措施，主要包括以下5个方面。

1.终端信息保护：能够保护终端出厂时内置的厂商标识、硬件型号、设备串号等相关硬件信息不会被非法修改。

2.业务运营保护：应具备绑定运营商的能力，确保机顶盒终端不能为其他运营商运营所使用。

3.非法越狱保护：关闭安卓系统的ADB调试功能，限制root权限，将System等重要的分区设置为只读，剪裁机顶盒中开发调试等非必要模块。

4.防刷机保护：在OTA升级或本地Recovery模式前，进行版本校验和数字签名校验，防止非法的固件刷机操作。

5.应用保护：机顶盒默认只可安装官方推送的APK应用，对于其他未经过运营商校验的应用不赋予安全权限。

四、终端升级管理

满足运营中可以根据不同渠道、终端、串号灵活升级的需求。包括新建升级任务、查看升级任务、设备管理、升级包管理等。

第七章 服务模式与应用实践

第一节 服务模式

全国数字图书馆建设的目标就是要建设中华优秀文化集中展示平台、开放式信息服务平台和国际文化交流平台。利用互联网电视平台开展文化资源展示与服务，可以通过开放的互联网，实现内容的广泛传播与服务。在目前的政策环境下，图书馆不具备服务集成运营牌照，不可以搭建互联网电视内容集成与播控平台，不能向互联网电视设备中链接并嵌入互联网络内容与应用。然而，图书馆可以作为内容提供方，充分发挥内容优势，与具备互联网电视运营资格的广电企业进行合作，提供文化内容。此外，还可以通过技术创新搭建针对多种智能终端的新媒体内容发布平台，通过统一用户管理系统实现图书馆注册读者的管理并向其提供新媒体内容服务，文化内容经过重新包装和加工后可以适应不同终端屏幕要求，并且可以通过多屏互动实现不同终端之间的连接和共享。图书馆也可与地方的文化单位进行合作，通过开放接口的形式实现内容和应用的对接，使图书馆的内容得到更大范围内的落地和推广。总之，图书馆可以借助多方力量，多渠道、多元化开展互联网电视内容服务，通过协作服务、自主服务、服务推广的模式使图书馆的优秀文化内容在互联网上传播，在当前政策环境下，最大化发挥各单位优势，实现内容向更广范围、更多人群、多种终端扩展，创建特色化的"互联网+"精品文化品牌。

一、现有模式的创新与变革

与传统公共文化服务相比，现代公共文化服务的特征之一就是与科技的融合发展，以科技创新提升公共文化服务效能。通过推进各项公共文化服务的数字化、网络化、移动化建设，来满足社会大众日益增长的多样化的精神文化需求，实现随时服务、随身享用，有效整合各类文化资源，促使全国范围内标准统一、互联互通的公共数字文化服务网络的形成。而数字图书馆与互联网电视平台的结合，正是为图书馆进入百姓家庭的数字化信息生活提供了有效渠道。在此之前，包括国家图书馆在内的公共图书馆界已相继开展了基于广电网络的电视图书馆服务，以图书馆丰富的馆藏为基础，结合电视受众需求特点提供相应的公共文化类图文与视频资源。但囿于当时外部条件和内部发展，存在着一些问题，主要包括以下几个方面。

一是受限于网络环境、硬件设施等，公共图书馆电视服务范围有限，覆盖人群较小。由于广电网络具有一定的区域性，因此公共图书馆的电视内容设置上也多以带有地方特色的文化内容为主，凸显出服务于区域用户的特点，对于图书馆优秀资源的影响力和传播力造成了一定制约。

二是公共图书馆在服务内容的专业策划、制作与包装方面并不具有优势，在一定程度上栏目内容存在划分原则不统一、内容组织单调、自身特点不够突出及趣味性不足等问题，在调动受众积极性和扩大服务影响力方面受到制约。

三是公共图书馆数字电视服务布局分散，资源共享不足，复用程度较低。由于借助不同的广电运营平台，各地公共图书馆电视服务在技术平台、研发标准、设计规范、制作流程等多方面存在很大不同。这样一来，一些馆藏丰厚的图书馆可以凭借自身资源优势不断推出专题化和系列化的服务与内容，而一些图书馆在可用资源不足的时候却不能直接复用其他图书馆已建设的电视内容和资源，只能在进行平台适应性加工改造后利用，或通过其他合作方式引进资源继续开展后续服务，或不得不面临服务终止的可能，降低了图书馆基于电视平台的服务效能，从而对人力物力也造成了浪费。

目前，借助信息技术发展和融合媒体态势覆盖城乡的公共数字文化网络已初步形成，包括图书馆资源在内的海量公共数字文化资源库群为文化共享提供了坚实的内容基础。高效便捷、传播快捷的公共数字文化服务新业态正在形成。数字图书馆作为网络环境和数字环境下图书馆新的发展形态，进一步延伸了传统公共图书馆的服务和价值。互联网电视以宽带网络为载体，为以电视为媒介的内容传播带来了更多的可能性，从信息流通渠道和技术应用开发两方面为互动性和个性化服务铺平道路。在数字图书馆的互联网电视服务上，我们应当吸收前期已开展的电视服务成果，创新图书馆电视服务方式，结合互联网电视的平台优势为开创共建共享的公共文化新媒体服务模式开辟新的视角。互联网电视作为互联网环境下公共数字文化服务网络布局的具体应用，也是充分发挥互联网新媒体的交互性、便捷性、集成化优势的示范性服务内容。将数字图书馆推广工程和公共数字文化共享工程的资源建设成果在全国范围内甚至海内外形成图书馆特色的电视内容服务体系，为社会公众提供较高生命力、优质优量的公共文化资源服务，将对以图书馆为代表的公共文化服务机构在新环境下占领媒体融合新阵地起到重要推动作用。

互联网应用的普及，培养了读者良好的数字信息素养。读者的阅读习惯、信息需求和学习模式都在发生变化。图书馆作为公共文化服务体系的重要一环，担负着传承中华优秀传统文化、促进社会公共阅读、提高公众科学人文素质的使命。图书馆的馆藏资源是图书馆开展服务的根本，基于互联网电视平台的公共文化服务内容首先应保持图书馆优势资源特色，重点对自有版权资源进行整合加工和规划建设，将图书馆馆藏中所蕴含的经典文化资源进行深度挖掘、开发、利用和弘扬。当前面向数字资源和传统资源的统一管理与整合是数字图书馆工作的重要内容，对图书馆经典资源进行有序组织，并基于知识组织和知识挖掘技术，将知识单元按统一规则有机地组织起来，是实现提升图书馆数字馆藏资源的社会认知度与利用率的有效途径。数字图书馆经过深层加工的知识型数据，可为图书馆开展互联网电视服务提供充足的关联性资源支持。

在服务形式上，图书馆可根据受众对象的收视习惯、年龄层次、文化程度等确定节目的表现形式，以图文、视频等节目形式，专题片、讲坛、访谈等多种表现手段构成富有活力和表现力的电视画面。图书馆在利用互联网电视平台进行服务时，其内容选题可涵盖历史文化、文化人物、文化信息及其他与电视图书馆定位相符的主题内容。在节目形式上，在视频节目制作中，图书馆应大力发挥公共文化服务主力军的作用，内容应简练易懂、结构鲜明，具有较强的知识性。

在服务手段上，可以围绕各级图书馆、博物馆、美术馆、文化馆、群艺馆等文化机构整合文化资源，将传统线下文化资源转化为数字信息，并与数字文化资源等精品内容之间形成关联，依托互联网向公众进行全方位、立体式、多角度的文化内容推送，从而形成国家级公共数字文化资源和公众周边文化服务资源的融合。在"互联网+"信息化战略下，尝试进行公共文化服务的O2O[①]模式，在线推送讲座展览等信息的同时，围绕主题进行知识点的拓展和馆藏文献阅读推荐，实现实体服务与远程服务的互补，为下一步开展公共文化信息的综合服务奠定基础。当前E-Learning（电子化学习）、MOOC（Massive Open Online Courses，大规模开放式网络课程、公开课）等的发展和兴起表明文化教育机构依托互联网，利用现代信息技术的交互作用和沟通机制创建全新的学习环境是知识社会中业务转型的必然趋势。开展社会教育是图书馆的公共文化服务职能之一，在"E"化

---

① O2O（Online to Offline），即"从线上到线下"的新型消费模式，是消费者通过在线支付的方式，支付线下商品或服务，再到现实中去完成消费或享受服务。

的背景下，以互联网为基础平台，构建一个有利于知识创新的资源、工具及合作环境，可以充分开发数字资源的价值，促进一个信息获取、传递、交流的知识网络的形成。从2015年世界读书日起，国家图书馆推出了"国图公开课"，在内容组织上，一方面精心遴选多年讲座积累的精华，根据网络公开课建设特点进行改造，以互联网公开课的形式重新展现给广大读者观众；另一方面，结合国家施政方针和优秀传统文化的传承与弘扬，策划录制了《丝绸之路与丝路之绸》《汉字与中华文化》等新课程。在形式创新上，"国图公开课"在MOOC基础上特别加强知识关联和用户体验的建设，打造全民阅读平台，倡导"互联网+"时代线上与线下、视频与文字多种形态并存的便捷阅读形式。此项成果，也为图书馆互联网电视服务提供了高契合度的内容资源，发挥了互联网电视的平台优势，推进了图书馆创新服务方式的又一次飞跃。

二、与牌照商的协作服务

协作服务是在协商一致的基础上，由图书馆作为资源建设与提供方负责电视资源的制作和加工，具有合法互联网电视集成与运营牌照的广电企业作为业务运营方提供技术平台，负责资源内容的整合与服务。该服务模式的优势是：可以利用公司成熟的平台和技术，通过公司的电视运营网络进行服务。由于公司拥有大量广电专业员工负责服务运营，平台拥有丰富的电视节目资源和功能应用，因此有着规模较大且比较固定的用户群体，服务效果较好。

该模式的产业分工明确，可以充分发挥国内公共图书馆的资源优势和广电企业的技术与运营优势，共同打造具有社会影响力的互联网电视图书馆。在合作中，图书馆需要明确以下原则。

（一）统筹规划，分步实施

参与合作的单位性质、工作职能、服务对象均有所差别，要在科学合理的规划下实现合作的顺利进行。要结合各图书馆的服务目标和需求，既要有远期的合作目标，又要有近期合作的统筹安排和具体措施；既有整体规划，又有重点攻关；集中各方力量解决合作中的重点和难点问题。

（二）创新发展，多方协作

通过技术创新实现图书馆内容和运营商互联网电视平台的有机集成，通过服务创新打造高水平的优质文化内容与应用。突破互联网电视运营中的一系列关键问题，创造科学有效的运作模式和运营机制。合作中要各方协调联动，引导各方参与和交流合作，具体实施过程中注意及时沟通和协商，确保合作有序高效，取得预期的成果。

（三）有机集成，特色服务

加强各图书馆的内容整合与有序组织，提高图书馆内容与现有互联网电视应用的有效结合。加强图书馆在内容建设方面的合作和共享，形成覆盖全国的文化服务网络。同时要以满足用户需求为目标，加强特色内容与服务建设，构建品牌化文化服务，打造具有国际影响力和高水平的互联网电视节目，吸引国内外不同用户群体，拓展内容服务的深度和广度。

目前，国家图书馆已与CNTV、CIBN等互联网电视运营公司进行了业务合作，为我国公共文化事业与商业媒体平台的契合寻找到突破口，为包括图书馆在内的拥有海量优秀文化资源的各文化服务机构拓展文化事业新服务空间提供可资借鉴的经验，增强公共数字文化在当今信息社会中的影响力和引导力。同时，也将为处在激烈竞争中的各大信息网络媒体平台提供充实的内容品牌资源，带来丰厚的经济利益。

三、资源整合与多屏服务

资源整合指通过技术手段，在对多类型、异构、分散的数据集成的基础上，进行内容的语义化处理、数据关联分析和数据挖掘，使资源重新组织为一个有机整体，其数据之间的联系更加紧密、知识含量更高。资源整合从内容本身出发，重视内容数据的关联、融合与重组，以便为更进一步的知识发现和智能化服务奠定基础。

内容展示是图书馆互联网电视服务最直接的感官表现，通过展示不仅可以为读者提供图文阅览，而且可以提供知识发现。此外，整合的内容和应用不应只适用于一种终端或规格，应该重视资源的统一建模描述，使得不同平台或器材都可以对内容进行重复利用，实现多屏互动。

多屏服务是指图书馆根据馆藏内容特点，研发并设计适合于互联网电视和其他各种类型终端的多媒体格式，制定统一的互联网内容制作、发布与服务规范，通过搭建互联网内容管理平台实现内容的发布与播放。多屏服务是图书馆通过技术研发实现互联网环境下新媒体业务创新的重要方式，其资源建设和应用集成更加灵活，可以在统一的技术框架下建立标准化、规范化的服务体系，有利于资源的共享、整合与合作的开展。

图书馆的互联网电视内容主要以图文混排文档和视频内容为主，其中，图文内容的展示和交互功能需求较为简洁，不必过多强调细节展示和提供复杂的交互功能。图书馆业界打造自己的内容服务平台需要根据馆藏内容特点和实际服务需求，建立一套规范化的内容建设体系，从而避免内容建设过程中技术参数较多受制于外部而导致资源难以交换和共享的问题。在统一的多媒体内容格式基础上，要加强技术研发，提高内容制作与发布的工作效率。各地图书馆采用遵循了统一规范的内容建设方案后可以实现内容的有效整合，有利于形成规模化的互联网文化内容产业，促进服务品牌做大做强。

四、基于大数据分析的个性化服务

服务用户是图书馆的根本宗旨。然而，目前我国图书馆的互联网电视服务以主动推送图文和视频内容为主，往往忽视用户数据的收集与分析，大数据环境下，互联网的发展产生了海量的个人行为数据，智能移动终端的普及则带来丰富鲜活的个人信息，自媒体时代下用户可以创建自己的内容数据。因此，除了数字资源建设，重视对数据的挖掘、融合、分析，进而分析用户的需求，提供个性化的知识服务才是图书馆的真正价值所在。其中，用户数据是图书馆进行资源整合服务的关键。

用户数据主要是读者的个人身份信息数据和使用图书馆互联网电视服务时生成的数据，包括检索、浏览、点击、播放、评论等的相关数据。图书馆通过用户数据的分析可以了解客户使用了哪些图书馆的互联网电视资源，分析不同用户群体的资源需求。通过对大量的用户数据构建"资源—用户"关系模型，进而挖掘并预测用户对资源内容的需求变化和趋势，为资源组织和整合提供指导和支持。在服务开展过程中，图书馆可以对用户的收看行为数据进行统计与分析，针对用户的收看喜好和收看习惯对用户进行分类，向其推送符合特定需求的互联网电视内容，实现个性化服务。在后台中也要增加内容和服务的管理功能，根据实际服务情况，对栏目和展示效果进行定期调整和更新，保证服务的新颖性。

五、服务的示范与推广

图书馆依托互联网电视平台开展公共文化服务，将充分发挥互联网电视物理网络的无关性、技术平台的开放性和用户体验的交互性等优势，将公共数字文化融于媒体传播阵地前沿，满足新媒体发展环境下用户的多样化文化服务需求。不仅有助于全国数字文化内容和服务的有效整合，而且对于创新图书馆服务方式，构建立体化、全方位的数字文化服务网络，进而实现数字公共文化的全国共享具有重要的意义。

互联网电视服务可以国家和省级图书馆为中心在小范围地区先行试点，再由试点地区向更大范围区域和市县推广，最终实现规模化的内容建设服务网络，提高业界新媒体服务的影响力。根据试点地区的服务情况,图书馆的互联网电视服务推广模式可以分为以下3种。

(一)构建分级分布与集成服务机制

全国数字图书馆建设的目标就是要建设中华优秀文化集中展示平台、开放式信息服务平台和国际文化交流平台。利用互联网电视平台开展文化资源展示与服务,可以通过全国性跨平台、跨终端的数字图书馆信息服务共建共享系统,发挥公共图书馆各层级优势作用,容纳全国地方特色文化资源与图书馆特色信息服务,完成图书馆电视服务的全国性示范与推广,使创新服务成果遍地开花。

针对当前各级公共图书馆在电视服务分头建设过程中可能出现的重复浪费、标准不统一、技术不兼容等问题,可以通过云计算技术创建更加高效、海量、安全且具备复杂计算能力的数字存储与共享体系。通过云计算模式,图书馆乃至公共文化服务机构之间可以共同构筑以开放协议、互联互通为基础的信息融合共享空间,可以实现资源的灵活共享,从而能最大限度提升公共文化服务效能。依托完善的云计算、大数据基础设施,构建覆盖全国的公共文化网络云,可通过高通用性、高可靠性、高可扩展性、成本低廉的云计算、大数据平台,向各级文化机构提供综合性一体化服务,做到优化设施布局,推进实现公共文化的云服务业态。

依托搭建的基础设施云,可实现基础设施的集中运行监控和统一安全保障,从而发挥云计算对公共数字文化资源的集聚作用,实现全国公共数字文化资源的管理调度,推动大数据挖掘、分析、应用和服务,并提供数字版权管理、数据分析等功能,引导公共数字文化的应用创新及成果转化。统一集成平台为图书馆界联合力量全面开展资源联建提供了条件,发挥各层级图书馆服务优势,突出地方特色,通过资源共建、资源交换等方式,最终打造图书馆互联网电视平台的媒体资源库,实现互通有无,将促进全国数字图书馆集成性电视服务体系的形成。

(二)利用广电播控平台推动实现内容整合与服务

目前的图书馆互联网电视服务多采取将内容集成到当地广电运营商平台的服务模式。在此模式下的图书馆互联网电视服务推广可以采用以下两种形式。

一是可以在运营平台上进行各地图书馆资源整合。图书馆作为内容提供方,定期向广电公司提交内容资源,经过广电公司审核和格式转换后在互联网电视运营平台中开辟专题频道进行内容展示。合作过程中,可以利用现有的服务平台,汇聚并整合各地图书馆的文化内容,并配以相应的画面模拟图片进行标识。该模式利用现有平台,不必进行重复性定制开发，技术相对比较成熟，有利于节约人力资源成本和减轻开发成本，用户群体相对比较广泛且固定。

二是对各地图书馆进行互联网电视定制。定制化服务需要互联网电视运营商根据各地图书馆的多媒体资源建设情况和服务需求进行互联网电视机顶盒的定制，并设计和提供相应的机顶盒模拟图片。机顶盒的功能设计要符合图书馆文化特色，既要在显著位置设置图书馆的内容和服务方便用户通过机顶盒直接进入图书馆的内容界面进行收看，同时，也要保留相关的其他内容和应用以丰富电视内容和功能。该模式主要面向当地用户提供图书馆的内容和服务，需要针对各地图书馆的不同服务需求进行定制开发，合作方式更加灵活，能够充分展现当地图书馆的特色文化内容。然而此模式需要对每户家庭配置一个机顶盒，开发费用较高，用户数量难以快速扩展。

（三）加强内容合作共建，促进内容共享落地推广

除了构建服务平台、与运营商合作服务以外，图书馆可以发挥内容优势，向各地的文化单位提供互联网多媒体内容，或开放服务接口实现与地方平台的链接，促进图书馆内容在各地的落地和服务推广。

随着我国文化产业的发展和兴起，各地尤其是较为发达的地区，从事文化产业的公司和研究机构越来越多，这些文化单位拥有较强的技术实力和丰富的文化资源，通过内容研发、终端定制和构建平台等渠道向当地民众提供文化服务。图书馆经过多年新媒体服务的沉淀和积累，拥有题材丰富的互联网内容和经验优势，可以在互利互惠的基础上与文化单位开展多方位合作，一方面，可以由文化单位对图书馆的内容资源进行创意化再加工和重新包装，打造更加符合大众口味的图书馆特色文化产品。另一方面，可以向文化单位推送内容并在其平台上集成服务，使当地民众也有条件观赏图书馆的历史文化馆藏。通过与多家单位开展合作共建，不但能够促进图书馆服务推广，而且能够为我国文化产业的发展提供动力。

O2O打破了传统商业模式中用户只能线上购物，但享受不到服务的弊端，将线下的商务机会与互联网结合，使互联网成为线下交易的前台。O2O模式不仅能给用户提供本地化服务的信息，将大量客流引向商家，还能促使用户在线上提前支付。互联网整合了大量的资源和信息，并能高效地传递这些信息，既节约了时间又节省了人力物力。如今，互联网已经发展成为一个人与人之间重要的沟通平台，由分布于各个地方的用户共同参与搭建和分享。以互联网为基础构建O2O平台，能够实现高效、互动、本地化的服务，还能够给用户提供个性化推荐的应用体验。O2O可以根据用户的偏好，主动推荐符

合其个性化需要的产品或服务。

图书馆互联网文化服务可以采用O2O模式，通过社交化的运营帮助图书馆建立起一种有效的反馈机制，提高图书馆对读者喜好的掌控力。其本地化的定位使得图书馆能够更加清晰地把握自身优势和特色，有针对性地利用线上的数字化资源，定制差异化的服务方式来获得读者的青睐。凭借着人与场所以及场所内外人与人之间的关系，图书馆用户的黏度更容易得到提升，从而带动一系列创新服务。[1]充分挖掘图书馆的自身潜力，主动推销自己，拓展服务产业链，由单一的服务方式向经营型服务方式转变，是图书馆求得生存与发展的必由之路。

第二节 服务现状

互联网电视服务在图书馆界是一个新生的事物，是数字电视服务在互联网环境下的延伸和拓展。在数字电视服务过程中，各地公共图书馆也纷纷与当地广电企业合作开展各具特色的数字电视服务，积累了大量的电视多媒体内容。在此基础上，国家图书馆顺应技术发展趋势，加大资源的加工力度，在互联网电视平台上推出图书馆的自有栏目，借助这一新兴媒体传播公共文化。2013年，国家图书馆依托国家文化创新工程项目"基于互联网电视平台的数字图书馆应用与示范"（项目号：2013-06），开始互联网电视文化服务的研究与探索，选择CIBN为项目共建方共同开展基于互联网电视平台的文化内容建设与服务，并积极寻求业界合作。基于该项目，在国家图书馆和CIBN的积极支持与推动下，新疆维吾尔自治区图书馆和武汉图书馆的优质文化资源也在2016年左右实现了在CIBN互联网电视播控平台的发布与推广，展示了良好的发展前景。[2]

一、国家图书馆

（一）CNTV互联网电视服务

为了扩大服务范围，增强服务的交互性，国家图书馆与中国网络电视台CNTV旗下的

---

[1] 申艺苑，王婷婷. 基于"SoLoMo+O2O"模式的图书馆创新服务研究[J]. 现代情报，2014，34（12）：80-83.
[2] 本章图7-2至图7-11电视界面截图均由国广东方网络（北京）有限公司提供。

公司"未来电视"展开合作，在其互联网电视业务中开设"国家数字图书馆"专区，电视界面如图7-1所示。互联网电视已开通"百年国图""馆藏故事""书画鉴赏""册府琳琅"和"4D展览"五个视频栏目，栏目资源统计见表7-1。截止到2013年6月底，用户点击量已达到53000次。

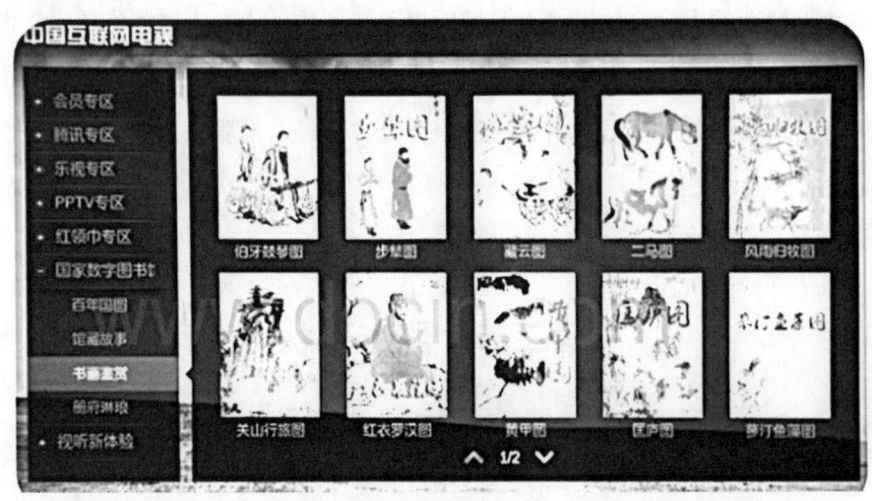

图7-1 未来电视"国家数字图书馆"专区用户界面

表7-1 未来电视"国家数字图书馆"专区资源统计

栏目名称	数量（场）	播放时长（hh:mm:ss）
百年国图	8	1:58:55
馆藏故事	35	8:39:29
书画鉴赏	120	11:29:23
册府琳琅	23	1:28:58
4D展览	1	0:15:00

与"未来电视"合作开展电视服务是国家图书馆参与互联网电视业务的新尝试。互联网电视使用Web协议和技术提供节目播放和应用服务，界面显示和操作体验更为灵活友好，数据传播不需通过广电专网，还可以提供传统电视无法提供的多元化增值服务内容，是能够满足人们多元化、个性化需求的一种创新型新媒体内容服务，也是互联网时代下图书馆开展电视服务的方向。

目前，"未来电视"互联网电视业务平台集成的国家图书馆内容的数量和丰富性有待增加，还可以考虑利用互联网平台扩展图书馆的服务种类，适当集成图书馆常规业务，如书刊借阅、还书、参考咨询等。

（二）CIBN互联网电视服务

国家图书馆依托宏富的馆藏文化资源和数字化媒体内容，不断探索新媒体服务模式，满足民众日益增长的文化需求。以互联网电视为平台，国家图书馆与中国国际广播电视网络台CIBN进行合作，共同推出了"国图公开课"互联网电视文化服务。用户通过CIBN机顶盒，进入到CIBN互联网电视的交互式界面，选择"品牌"中的"国家图书馆"板块，就可以观看"国图公开课"的特色内容。目前"国图公开课"设置了精品课程、特别活动、图书推荐、典籍鉴赏、名著赏析等栏目，以图文信息和视频的方式，为用户提供新型电视图书馆体验。（图7-2）

图7-2　国家图书馆CIBN互联网电视服务界面

目前，CIBN视听服务已覆盖全国26个省市，全渠道用户3.4亿，以及海外190个国家和地区的600多万用户。借助CIBN服务网络，图书馆互联网电视服务有望在已有用户群体中进行落地和推广，服务范围包括国内外各阶层群体，这将极大地扩展图书馆互联网电视服务范围，提升我国图书馆文化的影响力。

二、新疆维吾尔自治区图书馆

（一）内容的组织

新疆维吾尔自治区是我国陆地面积最大的省级行政区，面积达166.49万平方公里，约占全国陆地总面积的六分之一。新疆疆域广阔，农业、畜牧业、旅游业在社会中占据重要地位，民众对上述产业的文化知识需求很高。新疆也是古代丝绸之路的必经之地，是典型的多民族聚居地区，新疆歌舞艺术具有浓郁的民族特色。新疆有5个历史文化名城，长期的历史变迁留下了众多的非物质文化遗产。这些资源都可以作为新疆互联网电视服务的重要文化内容而进行发布。在国家文化创新工程项目的支持和推动下，新疆维吾尔自治区图书馆提供了大量的文化内容资源，在此基础上，CIBN定制了具有新疆地区特色的互联网电视机顶盒，为了迎合当地民众生产、生活和文化需求，在机顶盒中主要集成了以下几类节目内容。

1.农牧区使用技术

该栏目以科普的方式为新疆地区的农牧民提供科学种植、畜牧、卫生等生产生活技术，栏目内容以视频讲解和示范为主，以期提高民众科学知识水平，掌握和提高生产技能。

2.新农村

新疆地区大部分区域以乡镇、农村为主，农民占总人口比重很大。该栏目以社会主义新农村为视角，以视频的方式向广大农民群众展示农村的生活、风景、教育、卫生、文化等各个层面，全面反映了新疆农村的崭新社会风貌，也是其他地区了解新疆的窗口。

3.舞台表演艺术

新疆民族众多，特别是少数民族歌舞是我国文化艺术的精品和瑰宝。该栏目集中展示了新疆的舞台特色艺术，尤其是歌曲、舞蹈、乐器等，为民众欣赏新疆艺术提供了新的渠道。

4.非物质文化遗产

新疆地区的各民族在长期的生活中留下了宝贵的非物质文化遗产，该栏目以此为角度，向观众介绍了独具风情的新疆人文，加深人们对新疆地区的了解，也加强了对新疆非物质文化遗产的宣传和保护。

5.少儿双语

该栏目以少儿节目为主，在节目内容上进行了语言的翻译和文字显示，适合不同语言民族的少儿观众收看。

6.巴扎新风

"巴扎"是维吾尔语，意为集市、农贸市场，它遍布新疆城乡，到新疆旅游的中外客人多爱到巴扎逛游、购物，体会西域的巴扎风情。该栏目以巴扎独有的人文景观为基础，展示新疆文化的另外一面。

7.文化集市

该栏目以新疆文化为主要内容，是新疆文化的综合与集成，通过该栏目，观众可以对新疆各地、各民族的文化有更多的了解，有利于增长知识，提高见识。

8.影视

该栏目主要播出目前较为热门的影视剧和新疆民族特色影视。针对少数民族观众，内容上进行了语言的翻译和配音，或提供少数民族文字显示等，以方便少数民族观众收看。

（二）UI设计与功能交互

1.开机画面

新疆维吾尔自治区图书馆定制的机顶盒的开机页面以新疆天山雪山、广袤的草原和牧马人为背景，突出了新疆的壮丽风景。页面正上方标识有"新疆维吾尔自治区图书馆互联网电视平台"字样，页面右下方提供了新疆维吾尔自治区图书馆和互联网电视两个入口。整个页面简洁开阔，具有浓郁的地方韵味，如图7-3所示。

图7-3 新疆维吾尔自治区图书馆定制的机顶盒开机画面

2.栏目的组织与显示

用户进入"互联网电视"入口后，观众收看到的节目内容和编排与CIBN平台上播出的节目内容一致。用户进入"新疆图书馆"入口后可以收看到为新疆民众定制的内容资源。在新疆维吾尔自治区图书馆界面的上方是图书馆的Logo、建筑图样和图书馆简介，左侧是栏目分类，选中某个分类后则在右侧展示具体的内容列表。如图7-4、图7-5、图7-6所示。

图7-4 新疆图书馆专区界面——品牌介绍

图7-5 新疆图书馆专区界面——非物质文化遗产

图7-6 新疆图书馆专区界面——巴扎新风

3.内容与功能

互联网电视内容由新疆维吾尔自治区图书馆提供。根据需求和设置的电视栏目，图书馆工作人员对馆藏视频内容进行筛选，将符合平台播放格式的视频文件、字幕、封面图、内容元数据等一并提交给CIBN进行发布，相关的描述信息会通过屏幕展示给用户，如：国家、类型、年代、导演、主演、剧情等。视频内容的详情页如图7-7、图7-8、图7-9所示。

图7-7　互联网电视内容详情页——双百：若羌县

图7-8　互联网电视内容详情页——小学汉语1上1-01

图7-9 互联网电视内容详情页——美孜河畔的一面旗帜

除了新疆维吾尔自治区图书馆提供的视频内容，在屏幕下方还提供了其他的热门影视剧封面，方便用户根据自己的喜好随时点击观看。

在功能上，机顶盒还提供了一些简单的互动操作，如视频播放、内容收藏、视频搜索等。同时为了满足少数民族的需要，还在界面的显示上设置了通过光标在汉语标识上的悬停出现相应少数民族文字标识的功能。整体的功能设计十分简单实用，遥控器按键设置也很简洁，这种设计极大方便了不同文化程度人群使用互联网电视，也使得操作电视没有成为民众的技术负担。

三、武汉图书馆

（一）内容的组织

武汉图书馆历史悠久，位于人文气息浓郁、人口密集的汉口建设大道上，拥有现代化的基础设施，配有计算机网络系统、卫星通信系统、安全防护监控系统等先进智能化设备。武汉图书馆地处我国经济发达城市，技术人才实力雄厚，数字资源储备丰富，完全具备开展互联网电视服务的条件，是国家文化创新工程项目选择的另一个重要的服务落地示范点。

2015年年底，武汉图书馆已经基本完成互联网电视机顶盒的各项功能开发，由武汉图书馆提供的在线视频内容也在持续进行准备和制作。机顶盒现集成有以下节目内容。

1. 健康·教育

该栏目以都市生活的人们需求为主，关心人们的健康生活和学习教育，以专家讲座的方式向民众宣传健康保健知识和提供在线教育。旨在提高人们的精神文化生活水平，增长知识和技能。

2.旅游·休闲

该栏目以纪录片的形式向读者提供旅游和休闲资讯。人们在家通过互联网电视即可观看和了解各地的旅游风光、人情风俗和各种休闲娱乐活动，提升生活质量和品位。

3.环保·科技

该栏目以科普宣传的形式向民众普及与生活密切相关的环保知识和科技知识，让人们在日常生活中注意环境保护，增长科学知识。

4.城市·生活

该栏目以城市生活为主题，记录民众生活中的点点滴滴，是大众生活的真实写照，有利于人们在繁忙的工作后获得休息和放松。

5.人文·历史

该栏目旨在提高人们的文化素养和国学知识。节目主要探讨我国传统文化，内容具有浓郁的人文情怀，具有知识性和趣味性。

（二）UI设计与功能交互

1.开机画面

武汉图书馆互联网电视开机画面以武汉图书馆明亮宽敞的读者大厅为背景，左上方是电视平台的标识，右下方提供了两个电视入口：武汉图书馆互联网电视入口和CIBN互联网电视入口。（图7-10）前者可以直接进入到武汉图书馆的定制栏目，并观看由武汉图书馆提供的在线内容播放。后者可以进入CIBN互联网电视平台，观看在CIBN上集成的其他内容商的影视资源和使用互联网应用软件。

图7-10　武汉图书馆定制的机顶盒开机画面

2.内容组织与功能

武汉图书馆互联网电视专区界面如图7-11所示。左上方为武汉图书馆的徽标，徽标下方是栏目分类，主要有：品牌介绍、探索、健康·教育、旅游·休闲、环保·科技、城市·生活、人文·历史等。界面的右侧是相应栏目的资源列表，下方是平台推荐的其他影视内容。

图7-11　武汉图书馆专区界面

武汉图书馆机顶盒的功能设计和操作与新疆维吾尔自治区图书馆定制的机顶盒类似，通过遥控的"方向键"和"确定键"可以选择视频内容并观看。同时，还提供了资源搜索功能，方便用户检索需要的资源。

四、其他公共文化领域服务现状

除了国家图书馆，我国公共文化领域也开始借助互联网电视进行文化内容的传播和服务。特别是全国文化信息资源共享工程开展的"中国文化网络电视"和中国数字图书馆有限责任公司的一系列网络电视服务，为我国民众，特别是基层和偏远地区的民众，带来了丰富多彩的人文节目内容。

（一）全国文化信息资源共享工程互联网电视服务

"全国文化信息资源共享工程"是由原文化部（现合并为文化和旅游部）、财政部组织并实施的国家级文化工程。该工程充分利用现代高新技术手段、国家骨干通信网络系统，整合中华优秀传统文化及现有的各类文化信息资源，扩大网上中华文化信息资源的存储、传播和利用，实现全国文化信息资源的共建共享，建成互联网上的中华文化信息中心和网络中心，实现优秀文化信息通过网络为大众服务的目标。为推动文化共享工程"进村入户"，按照原文化部关于解决公共文化服务"最后一公里"难题，将优秀数字文化资源送进千家万户的指示要求，在公共文化司的指导下，全国公共文化发展中心抢抓互联网电视、IPTV、双向数字电视等新媒体传播形态迅猛发展的机遇，反复研究，及时推出了"中国文化网络电视"，以"入户"模式进入百姓家庭，以"入站"模式进入公共文化服务场所。[①]

中国文化网络电视集互联网、影视多媒体、通信等多种技术于一体，向用户提供一站式文化视频资源互动服务。用户通过大屏、中屏、小屏等多种方式接入中国文化网络电视，收视文化共享工程优秀数字资源。基层服务点和公共电子阅览室，可利用现有设备连接中国文化网络电视机顶盒（自带1TB存储空间），面向基层群众播放文化网络电视节目。整个系统分为资源整合、系统集成播控、分区域EPG制作、文化资源落地及维护部分。实施该项目可提高文化共享工程的入户率和设备利用率，提升基层公共文化服务效能。

中国文化网络电视的体系架构以文化共享工程优秀数字资源为节目内容，依托IPTV、互联网电视、双向数字电视等通道，以"入站"和"入户"两种模式，通过电视、手机、PAD、投影仪等多终端提供服务。

中国文化网络电视通过"入站"模式进入文化共享工程基层服务点、公共电子阅览室、各级图书馆及文化馆等公共文化服务场所；通过"入户"模式进入百姓家庭；以"入手"模式进入个人数字移动终端。用户可通过大屏（电视机投影）、中屏（PC机）、小屏（手机、Pad）收视优质文化视频资源。

中国文化网络电视通过中央资源管理系统和各省播控系统，利用百姓家庭已有机顶盒、公共文化机构增配的互动播出终端、普通用户自有的智能终端，提供节目内容。节目资源来自文化共享工程国家中心、各省级分中心及基层文化单位，通过两级审核后加工制作成符合电视播出标准的节目，最终上线播出并跟踪反馈。

根据上级有关融合发展、统一服务界面为网民服务的指示精神，全国公共文化发展中心已将中国文化网络电视内容融合到国家公共文化云，通过国家公共文化云网站、手机App和微信公众号提供网络直播等服务。

（二）中国数字图书馆有限责任公司互联网电视服务

中国数字图书馆有限责任公司（Digital Library of China，CDL）是经国务院批准成立，隶属于中国国家图书馆，服务于国家图书馆二期工程暨国家数字图书馆工程的高新技术

---

① 贾立君. 中国文化网络电视启动内蒙古试点[EB/OL]. [2021-04-08]. http://www.gov.cn/. xinwen/2014-05/19/content_2682282.htm.

企业，于2000年4月18日正式运营。公司率先在全国建立起完整的数字图书馆建设与服务体系，专注于数字资源核心技术研发与应用推广、数字版权管理、数字化加工、专业信息提供、电子政务及电子商务服务、数字内容及数字图书馆整体解决方案的提供，以及数字图书馆综合服务平台建设。

中国数字图书馆充分依托国家图书馆的宏富馆藏资源，借助遍布全国的知识组织与服务网络，利用公司在技术和运营方面的经验和领先优势，为各类图书馆、档案馆、博物馆，以及政府机关、社会团体、商业机构、社会公众提供专业、系统、主动的技术支持和数字内容服务。

中国数字图书馆积极参与全球范围内的网络文化竞争，弘扬中华文化、传承人类文明，逐步成为一个直接面向用户、以满足个性化需求为主要特征的全球最大的优质中文多媒体数字资源内容与服务提供商。为满足民众网络视听文化需求，中国数字图书馆有限责任公司加大研发力度，展开全方位合作，推出了针对不同年龄和层次的用户群体的互联网电视内容服务，取得了良好的社会和经济效益。

1.红领巾未来电视[①]

为了更好地服务于全国少先队辅导员及少先队员在校的文化生活，中国网络电视台、中国少先队事业发展中心、中国数字图书馆联合启动了面向全国少先队组织和广大少先队员的"红领巾未来电视"，并于2012年5月30日在北京举行了合作启动仪式。"红领巾未来电视"项目的启动，标志着各级少先队组织及绝大多数中小学将享有独属于孩子们的互联网电视应用平台，此项目积极发挥了文化载体和新媒体的作用。

"红领巾未来电视"充分利用了现代化信息技术，打造了少年儿童喜闻乐见的数字化新媒体平台。CNTV旗下子公司未来电视有限公司为此项目专门设计开发红领巾专有机顶盒，并经由共青团中央和中国少年先锋队全国工作委员会领导的中国少先队事业发展中心向全国的中小学全面推广，通过未来电视行业领先的互联网电视集成遥控平台，向全国中小学生推送"红领巾未来电视"节目。

广大在校中小学生可在本校少先队辅导员的组织下，收看到"红领巾专区"里的诸如"少年先锋队""快乐教学""兴趣天地""成长乐园""动画城堡""应用广场"等丰富多彩的电视节目。这些量身打造的融视频、图片、文字等多种形式展现的电视节目，内容多样、题材新颖、格调积极，将帮助青少年儿童在寓教于乐中潜移默化地学习、成

[①] 中国数字图书馆.红领巾未来电视[EB/OL].[2021-04-08].http://www.cdlc.cn/about/hljtv.aspx.

长、提升知识素养、继承并弘扬中华民族良好道德品行，引导他们争当"四好少年"，为成为社会主义事业的合格建设者和可靠接班人做好全面准备。

"红领巾未来电视"内容主要由以下板块构成。

（1）"少年先锋队"：独家的少先队新闻、最热门的人物专访、最前沿的小记者报道，带你深入到全国各地的学校，了解同龄人身边的故事，感受不一样的校园生活。

（2）"快乐教学"：学前启蒙，公开课堂，人教版1—6年级语文、数学、英语动画课程，我们用生动活泼的动画形式讲给你们听。在这里边玩边学，快乐成长。

（3）"兴趣天地"：唱歌、跳舞、绘画，让大家一起来欢快学习、尽情展示。

（4）"成长乐园"：成长如何不烦恼？在成长乐园里，世界各地小朋友在遇到困难时，又是如何克服？如何快乐成长！

（5）"动画城堡"：上千部的动画片，精彩丰富，让你在写完作业的时候轻松一下。

2. 寰宇人文互动电视频道[①]

寰宇数字技术有限公司是由中国数字图书馆有限责任公司与寰宇集团（ASTRO）共同组建的新媒体机构，专注于IP电视、数字电视、移动电视、互联网电视、酒店电视等新媒体领域。公司拥有强大的电视节目策划与制作能力，国际化的传媒专业团队，全力打造"寰宇数字人文频道"品牌，公司依托中国数字图书馆在国内独有的资源与品牌优势，通过ASTRO成熟多元的市场渠道，以及东南亚、中东、印度、澳大利亚等多个国家与地区的平台，进行国际化的市场拓展，同时，与中国网络电视结成紧密的战略联盟，并与全国广电系统形成多方位的业务合作。其凭借丰富的媒体运营经验、强大的制作整合能力，为新媒体运营商提供海量的内容资源，为用户呈现完美的视觉盛宴。

"寰宇人文"是中国数字图书馆有限责任公司三网融合战略的跨平台内容产品。其专区整合了多达30万小时的正版数字图书馆、数字音视频内容、文字图片类数字资源和多媒体互动内容，经过对电视用户的深入研究和节目内容的差异，以简便的操作实现互动应用，可直接应用于多平台的广电交互式数字电视、IPTV、OTT TV及酒店数字点播系统。

"寰宇人文"专区的定位是以优质的生活、历史、教育、体育、娱乐、公益等内容为主导，以关注人的生活与心灵建设为核心，进行节目策划制作与内容资源整合，形成

[①] 中国数字图书馆. 寰宇人文互动电视频道[EB/OL]. [2021-04-08]. http：//www.cdlc.cn/about/hyrw.aspx.

丰富多元的人文节目，为观众提供精品化、个性化与差异化的人文资讯与纪录片、专题片，以及其他节目形态的互动体验世界。

"寰宇人文"专区提供了海量初始包，并在每月按栏目进行定时更新。主要提供以下内容服务。

（1）"书香中国"

此板块涵盖了图书的出版发行、宣传推广、深度评说及传播销售等环节。以图片、文字、视频等展现形式，不仅为用户提供了全新的阅读体验，更为出版业、发行业者提供了全方位、多视角的展示平台。

（2）"大爱视界"

大爱视界以正面及光明的主题与内容来呈现，更展现人与人之间的和谐美好。着重为时代做见证，为人间真善美写历史。节目取材清新，引导观众看得更真、想得更深。透过电视传播，净化人心，感悟人生。

（3）"动感擂台"

以播放搏击类和竞技类节目为主，如"UFC 终极格斗"和"SLAMBALL"（斯篮搏）。UFC（Ultimate Fighting Championship），中文叫作终极格斗冠军赛，是一个美国本土的综合格斗（MMA）组织。UFC比赛是现在MMA格斗的最大顶级赛事。全球范围内，终极格斗冠军赛的节目覆盖132个国家和地区，以21种语言播放，观众多达59700万人。节目以赛事集锦的形式，把众多UFC经典比赛集合到一起，让中国的格斗迷不错过任何一场精彩的比赛。

斯篮搏起源于洛杉矶的一个简陋的小仓库中，综合了篮球、冰球、体操等项目特点，旨在成为一种全新的包含战术、美学的运动。今天，斯篮搏已经成长为一个拥有6支职业球队、电视转播网和较高海外知名度的赛事联盟，受到了全世界球迷的追捧。

（4）"游遍天下"

此板块定位于分享丰富旅游资讯与旅游生活新体验，为出行者提供最可靠的出行建议和旅行线路，为出行者的出行计划提供最具价值的参考和最佳的解决方案。通过在世界各地的采访，呈现给观众符合时代特征的深度旅游节目，开辟吃喝玩乐主题时段，带领观众共度轻松愉快的时光。

（5）"智慧生活"

"智慧生活"板块定位于文化艺术及实用生活百科等范畴。旨在传递全新的养生观念与健康信息，传授厨艺的同时更分享低碳环保的理念。迎合不同群体需求，精选内容确保节目的趣味性和亲和性，精心架构力求节目串联的活泼多样、不拘形式。

（6）"音乐部落"

"音乐部落"将打造成一个大型的音乐库，使该音乐板块成为一个歌曲最全、明星最多的音乐点播平台。该栏目陆续有300小时的音乐资源可以更新，约4000首MV，其分类主要有：欧美、港台、大陆、日韩、男歌手、女歌手、团体组合。

（7）"漫画王国"

"漫画王国"为广大喜爱漫画的观众开辟了"爱情系列""历史系列""科幻系列""运动系列"共计4个系列20套漫画，以绘本、文字、视频、电子书等方式呈现。

3. 视频·中国[①]

"视频中国"是以视频为主，通过互联网电视技术，向全球华人传播中华文化的新媒体产品，该产品集成了50万小时精品视频资源。内容涉及人文、地理、历史、文化、读书、科普、法制、农业、财经、医学健康等领域。产品首批推出10个视频库系列，见表7-2。

表7-2 "视频·中国"内容列表

栏目名称	内容简介
知识视野	与众多媒体机构及文化发行单位深度合作，知识为本、体系为纲;采众家之长、汇视频精粹
馆藏故事	以国家图书馆珍贵馆藏为题材，讲述藏品背后的故事
读书栏目	精选古今中外经典作品，讲述书里书外的精彩故事
文津讲坛	国家图书馆诚邀各界专家、业界名流自2001年开始，迄今举办600余期的学术文化系列讲座。文献渊薮,学术津梁,士林之"百家讲坛"
职业培训	向大学生、商务人士及广大知识新锐提供知识获取、提高技能的学习平台，初期视频总量近3000部
百年中国	追寻历史，探索真相，中国百年影像志：以国家历史脉络为经，以重要的历史事件为纬全面讲述百年中国的重要事件、重要人物
农林牧渔	专题库分为农家科技、文化教育、乡村文明等若干子库，所集视频注重强化服务功能，贴近农民生活，服务农村产业，为农村党员送上形象直观、生动活泼、喜闻乐见的教育"套餐"
养生保健	养生保健作为以关注大众身心、提高保健意识，倡导健康生活为主旨的栏目，为观众提供养生保健领域的最新相关资料，包括了课程、专访等，是养生保健专题的权威资料数据库

[①] 中国数字图书馆.视频·中国[EB/OL]. [2021—04—08]. http：//www.cdlc.cn/about/spzg.aspx.

续表

栏目名称	内容简介
党政建设	选题重大鲜明、史料丰富翔实。专题库设理论学习、党史研究、光辉岁月、伟人系列、反腐倡廉、法律法规等6个系列。光辉岁月生动再现中国共产党波澜壮阔的光辉历程，伟人系列使观众对为新中国成立和建设做出重大贡献的政治伟人、著名将领、科学巨擘、文史大家等一个个鲜活的历史人物获得一个系统的、立体的认识；理论学习、党史研究、反腐倡廉、法律法规等指引新一代党员干部们坚持不懈地加强党性修养
法律法规	以普及法律常识、提高人们法律意识为根本，整合各种法律、法规相关资源，精选大家之作，为观众们展现了大量法律法规类精品视频资源

（1）"视频·中国"的内容具有以下特点。

①丰富性：拥有50万小时的视频资源。

②权威性：节目的制作、遴选、播放都具有极高品质要求，无论从画面质量及内容准备都有强力保障。

③持续性：视频资源动态更新，可为用户提供及时持续的内容服务。

④便捷性：高品质视频服务平台集管理与播控于一体，使用简捷方便。

⑤安全性：采用两级DRM加密及内置插件到用户终端方式，确保内容使用的全程安全。

（2）"视频·中国"采用创新技术的互联网电视技术平台进行服务，其优势主要有以下4个方面。

①互联互通实时更新：利用成熟先进的互联网电视服务技术，用户可以定期获得视频节目的更新，足不出"馆"在第一时间享受丰富、多样、高品质的视频节目内容。

②内容切换自然流畅：上千幅视频节目封面尽收眼底，每一幅封面都可以随用户需要自由转移、缩放，同一界面显示毫无反应延迟，切换不同内容时，无须刷新整体页面打断用户操作，过渡自然且平滑流畅。

③搜索导航清晰强大：拥有强大的数据过滤、分类和查找功能，整体显示和分类显示相结合，搜索功能强大，用户可以进行精确或模糊查询，所有过滤、分类和查找操作用户都可以自由组合使用，功能强大灵活。

④互动绚丽的视觉体验：所有显示、缩放、过滤、分类和查找操作功能，均使用动画效果完美呈现，界面自由缩放转换，动态变化自然流畅，交互感十足，视觉效果一流。

4.第三龄频道[①]

"第三龄频道"是中国数字图书馆与北京东方妇女老年大学合作，全力打造的一个服务中国数亿中老年人群的新媒体，通过互联网电视、数字电视、IP电视、移动互联网与数字图书馆等多媒体形态进行传播，使其成为21世纪具有创造性的全媒体平台，是目前国内最专业的传播老龄化社会人文情怀的全媒体平台。

"学习、体验、交流、互动、生活"是"第三龄频道"的主要功能，为中老年人群提供专业化的服务是"第三龄频道"的目标。在国际上，"第三龄"泛指已经从工作或家务中退下来踏入人生另一阶段，可以自由追求个人梦想的人士，而"第三龄频道"则更多关注追求高品质生活的"新老人"群体，以及社会精英的"中年人"群体。

"第三龄频道"得到了中国网络电视台（CNTV）、北京东方妇女老年大学、中国老年大学协会"全国城乡社区数字化老年教学研究与推广中心"，以及全国知名大学老年学术研究机构的支持。为中老年人量身打造，为中老年人的心理与生理健康服务，为中老年人的快乐、兴趣、生命质量服务，开辟有《名师讲堂》《精品课程》《退休第一课》《魅力第三龄》《养生方略》《医学知识》《优秀课程联展》《家国情怀》《心灵对话》《快乐旅行》《生命合唱团》《戏曲百花园》《生活艺术家》《生命与运动》《大爱在心中》等栏目，以优质音视频与数字图书、期刊、新闻资讯、课程等内容为主导，与用户形成人性化的互动，快速、准确、海量、互动是频道的特点。

第三节 工作展望

互联网电视产业经过多年的发展，已经具备了较为完整的产业链结构。从事互联网电视产业的机构和公司越来越多，竞争日趋激烈，所采用的平台和技术差异较大。图书馆要想介入这一产业，必须充分发挥内容优势，并借助各方力量开展更加丰富的文化内容服务，必须思考图书馆提供的内容和服务如何在产业中以一种标准化的形式存在，从而围绕内容生命周期如何有效对产业链各方的设备、平台、运作机制进行兼容和协调，促进内容产业的规范化和规模化。从这一角度出发，国家图书馆与互联网电视集成业务

[①] 中国数字图书馆.第三龄网络电视与第三龄数字图书馆[EB/OL].[2021-04-08]. http://www.cdlc.cn/about/dslpd.aspx.

牌照商进行合作，借助CNTV和CIBN的互联网电视运营平台进行公共文化服务，用户覆盖范围涵盖国内外各年龄群体，取得了显著的社会公益效应。

当今时代，网络技术和大数据技术等的发展为图书馆互联网电视服务带来了新的机遇，在未来工作中，图书馆需要充分利用现代信息技术创新服务模式，加强技术研发，扩展服务平台的功能，推动各地公共图书馆提升内容建设水平，增强各地内容和应用的整合与集成，打造业界的公共文化服务品牌。同时也要多管齐下，借助各方力量将图书馆的优秀文化内容传播到更广范围、覆盖更多用户，促进公共文化事业的发展。

（一）研究并开展基于大数据分析的互动性和个性化服务

如今，互联网、物联网和智能终端一道，共同开启了大数据时代。大数据作为一种革命性的技术发展趋势，正引领着社会和商业的深刻变革，同时也为文化产业升级提供了良好的契机。根据美国的统计资料，文化传媒行业数据是仅次于政府信息数据的第二大数据来源。通过大数据技术，对大量人群进行个人行为数据分析，可以明确目标受众的品味和需求，创造出符合大众口味的文化产品。互联网电视服务中产生的各种数据承载了广泛的用户信息与服务信息，盘活这些珍贵的信息数据，通过对其进行数据挖掘和关联分析发现其与用户和内容的内在关系，将为服务的改进提供重要的线索与思路。在未来的工作中，需要通过大数据技术和人工智能技术对服务过程中产生的用户数据、内容数据、运营数据进行收集、整理、分析，按照用户的喜好和使用习惯向用户推荐具有针对性的文化内容和应用服务，为构建基于大数据的内容自主组织与服务推送提供支持。

（二）提高技术研发水平实现图书馆内容与应用集成服务

全媒体时代下，民众信息获取的渠道拓宽了，"内容为王"的竞争理念得到进一步强化。拥有优质的资源内容是服务可持续发展的根本，也是图书馆电视服务吸引用户的核心竞争力。图书馆应当以馆藏中华优秀和经典文化资源为基础，着重建设集知识性、趣味性、观赏性于一体的资源内容，加大对原有资源的高清改造和精加工制作，建设符合大众口味的精品内容资源。在资源建设过程中要注意研究改进资源的格式与组织形式，通过加强技术研发提高资源建设效率，减轻人力物力成本。同时，要开发基于互联网电视平台的图书馆业务功能并实现与内容的整合与集成，民众可以通过开放的互联网络足不出户即可实现在线借阅、参考咨询、科技查新、信息检索等业务，不仅扩展了图书馆的服务外延，也提高了图书馆的利用效率，使数字图书馆真正发挥出其业务优势。

（三）加强各种类型媒体有效融合建设家庭公益文化网络

电视是民众家庭文化娱乐的最重要设备之一，而互联网电视除了发挥传统电视功能以外，还可以通过互联网络实现节目点播、社交沟通和在线应用。随着产业的规范化和终端制造水平的提高，互联网电视将广泛兼容国际消费电子产品标准，能够实现与大多数家庭设备终端的互联和内容共享。通过自主研发和集成创新相结合的方式，建立数字家庭文化公益服务平台，打通数字家庭文化公益服务渠道，通过广播网、互联网、电信网等多种网络通道为用户提供具有特色的文化公益互动服务，将极大提高民众的文化生活质量。从服务的角度，面向家庭的数字家庭服务产业不仅需要家庭内部的网络与设备互联技术，还需要各类服务资源的整合、处理、发布、互联互通等关键支撑技术。作为内容提供方，图书馆也需要积极参与到数字家庭标准体系建设中，不断加强数字家庭服务产业关键支撑技术研究，逐步形成支撑各类服务资源整合集成、互联互通的集成应用技术体系，打通数字家庭文化公益服务渠道，形成创新的数字家庭文化服务模式，推动数字家庭文化服务产业向规模化和品牌化方向发展。

（四）充分发挥社交平台作用促进公共文化生态环境发展

互动性是互联网电视的灵魂，作为一种新兴媒介，互联网电视不仅改变着内容的传播模式，而且加速了大众文化的社交性趋向。以个性化、互动性的传播方式为特征，以受众需求为出发点的互联网电视必定会带来文化传播的变革，成为当代社会综合性信息交流和服务的平台，影响力将辐射到社会经济、文化、生活的方方面面，彻底改变人类的生活方式、信息环境与文化体验。图书馆需要加强互联网电视的社交平台作用，研究线上内容自主组织模式，包括推荐栏目、资源的种类与数量、热点资源的推送、在线功能的设计等；同时，研究线下服务推送模式，包括线下文化活动信息的来源、信息的数量、时间及地区、活动的组织与类型、与文化历史资源的关联等，向用户推荐具有针对性的线上文化内容和线下文化活动，为用户自主组织个性化的文化内容展示空间和形成O2O文化服务模式提供支持。